KB079192

한국의 일본어교육 실천연구

사이토 아케미

지식과교양

머리말

본서는 한국의 일본어교육 실천 연구 결과를 정리한 것입니다.

필자는 1992년 한국의 강원도 소재 한림대학교에 일본학과가 설립되었을 때 일본어 교수로 재직할 기회를 얻게 되었습니다. 새로운 환경에서 학생들과 만나는 매일매일은 즐겁고 신선하여, 문득 지나간 세월을 세어보니 이미 23년이 지나 있었습니다. '敎學相長'이라는 말처럼 한국에서 일본어를 가르치면서 정말 많은 것을 배웠습니다.

필자는 한국의 대학에 부임한 이래, 많은 시간을 에도시대부터 메이지시대에 걸쳐 일본에서 작성된 한국어학습서인 『交隣須知』에 관한 연구에 매진해왔으며, 한국에서 일본어를 가르치면서 한국의 대학생들이 일본어를 학습할 때 사용하는 교과서에 대해서도 연구할 필요가 있음을 절실히 느껴 실천 연구를 시작하게 되었습니다.

본서는 필자가 2014년 12월에 출판한 『韓国における日本語教育の実践研究』의 한국어판입니다.

본서의 목차는 제1부에서 제Ⅴ부로 구성되어 있으며, 제1부 제1장은 「일본어회화의 지도법」에 대하여, 제2장은 「중학교 교과서에 있어서 『읽기』 교재에 대하여」 연구 결과를 보고하고 있으며, 제3장은 「한국의 중학교 교과서에서 볼 수 있는 문화와 언어행동」에 대해 논하였습니다. 그리고 제4장은 「한국과 중국의 중학교에 있어서 일본어 교과서」를 기술하고 있습니다. 이와 같이 제Ⅰ부는 교과서분석에 관한 연구 결과를 보고하였습니다. 그리고 제Ⅱ부는 「일본어 작문교육」에 대해 기술하였습니다.

제Ⅲ부는 「일본어교육에 있어서 그룹 학습의 도입」에 대해 언급하였습니다. 제Ⅲ부 제1장은 「자기 주도적 학습을 도입한 일본어학습」에 대해, 제2장에서는 「일본어회화 수업에 있어서 연극도입」에 대해 정리하였습니다. 그리고 제3장은 「비즈니스 일본어 수업에 있어서 연극 활동」에 대해, 제4장은 「일본어회화와 비즈니스 일본어에 있어서 연극도입」에 대해 기술하였습니다. 제Ⅲ부 연구 결과로 자기 주도적 학습으로서 그룹 학습의 도입은 학생들에게 좋은 영향을 미친다는 것을 알았습니다. 또 제Ⅳ부는 외국어기숙사에 있어서 일본어교육에 관한 연구입니다. 제Ⅳ부 제1장은 「일본어 기숙사에 있어서 일본어교육」에 대해, 제2장에서는 「일본어 기숙사에 있어서 일본어 학습에 관한 의식 조사」 결과에 대해서 그리고 마지막 제Ⅴ부에서는 「홈스테이와 일본어교육」에 대해 기술하였습니다. 이상과 같이 모든

장에 걸쳐 실제 실천한 결과를 정리하는 형태로 기술하였습니다. 이러한 연구를 통하여 한국의 일본어교육의 현상을 파악할 수 있을 뿐만이 아니라 앞으로 해야 할 과제도 대두될 것으로 생각합니다. 본 연구의 결과가 미력하나마 이후, 한국의 대학에 있어서 일본어교육에 도움이 되기를 진심으로 바라고 있습니다.

　마지막으로 본서 출판에 있어서 수고를 아끼지 않으신 육혜영 교수님께 깊이 감사의 마음을 전하고 싶습니다. 그리고 실천 연구를 위해, 매번 실시하는 앙케트 조사에 있어서 조사 때마다 흔쾌히 협조해 주신 학생 여러분과 교수님들, 그리고 통계처리를 도와주신 한림대학교 심리학과 대학원생 여러분들, 또한 본서의 출판을 맡아주신 인문사 출판사에게도 심심한 감사의 뜻을 표하고 싶습니다.

사이토 아케미(齊藤明美)

차 례

차   례

차 례

제 I 부

교과서 분석으로 본 일본어 교육

제1장
일본어회화의 지도법에 대하여

1. 서론

국제교류기금의 조사 결과(2006년)를 보면, 일본 이외의 나라에서 일본어를 학습하고 있는 사람의 수는 약 298 만 명에 달하며, 그 중 한국의 일본어학습자는 약 91만 명으로 세계 일본어학습자의 약 3할 (30.6%)을 차지하고 있다. 이는 한국인 52명 중, 한사람이 일본어를 학습하고 있다는 것으로 한국의 일본어학습자 수는 세계 제 1위이다. 이어, 제 2위는 중국으로 약68만 명, 3위는 호주 약37만 명, 4위는 인도네시아 약27만 명, 5위는 대만 약19만 명, 6위는 미국으로 약12만 명으로 되어있다.

〈표1〉 일본어학습자 수의 국가별 구성　　　(국제교류기금2006)

순위	국명	명 수
1	한국	910957
2	중국	684366
3	호주	366165
4	인도네시아	272719
5	대만	191367
6	미국	117969

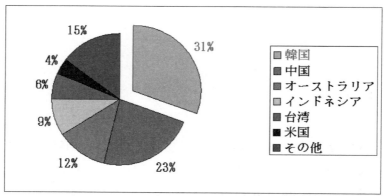

〈그림1〉 일본어학습자 수의 국가별 구성 (국제교류기금 2006)

　한국의 경우, 대학 입학 전에 중고등학교에서 이미 일본어를 학습한 학생이 많다. 그래서 사이토 아케미(2004 p.48-49)를 보면, 한국의 고등학교의 일본어 교육과정 목표의 추이는 문법중심 교육에서 커뮤니케이션 능력중시의 교육으로 이행하고 있음을 알 수 있다.

　따라서 본장에서는 먼저 한국의 대학생을 대상으로 실시한 앙케트 조사결과에서 볼 수 있는 대학생의 일본어학습에 관한 희망사항에

대해 기술하였으며, 이어서 초급, 중, 상급회화 지도법 및, 바람직한
일본어회화 교과서에 관하여 언급하고자 한다.

2. 대학생은 무엇을 배우고 싶어 하는가

2003년에 한국의 대학생을 대상으로 앙케트 조사를 실시하였다.
질문 항목은 학습 동기, 학습 방법, 일본어에 대한 이미지와 장래 일
본어를 사용하여 하고 싶은 것 등이었다.

여기에서는 학생들이 바라고 있는 학습 내용(방법)에 대한 질문과
조사를 예로 들어 그 결과를 살펴보고자 한다.

(조사는 A대학교(232명), B대학교(180명)으로 실시하였으며, B대
학교 조사는 임영철 교수님께서 협력하여 주셨다.)

일본인(한국인) 선생님께 배운다면, 어떤 식으로 배우고 싶습니
까? 희망하는 방법은 어떤 것입니까? (5개를 선택하시오)

a. 퀴즈나 게임을 자주 도입하였으면 좋겠다.

b. 노래를 배우면 좋겠다.

c. 만화나 그림 등을 사용하여 배우면 좋겠다.

d. 비디오를 사용하여 배우면 좋겠다.

e. 일본어만으로 수업을 하면 좋겠다.

f. 교과서를 충실히 배우면 좋겠다.

g. 모국어로 번역을 많이 했으면 좋겠다.

h. 문법을 확실히 배우면 좋겠다.

i. 회화 중심으로 수업을 하면 좋겠다.

j. 문장체 중심의 수업을 하면 좋겠다.

k. 작문을 할 수 있도록 배우면 좋겠다.

l. 문형 연습을 많이 하면 좋겠다.

m. 독해 중심 수업을 하면 좋겠다.

n. 청해 중심 수업을 하면 좋겠다.

o. 일본의 생활 문화를 배우면 좋겠다.

p. 일본의 사회에 대해서 배우면 좋겠다.

q. 일본의 정치 경제를 배우면 좋겠다.

r. 일본인과 커뮤니케이션을 할 수 있게 되었으면 좋겠다.

s. 기타

〈표2〉 일본인 또는 한국인 선생님에게 배우고 싶은 것

순위	일본인 선생님에게 바라는 방법	빈도수	한국인 선생님에게 바라는 방법	빈도수
1	회화 중심 수업을 하면 좋겠다.	227	회화 중심 수업을 하면 좋겠다.	152
2	일본인과 커뮤니케이션을 할 수 있게 되었으면 좋겠다.	197	비디오를 사용하여 배우면 좋겠다.	145
3	일본의 생활 문화를 배우면 좋겠다.	166	작문이 가능하도록 배우면 좋겠다.	133
4	비디오를 사용하여 배우면 좋겠다.	138	문법을 확실히 배우면 좋겠다.	127
5	노래를 배우면 좋겠다.	120	문형연습을 많이 하면 좋겠다.	100

순위	일본인 선생님에게 바라는 방법	빈도수	한국인 선생님에게 바라는 방법	빈도수
6	만화나 그림 등을 사용하여 배우면 좋겠다.	109	만화나 그림 등을 사용하여 배우면 좋겠다.	99
7	일본어만으로 수업을 하면 좋겠다.	101	일본의 생활 문화를 배우면 좋겠다.	97
8	퀴즈나 게임을 많이 도입하면 좋겠다.	90	노래를 배우면 좋겠다.	94
9	청해 중심 수업을 하면 좋겠다.	75	퀴즈나 게임을 많이 도입하면 좋겠다.	84
10	작문을 할 수 있도록 배우면 좋겠다.	59	독해 중심 수업을 하면 좋겠다.	84

(사이토 아케미, 2004, p162참조)

〈표2〉에서는 상위 10위까지를 나타냈으며, 일본인 선생님이나 한국인 선생님 모두에게 회화 중심 수업을 했으면 좋겠다고 생각하는 학생이 가장 많음을 알 수 있다. 그리고 일본인 선생님과 한국인 선생님에게 바라는 학습내용을 보면, 일본인 선생님에게는 일본인과 커뮤니케이션이 가능했으면 좋겠다, 일본의 생활 문화를 배우면 좋겠다고 답한 학생이 많은 것에 비해, 한국인 선생님에게는 작문, 문법, 문형 연습을 배웠으면 좋겠다고 생각하는 학생이 많음을 알 수 있다.

3. 일본어회화의 지도법

3.1 일본어교수법의 변화에 대하여

일본어교수법에는 오디오링걸 어프로치, 커뮤니커티브 어프로치, 토털 피지컬 리스폰스(TPR), 사일런트 웨이, CLL, 내츄럴 어프로치, 서제스트페디아 등이 있으며, 지도법의 역사를 보면 일반적으로는 오디오링걸 어프로치에서 커뮤니커티브 어프로치로 옮겨가고 있음을 지적한다. 그리고 현재는 탈 교수법시대로 학습자의 요구에 부응하여 많은 교수법을 조합할 필요가 있다고도 한다.

이들 교수법에 대해서는 高見澤 孟(2004.pp.147~174)에서 상세히 밝혔으며 이에 따르면, 오디오링걸 어프로치는 1950년대에 성행하였으나 1960년대 후반에는 많은 비판이 나왔다. 이 교수법의 특색은 ①문형연습의 중시, ②미무 메무 연습(모방 암기 연습)의 다용, ③모국어 화자 정도의 정확함을 요구하는 등 을 들 수 있다. 그리고 비판으로는 ①문자 교육이 늦어진다. ②커뮤니케이션 능력을 육성할 수 없다. ③정확함을 요구하므로 학습자에게 고통을 주는 경우가 있다는 것 등을 들 수 있다. 그 후 널리 도입된 교수법은 커뮤니커티브 어프로치이며 이는 학습자 중심 교수법으로 「형식」보다 「의미(화자가 전달하고 싶은 진의)」를 중시하여, 의미를 메시지로 전달하는 연습에 중점을 둔 교수법이다.

그러나 앞서 기술한 바와 같이, 현재는 특정한 교수법에 의존하기보다는 복수의 교수법을 보다 효과적으로 조합시킬 필요가 있어서 예를 들어, 예전에 많은 비판을 받은 교수법일지라도 학습자의 요구

에 맞는다면 이용해야 한다는 주장도 있다. 西原靜子(1993p.44)에
서는 「소위『교수법』은 교사 측, 학습자 측이 다양한 요인의 조합으
로부터 골라내야 하는 것으로, 하늘이 준 유일무이의 교수법 등이라
는 것은 있을 수 없다고 말하지 않을 수 없다.」고 한다. 또한, 川口義
一(2008)는 문맥화, 개인화이론에 관하여 기술하며 이에 따르면, 「
『누가 누구를 향해 무엇 때문에』사용되는 것인가 라는 문맥을 생각
하고, 그 문맥을 명시하여」지도하며, 「지도를 위해 준비된『문맥』은
학습자 개개인이 직접 체험 할 만 한, 개인적으로 경험할 가능성이
있을 만 한 것으로 할 필요가 있다. (p.1)」고 하였다. 이 이론은 川口
義一(1993)에 의하면, 오마지오 (Omaggio.1986)의 「교과서선정을
위한 가이드 라인」부분에 나타낸 다음 8항목 중 ①②에 해당한다.

① 문맥화 된 (contextualized) 언어연습 활동
② 개인적(personalized) 의미를 표현할 수 있는 활동
③ 학생끼리 인터액션 활동으로의 시사
④ 정확한(authentic)언어와 많은 레어리어
⑤ 기능적인/추상적인 태스크 연습
⑥ 「정확함」습득을 가능하게 하는 명쾌하고 간결한 문법해설
⑦ 학생의 요구와 흥미에 맞는 토픽이나 테마
⑧ 언어연습에 통합된 문화이해 교재

(川口義一역)

오마지오(1986)를 봐도 「정확함」과 「유창함」을 겸비한 교과서를 선
정해야 함을 알 수 있으며, 지도법에 있어서도 교과서작성, 혹은 교

과서선정 모두 보다 자연스러워야하며 또한 문법체계에 대한 배려를
한 일본어를 사용할 필요가 있다고 생각한다.

3.2 일본어회화의 지도에 대하여

3.2.1 초급레벨의 지도

학습자가 일본어를 사용하여 원활한 커뮤니케이션이 가능하도
록 지도하기 위해서는 언어능력(competence)은 물론 언어운용능력
(performance), 전략적인능력(strategy) 등이 필요하겠으나, 여기
에서는 필자가 수업에서 사용하고 있는 교과서 가운데 초급 교과서
로 널리 사용되고 있는 『NEW VERSION 민나노 일본어 1.2』와 기초
적인 문법보다 커뮤니케이션 기능을 중시하였으며, 사용하는 어휘,
문법 수준이 중, 상급 수준의 학습자용 교재로 적당하다고 생각되는
『Talk Talk Talk 일본어 중급 』을 이용하여 용례를 제시하며 기술해
가고자 한다.

〈교재A(NEW VERSION 『민나노 일본어 1.2』)의 경우〉
교재A의 경우, 구성은 다음과 같으며, 특히 회화 학습과 관련이
있는 단어 발음 지도법과 대화 지도법, 및 각종 연습에 대해 살펴보
고자 한다.

■ 교재의 구성
① 단어   ② 문형 · 예문   ③ 회화
④ 문법노트   ⑤ 각종연습   ⑥ 문제

● 초급레벨 단어의 발음연습

『NEW VERSION 민나노 일본어 1』에는 오십음도, 장음, 발음, 촉음, 요음, 악센트, 억양, 「が」의 발음, 모음의 무성화에 관한 간단한 설명이 있으며, 초급 단어의 발음 연습에서는 한국어모국어 화자의 경우, 장음, 단음의 구별, 촉음, 발음의 박, タ행의「ツ」, ザ행의「ザ, ズ, ゼ,ゾ」「ジャ,ジュ,ジェ,ジョ」의 구별, 악센트 등에 주의하여 지도할 필요가 있다. 그리고 비슷한 말을 반복 연습함으로써, 보다 확실히 이해할 수 있으며, 미니멀페어를 이용하면 효과적인 지도를 할 수 있을 것이다.

(예) 미니멀페어(minimal pair)
1. 모음 미니멀페어
   ヤマ(山)―エマ(繪馬)
2. 장음 미니멀페어
   トル(取る)―とおる(通る)
3. 촉음 미니멀페어
   サテ(さて)―サッテ(去って)
4. 발음 미니멀페어
   ゲンキ(元氣)―ゲキ(劇)미니멀페어
5. 악센트 미니멀페어
   ハシ(箸)―ハシ(橋)

● 대화 지도

대화의 지도로는 ①상대의 이야기를 듣는 연습 ②학습한 일본어를 소리를 내어 말해 보는 연습 ③학습한 일본어를 유창하게 이야기하는 연습④그 자리에서 필요한 일본어를 스스로 생각하여 이야기하는 연습 등이 필요하다. 먼저, ①②의 상대의 이야기를 듣고, 학습한 일본어를 말해 보는 연습에 대해서는 교사가 먼저 읽고 학생이 뒤따라 읽는 경우에는, 교사는 처음에는 천천히, 다음에는 자연스러운 스피드로 읽으면 학생이 이해하기 쉽다. 이 때, 교사는 외국인(foreiger) 토크, 선생님(teacher) 만의 토크가 되지 않도록 주의한다. 학생이 초급 수준이라고 항상 천천히 읽으면, 담당 교사의 일본어 이외에는 청취가 어려워질 가능성도 있다. 그리고 ②학습한 일본어를 소리 내어 말하는 연습을 할 때에는 의미가 있는 정리된 말의 뒷 부분부터 반복하여 말해보는, 빌드업(build-up)연습법이 도움이 된다. 이는 영어교육, 한국어교육에도 자주 이용되는 방법이다.

(빌드업(build-up)연습법의 예)

(예문)明日もし晴れたら、湘南の海にでも行ってみませんか。
1. 行ってみませんか。
2. 海にでも行ってみませんか。
3. 湘南の海にでも行ってみませんか。
4. もし晴れたら、湘南の海にでも行ってみませんか。
5. 明日もし晴れたら、湘南の海にでも行ってみませんか。

③학습한 일본어를 유창하게 말하는 연습으로는 간단한 페어워크를 하는 것도 좋은 방법이다. 간단한 페어워크는 초급 수준일지라도

학습자 자신이 문장을 작성할 수 있다. 예를 들면 다음과 같다.

(예) 店員: いらっしゃいませ。こちらにどうぞ。

　　山田: ぼくは、コーヒー。

　　　　小林さんは。

　　小林: わたしは　トマトジュース。

　④그 자리에서 필요한 일본어를 스스로 생각하여 말하는 연습으로는 롤 플레이나 태스크가 적당하여, 교재A 뿐만 아니라 초급 교과서에는 이런 과제를 볼 수 없는 것이 대부분이다. 그러나 교과서에 없는 경우에는 교사가 학생의 독자적이고 창조적인 회화를 이끌어 낼 수 있도록 간단한 롤 플레이나 태스크 등을 준비하는 것이 좋다. 그리고 인포메이션 갭 등의 방법을 이용하면서 학생에게 질문하는 것도 좋다.

　⑤교재A의 각종연습에는 ①대입 연습(단순대입 연습, 복식대입 연습, 다각적 대입 연습 등)②전환 연습, ③응답 연습 등이 있어서 학습자나 교사 모두가 학습하기 쉽고, 가르치기 쉬운 교과서라 생각한다. 그러나 회화 수업으로 이 교재를 사용할 경우에는 대입 연습할 양이 많아서 학습자 스스로가 발화 내용을 생각할 힘을 기를 기회가 적다고 느낄 때에는 교사는 학습자의 이해도를 파악하여, 필요에 따라 연습 문제의 양을 조절하거나 교과서 이외의 보조 교재를 병용하는 것도 좋은 방법이다.

① 대입 연습
  • 단순대입 연습
  わたしは　鈴木一郎　です。
  　　　／かいしゃいん／
  • 복식대입 연습
  チョコレートを　2つ　ください。
  ／ジュース　1つ／

② 전환 연습
  ちょっと　手伝います
  →すみませんが、ちょっと　手伝って　ください。

③ 응답 연습
  佐藤さんは　会社員です。山根さんも　会社員ですか。
  はい→

한편, 이 교과서 자체에는 롤 플레이 연습이나 태스크 연습은 거의 없으나, 별도로 교과서에 준하는 「클래스 활동집」이 있다. 그리고 앞서 기술한 바와 같이 초급 수준의 학습자일지라도 자주적인 활동을 할 수 있도록 롤 플레이나 태스크 연습을 교사가 준비하는 것이 바람직하다.

3.2.2 중·상급레벨의 지도
초급문법이나 기본어휘를 이미 습득하고 있는 중, 상급 수준의

학습자의 요구에 부응하는 회화 지도의 목표로서 高見澤 猛(2004
p.100)은 다음 5항목을 들고 있다.

① 음성지도에서는 발음, 악센트 등의 <u>정확함보다도 유창함</u>을 중
  시한다.
② 연습에서는 <u>언어조작보다도 전달 내용</u>을 중시한다.
③ 연습은 사회에서의 언어활동 준비에 중점을 두어, 실천적인 훈
  련을 늘린다.
④ 각각의 문장의 <u>문법적 정확함에서 담화 구성의 적절함으로</u> 지
  <u>도의 중점을 옮긴다</u>.
⑤ 대우 표현의 용법등 <u>문화적측면</u>의 지도에도 주력한다.

(밑줄은 필자)

  여기에서 예를 든 ①~⑤에 관해서는 모든 항목이 중요하나, 필자
는 ①②④⑤의 밑줄을 다음과 같이 정정할 것을 제안하고 싶다.
  <u>①정확함과 함께 유창함 ②언어조작과 함께 전달 내용④문법적 정</u>
<u>확함과 함께 담화 구성의 적절함에 중점을 둔다 ⑤말의 배경에 있는</u>
<u>일본인의 언어행동이나 문화적 측면</u>

  이는 현재 일본어교육에 있어서는 「정확함」과 「유창함」이 같이 필
요하며 「언어조작」과 「전달 내용」 모두 필요하다는 것이다. 그리고
「문법적 정확함」은 「담화 구성의 적절함」과 같은 정도로 중요하며,
경어에 관한 사항 뿐 만 아니라, 일본인의 언어행동 전반을 이해함
으로써 원활한 커뮤니케이션을 할 수 있다고 생각한다. 초급 수준에

서 익힌 정확함과 더불어 중, 상급 수준에서 유창함과 담화 구성의 적절함을 익히는 것이 바람직하다.

〈교재B (『Talk Talk Talk 일본어 중급』)의 경우〉

본 교재는 기능 중심으로 구성된 중급 교과서로, 상급 수준의 학습자에게도 활용 가능한 교재이다. 전체 구성과 내용은 다음의 [표3]과 같다.

〈표3〉 교재B에서 다루고 있는 내용

과	장면	내용
1	到着	의뢰
2	買い物	조언, 허가
3	花見	권유
4	授業	의향 놀람
5	口座開設	의견제시
6	食事	정보를 구하기
7	病気	추량
8	交通	길(순서) 묻기 전달 부르기
9	夏祭り	바꿔 말하기 칭찬
10	郵便	반문
11	試験	의무, 동정
12	アルバイト	불만, 사죄
13	電話	전언, 전화번호를 여쭙다
14	料理	순서를 설명한다.
15	大学祭	불만, 화제전환

과	장면	내용
16	旅行	제안
17	お正月	비교
18	別れ	전문

■ 교재B의 구성

① 本文　　　　② Question　　③ Pattern Drill
④ Pair Work　　⑤ Role Play　　⑥ Free Talking(task)
⑦ You Try(친밀체(반말) 회화문)

부록(단어,본문의 한국어번역)문법, 롤 플레이 대화 예, 태스크 해답 예)

교재B의 본문은 정중체이며, 각과의 마지막에 You Try에는, 친밀체(반말) 문장을 싣고 있다. 이어, 패턴 드릴, 페어 워크, 롤 플레이, 프리 토킹(태스크 연습, 게임 등), 스피치에 대해 구체적인 예를 들고 있다. 「フ」는 포멀, 「イ」는 인포멀)

(다음 회화예의 형식은 교과서대로이며, 단어는 조금 변경하였음)

● 패턴 드릴

フ どれがいいと思います？

イ どれがいいと思う？

①きれいだ　②にあう　③ぴったりだ　④安い

● 페어 워크

교재B의 페어 워크는 A의 질문에 대하여 B의 대답은 3개가 준비되어 있으나, 페어 워크를 학습한 후, B의 4번째 대답을 스스로 생각하여 답하게 하는 것도 좋은 방법이다.

(예) A:今日、さち子さんが授業を休んでいますが、誰か理由を知っ
　　　ていますか。
　　B:① 理恵さんに聞きましたが、昨日、ちょっとお腹が痛いと言
　　　　っていたそうです。
　　　② そういえば昨日、サークルを休んだそうですよ。
　　　③ でも、昨日は、元気にアルバイトに出ていたそうですよ

● 롤 플레이

(例) 二人一組になってください。あなたたちは、これから映画を見
　　　に行く約束をしています。ところが、待ち合わせの時間になって
　　　も、もうひとりの友だち、Cさんが来ません。この課で学んだ「推
　　　量の表現」を使って、もうひとりの友だちがなぜ待ち合わせに遅
　　　れているのか、推理してみましょう。

(예) 2인 1조를 만드세요. 여러분들은 이제부터 영화를 보러 가기
　　　로 약속을 하였습니다. 그런데 만나기로 한 시간이 되었으나
　　　또 한명의 친구인 C씨가 오지 않습니다. 이 과에서 배운 「추측
　　　표현」을 사용하여 또 한명의 친구가 왜 약속에 늦는지, 추리해
　　　봅시다.

● 프리토킹(태스크 연습)

(例) 日本のお盆の過ごし方には、どんなものがあるか調べて発表し
　　　てください。韓国の秋夕と比べて、どんなふうに似ているか、あ

るいはどんな部分が違うか比較してみましょう。

(예) 일본의 오봉(お盆)을 지내는 방법에는 어떤 것이 있는지 조사
하여 발표해 주세요. 한국의 추석과 비교하여 어떤 부분이 유
사한지, 또는 어떤 부분이 다른지를 비교해 봅시다.

● 스피치

(例) 3分間スピーチコンテストです。下にあげたテーマから選び、自
分の思っていることをクラスのみなさんの前で、スピーチしてく
ださい。この課で学んだ伝聞の表現だけでなく、いままで勉強
した自由な表現方法を組み合わせて、感情をこめて話しましょ
う。

(예) 3분간 스피치 컨테스트입니다. 아래 기술한 테마 중에서 선택
하여 자신이 생각하고 있는 것을 클래스의 모두 앞에서 스피
치해 주세요. 이 과에서 배운 전문(傳聞) 표현뿐만 아니라, 지
금까지 학습한 자유로운 표현 방법을 사용하여, 감정을 담아
서 이야기해 봅시다.

테마 : 最近、関心があること。

　　　　日本語を勉強して難しいと思ったこと。

　　　　仲のいい友だちとの出会いについて。

　　　　大学生活を充実させるにはどうすればいいか等。

　　　　최근, 관심이 있는 것.

　　　　일본어 공부에서 어렵다고 느낀 것.

　　　　친한 친구와의 만남에 대하여.

대학생활을 충실히 보내기 위해서는 어떻게 하면 좋을지 등.

이상과 같이, 이 교과서의 특색은 긴 담화와 학습자가 자신의 의견을 창조적으로 진술하기 위한 연습이 많다는 점이다. 예를 들어, 패턴 드릴에서는 정중체와 친밀체(반말)를 동시에 제시하여 학습자가 동시에 2개의 문체를 학습할 수 있도록 배려하였으며 또한, 페어 워크에 있어서도 1개의 질문에 3개의 대답을 준비하여 학습자가 선택 할 수 있도록 고안되어 있다. 그 외에도, 롤 플레이, 프리 토킹(게임, 태스크 연습 등)에서도 학습자 개개인의 의견을 충분히 이끌어 낼 수 있도록 고안되어 있다. 그리고 각과의 마지막에 친밀체(반말) 회화가 있어서, 동년배 친구와의 자연스러운 회화를 학습할 수 있다. 부록 부분에는 단어 정리, 문법 설명 등이 있어서 학생이 예습, 복습, 혹은 독학을 할 경우에도 도움이 되도록 구성되어있다. 이상과 같이 '정확한' 일본어를 구축하면서 동시에 '유창한' 회화실력을 기를 수 있도록 구성되어 있다. 그러나 일본에 유학하여, 홈스테이를 하는 한국인 학생을 주인공으로 대학생의 일상생활을 중심으로 스토리가 전개되고 있기 때문에, 일본의 연중행사 전반을 소개하거나 전통문화의 소개 등은 별로 없다. 또한 문법은 「기능」에 준하여 설명하는 커뮤니케이션 기능 중심 교과서로 되어 있다.

이상으로 교과서A, B를 참고로 하여 기술하였으며, 교과서를 이용하지 않는 기타 교실활동으로는 다음과 같은 것이 있다.

● 프로젝트워크

(예) 3~5명이 그룹을 만들어 그룹별 테마를 정하여, 조사하고 발
표한다.
  (일본어에 관한 프로젝트워크 실시 예) 갸루어, 일본어의 재미
  있는 방언, 일본어 속담과 신조어, 익살 등.

● 연극

3~5명이 그룹을 구성한다. 그룹별로 시나리오를 작성하여 10분
에서 20분간 연극을 한다.
  (실시 예)「서유기」「백설 공주」「북풍과 태양」「병원에서의 회화」
「토끼와 거북이」등

4. 초급, 중·상급레벨의 교과서

교수법의 흐름에 대해서는 이미 기술한 바와 같이, 1970년대의 커
뮤니커티브 어프로치를 도입한 이후, 교과서도「문형 쌓아 올리기
식」에서「기능 중심」으로 변화하고 있다. 그러나 川口義一(2003p.7)
는 다음과 같이 기술하고 있다.

지금까지의 CA, FA는 ALM에 대한 안티테제로 소개되어 온 경위
도 있고 하여, ALM이나 그와 관련된「문법 쌓아 올리기 방식」에 대
한 비판이나 개선안으로 소개되어 발전해왔으나, 2000년대 이후 출
판된 FA계의 교과서를 보면,「문형 쌓아 올리기」를 완전히 과거의

것으로 간주하지는 않고, 양쪽의 교수 이념이 일종의 동거 상태로 병존하고 있다고 하는 것이 현상일 것이다. 그러나 이 병존 상황은 결코 양쪽의 이념 모순을 지양하고 있다고 말할 수 있는 것이 아닌, 어느 쪽도 포기할 수 없기 때문에, 일단 병존하고 있는 양상이 강하다.

지시된 교수법이 오디오링걸 방법에서 커뮤니커티브 어프로치, 기능주의 어프로치로 변화하며, 일본어교육과 일본어회화의 교육 목적이 원활한 커뮤니케이션 중심이었다고는 하나, 어휘, 문법 등의 학습 없이는 정확한 회화는 성립할 수 없다고 생각하며 川口義一(2005p.1)는 다음과 같이 기술한다.

회화를 배우기 위해서는 문법의 도움이 필요하며, 문법을 배우는 것은 바로 그대로 자연스러운 회화 표현을 보증한다. 또 문법교육은 회화든 작문이든 자연스러운 언어표현을 통해서만 그 의미가 있는 것으로서 의식되어야만 문법과 회화교육의 관계가 제대로 성립될 수 있다.

종래의 「문법 쌓아 올리기 방식」의 교재에서는 교과서에 있는 일본어가 문형연습을 위해 만들어진 일본어이기 때문에 자연스러운 담화가 준비되어 있지 않은 것도 있고 또한, 학습자가 개인적인 의사를 표현할 수 있는 장면이 적은 경우도 많았다. 그리고 커뮤니커티브 어프로치, 기능주의 어프로치의 수업에서는 「문법은 무시당하거나, 번거롭지만 기억해야 하는 것으로서 『성가신』 취급을 당한다.(川口.2005.p.1)」는 경우도 있다. 그러나 특히 초급, 초, 중급 교과서에서는 다음과 같은 조건을 갖춘 회화 교과서가 필요하다고 생각한다.

먼저, 초급 수준의 학습자의 의사가 충분히 표현될 수 있는 교과
서가 필요하다. 종래의 「문법 쌓아올리기 식」 교과서와 같이 드릴 중
심의 학습의 경우는 학습자 개인의 의사를 표현할 장면이 적다. 원
활한 커뮤니케이션을 목적으로 하는 회화 학습을 위한 교과서라면
「학습자의 의사를 표현할 수 있는」 것이 절대 조건이 된다. 그 다음
으로 교과서의 회화, 또는 담화 일본어는 자연스러운 일본어여야
한다. 문법, 문형을 학습하기 위한 「실제로는 사용할 것 같지도 않
은」 일본어여서는 안 된다. 또한, 학습자가 바로 사용할 수 있을 만
한, 필요할 만한 일본어를 학습하는 것이 중요하다. 그리고 예를 들
어, 대학에서 사용하는 교과서라면 대학생이 흥미를 가지고 학습할
수 있는 내용이 실린 것이 바람직하다. 또한 모든 학습이 어느 정도
의 긴장감도 필요하며, 즐겁게 학습할 수 있는 것도 중요하다. 그리
고 기능 중심이라 하여도, 초급 교과서에서는 뛰어난 문형교재가 요
구된다. 문법 없이는 정확한 회화 학습을 할 수 없기 때문이다. 또
한, 초급에서 중, 상급으로 이동 시에는 「정확함보다는 유창함」이라
기보다 「정확하며 동시에 유창한 일본어」를 목표로 하여 학습할 수
있는 교과서가 필요하다고 생각한다. 그리고 川口(2005.p7)가 지적
하였듯이, 특정한 「표현 의도」를 바라며 사회적 욕구의 충족이나 인
간관계의 조정을 도모하는 「적극적으로 작용하는 표현(働きかける表
現)」뿐만 아니라 「자신에 대해 이야기하고, 타자를 이해하기 위한 표
현」인 「이야기하는 표현(語る表現)」에 대해서도 학습할 수 있는 교과
서가 뛰어난 회화 교과서라 할 수 있지 않을까 한다. 마지막으로 언
어의 배경에 있는 문화나 언어행동까지 알 수 있는 교과서라면 더욱
좋을 것이다. 그 외에도, 롤 플레이나 태스크 연습을 할 때에는 가

능한 한 많은 실물(생)교재를 이용하여, 보다 실천적인 학습을 할 수 있도록 하는 것이 중요하다.

이상의 사항을 정리하자면 다음과 같다.

향후 필요로 하는 교과서의 조건
① 학습자의 의사를 충분히 표현 할 수 있는 것.
② 회화가 자연스러운 일본어로 쓰여 있는 것.
③ 회화 내용이 학습자가 흥미를 가질 수 있는 것.
④ 뛰어난 문형교재인 것.
⑤ 「적극적으로 작용하는 표현(働きかける表現)」과 「이야기하는 표현(語る表現)」을 학습할 수 있는 것.
⑥ 정확함과 유창함을 함께 요구하는 것.
⑦ 언어의 배경에 있는 문화, 언어행동의 이해로 결부되는 것.

이상으로 ①에서 ⑤는 주로 초급 수준의 교과서에서 필요한 조건이며, ⑥⑦은 초급에서 중, 상급 수준으로 이동 시 필요한 조건으로 생각된다.

5. 결론

본장은 한국의 대학에 있어서 일본어회화의 수준별 교재에 관하여 언급하였으며, 학습자의 수준을 초급과 중, 상급으로 나누어 각각의 지도법과 교재 본연의 자세에 대하여 기술하였다. 먼저, 앙케트 조

사에 기초를 두어 대학생이 무엇보다도 회화를 배우고 싶다는 것을 기술하였으며, 이어, 일본어교수법의 변화에 대해서도 기술하였다. 그 다음으로, 한국인 학습자의 초급 수준의 단어 발음 연습에 있어서는 장음, 단음, 촉음, 발음, 청음, 탁음, タ행 음(ッ), ザ행 음 등에 유의하여, 학습자가 정확히 발음할 수 있도록 지도하는 것이 필요함을 기술하였다. 그리고 대화의 지도로서 청해 연습, 발음 연습 등이 필요하나 초급이라고 정확함만을 요구하는 것이 아닌, 동시에 유창하기 위한 연습이나 창조성 발휘를 위한 연습인 페어 워크, 롤 플레이, 태스크 연습의 필요성에 대해 기술하였다. 또한, 대입 연습, 전환 연습, 응답 연습에 관하여, 구체적으로 예를 들어 언급하였다. 그리고 중, 상급 수준의 지도에 대하여 기술한 바와 같이 중, 상급 수준에서는 초급 수준에서 익힌 정확함을 기초로 하여 한층 더 유창함을 익힐 필요가 있음을 기술하였다. 그리고 가능한 한 많은 실물(생)교재를 이용하여, 롤 플레이, 태스크, 스피치, 프로젝트, 연극 등의 교실활동을 통하여, 보다 실천적인 연습을 늘릴 필요가 있다는 것에 대해서도 언급하였다. 또한, 언어의 배경에 있는 문화 이해의 필요성에 대해서도 언급하였다.

마지막으로 「이후 필요로 하는 교과서」의 조건으로 ①학습자의 의사를 충분히 표현 할 수 있는 것. ②회화가 자연스러운 일본어로 쓰여 있는 것. ③회화 내용이 학습자가 흥미를 가질 수 있는 것. ④뛰어난 문형교재인 것. ⑤「적극적으로 작용하는 표현(働きかける表現)」과 「이야기하는 표현(語る表現)」을 학습할 수 있는 것. ⑥정확함과 유창함을 함께 요구하는 것. ⑦언어의 배경에 있는 문화, 언어행동의 이해로 결부되어 있는 것, 의 7항목을 들었다. 이후 이러한 조

건을 만족할 만한 그리고 학생의 요구에 부응할 수 있는 교과서가
한국에서 많이 작성되기를 기대한다.

제2장
중학교 교과서의「읽기」교재에 대하여

1. 서론

국제교류기금(2009)에 의하면, 세계의 일본어학습자는 3,651,232
명이며, 그중 한국의 학습자수는 964,014명으로 전체의 26.4%를
차지하고 있다. 이는 세계 제1위이며, 2위 중국, 3위 인도네시아, 4
위 오스트레일리아, 의 순이다.

한국의 중학교에 있어서 일본어교육은 제7차 교육과정에 따라
2001년도부터 각 학교 교장의 재량으로 과목을 정할 수 있는 재량수
업으로 시작하였다. 재량수업 생활외국어로는 일본어 · 중국어 · 프
랑스어 · 독일어 · 스페인어 · 러시아어 · 아라비아어가 있다. 일본어
의 교과서는 2009년까지는 『생활 일본어 こんにちは』 1종(1권)뿐이
었으나, 2010년 3월부터는 검정에 합격한 『중학교 생활 일본어』 8종
(8권)의 교과서를 사용할 수 있게 되었다.

그리고 국제교류기금(2011)의 「일본어교육 국가별 정보 오스트레일리아」를 보면, 오스트레일리아에서는 일본어학습자의 95%가 초등·중등교육과정의 학습자로, 교재에 관해서는 「오스트레일리아에서 개발된 시판 교재가 다수 있어서 각각의 환경이나 조건에 따라 선택하고 있다. 『OBENTO』, 『MIRAI』, 『IMA』, 『iiTomo』등의 시리즈 류 (종합 교재)가 인기가 있으며, 몇 번의 개정을 거쳐 지금도 사용되고 있다.」고 한다. 오스트레일리아에서는 초등 후기에서 중등 전기(5~9학년)를 미들이어즈 라고 하며, 7~9학년은 한국의 중학교에 해당한다. 이 시기의 일본어교육은 커뮤니케이션의 습득, 문화 이해, 액티비티 중심으로, 한국의 중학교의 일본어교육과 유사하다. 본장에서는 모국어의 문법체계는 다르나, 모두 일본어교육이 왕성하며 교육 방침이 유사한 한국과 오스트레일리아의 중학교와 미들이어즈 교과서를 비교, 분석하는 것을 목적으로 하였다. 여기에서는 한국의 중학교 교과서인 『생활 일본어 こんにちは』1종 (1권) (이하 『こんにちは』로 함.)과 2009년에 교육과학기술부의 검정에 합격하여, 2010년에 출판된 『중학교 생활 일본어』8종 (8권) (이하 『생활 일본어』로 함)과 오스트레일리아의 미들이어즈에서 사용하고 있는 교과서 『OBENTOO』『MIRAI』『IMA』와 『ISSHONI』를 조사함으로써, 일본어교육의 4기능인 「듣기」「말하기」「읽기」「쓰기」 중 「읽기」를 어떻게 다루고 있는가에 대해 언급하고자 한다.

2. 선행 연구

「읽기」에 관한 선행 연구로는 內堀(2003), 池田(2003), 藪元
(2005), 左尾(2005), 廣瀬(2007)등이 있다. 內堀(2003)는 한국의 경
상남도 방언화자의 초급 일본어학습자가 일본어 문장을 소리 내어
읽을 때 피치(ピッチ)에 어떤 특징을 보이는가를 분석, 고찰하였다.
池田(2003)는 일본어 중·상급 구독클래스에서 행한 다독을 도입한
수업에 대해 언급하며, 다독 프로그램의 가능성과 과제에 대하여 언
급하였다. 藪元(2005)는 「정착형 아동」이 많이 재적하고 있는 초등
학교에서의 방안을 바탕으로 「이미지화」를 도입한 수업 실천을 통하
여, 아동에게 「읽는 힘」을 기르기 위한 효과적인 지원에 대해 언급하
였다. 左尾(2005)는 상급학습자를 위한 이상적인 「독해」에 대해 언
급하며 「독해1」의 수업에 있어서 「정보」 그 자체보다 「정보」의 「전달
방법」을 중시하는 방법의 시도에 대하여 언급하였다. 그리고 廣瀬
(2007)는 소리 내어 읽는 것, 음성화의 어려움에 대해 언급하였다.

이들의 선행 연구를 보면, 읽는 법 그 자체에 대해 연구하고 있는
경우와 어떻게 읽을 것인가, 효과적인 읽기 법은 어떤 방법인가 등
에 대하여 언급한 논문임을 알 수 있다. 예를 들어 內堀(2003)나 廣
瀬(2007)는 「읽는 법」 바로 그 자체에 대해 언급하였고, 池田(2003)
는 어떻게 「읽는」가에 대해 연구하였다. 또, 藪元(2005)는 효과적으
로 읽는 법에 대하여 기술하였으며, 左尾(2005)는 문장의 내용보다
문장 그 자체에 대해 언급하였다. 이렇게, 한마디로 「읽기」에 관한
연구라 할지라도 많은 시점과 방법이 있음을 알 수 있다. 그러나 이
들 대부분은 일본어모국어 화자를 대상으로 한 연구이거나 일본어교

육에 관한 것으로 중 · 상급자에 관한 연구가 많으며, 초급자에 관한 연구인 경우는 발음이나 억양에 관한 것으로, 교과서에서 볼 수 있는 교재의 취급에 대해 기술한 것은 별로 없었다고 생각한다.

그래서, 현재 한국의 중학교와 오스트레일리아의 미들이어즈에서 사용하고 있는 교과서에서 「읽기」 지도를 위해 어떤 교재를 사용하고 있는가에 대해 기술한다. 이러한 연구를 함으로써 한국에 있어서의 이후, 중학교의 「읽기」 지도 시, 교재나 교과서 작성에 도움이 되었으면 한다.

3. 한국의 중학교 교과서의 「읽기」 교재

3.1. 한국의 중학교 교과서의 「읽기」의 지침

한국 교육인적자원부의 『초 · 중등학교 교육과정』 (고시 제2007-79호 「별책1」)의 교과별 내용 「일본어(pp.486-487)」에는 「듣기」 「말하기」 「읽기」 「쓰기」에 관한 기술이 있으며, 「읽기」에 관해서는 다음과 같다.

「일본어」
1. 언어적 내용
2. 언어기능
3. 읽기
 (1) 히라가나와 가타카나를 정확히 읽는다.

(2) 청탁음, 장단음, 촉음, 발음, 요음에 유의하여 문장을 읽는다.

(3) 메모, 엽서, 카드 등의 간단한 문장을 읽는다.

(4) 인터넷에서 쉽고 간단한 문장을 찾아 읽는다.

(5) 일본 문화와 관련된 쉽고 간단한 문장을 읽는다.

위의 예 (1)~(5)에서 보면 먼저, 문자, 문장을 정확히 읽고, 교재로는 메모, 엽서, 카드 및 인터넷에서 찾은 쉽고 간단한 문장을 읽을 것을 장려하고 있음을 알 수 있다. 또한, 일본문화와 관련이 있는 문장을 읽는 것도 거론하고 있다.

3.2. 『こんにちは』의 목차와 각과의 구성

『こんにちは』의 목차와 구성은 〈표1〉과 같으며 구성을 보면 모든 과에서 동일한 구성으로, 4기능 (「듣기」 「말하기」 「읽기」 「쓰기」)의 분류로 되어 있지 않음을 알 수 있다.

〈표1〉『こんにちは』의 목차와 각과의 구성

과	목차	구성
1	おはよう	
2	さようなら	
3	ありがとう	(일러스트)중요표현→언어습관→역할훈련
4	おめでとう	→문화탐방→놀이체험→자유학습
5	がんばれ	
6	あの、すみませんが	
7	はじめまして	

과	목차	구성
8	わたし、うどん	(일러스트)중요표현→언어습관→역할훈련
9	かりてもいいですか	→문화탐방→놀이체험→자유학습
10	どこですか	

3.3. 『생활 일본어』 8종(여기에서는 A~H라 함)의 「읽기」 내용

『생활 일본어』 8종(A~H)의 목차와 각 과의 구성 및 「읽기」의 내용을 보면 다음과 같다. A~H는 다음과 같다.

A. 이덕봉 김태호 모리야마 신(2010.3) 『중학교 생활 일본어こんにちは』

B. 김숙자 김태호 아이자와 유카 박혜연(2010.3) 『중학교 생활 일본어』 미래엔 컬처그룹

C. 겐코 히로아키 정영인 정용기(2010.3) 『중학교 생활 일본어』 지학사

D. 박민영 사이토 아사코 조유진(2010.3) 『중학교 생활 일본어』 천재교육

E. 한미경 츠자기 고이치 김민자 윤나리(2010.3) 『중학교 생활 일본어』 교학사

F. 이경수 여선구 한승희 오사와 리에 우타가와 노리코(2010.3) 『중학교 생활 일본어』 시사일본어사

G. 윤강구 박차환 문정선 스즈기 무쓰미(2010.3) 『중학교 생활 일

본어』다락원

H. 전형식 박준효 차승연 구보타 요시미(2010.3)『중학교 생활 일
본어』대교

1) 교과서A의 각 과의 구성

교과서A의 각 과의 구성은 다음과 같다.

(교과서A,C,D,E,G,H의 구성에서 ( )안의 일본어역은 필자)

단원 도입(單元導入)→みる・きく・かんがえる→きいてチェックする
→ダイアローグ→はなしてみる→キーポイント→よむ・かんがえる→か
いてみる→たのしく→やってみよう→みんなでいっしょに→ログイン 재
팬(ログイン ジャパン)

단원도입→보기 · 듣기 · 생각하기→듣고 체크하기→다이얼로그→
말해보기→키포인트→읽기 · 생각하기→써보기→즐겁게→해보자→
모두 함께→로그인 재팬

이 중에서 「읽기 · 생각하기」에서 「읽기」 학습을 하도록 구성되어
있으나, 교과서A에서는 「읽기」 뿐만 아니라, 읽고 생각하는 것을 지
도하고자 함을 알 수 있다. 다음 〈표2〉는 「읽기 · 생각하기」의 구체
적인 학습 내용이다.

〈표2〉 교과서 A의 「읽기 · 생각하기」

과	목차	「읽기 · 생각하기」의 내용
01	おはよう	그림 안에 숨겨져 있는 인사에 관한 말 찾기

과	목차	「읽기·생각하기」의 내용
02	はじめまして	자신을 소개하는 영상의 말풍선 내에 쓰여 있는 자기소개 말
03	おめでとう	전자 메일로 받은 생일 축하 카드
04	いただきます	메뉴에 쓰여 있는 음식 이름과 가격
05	なにがいちばんすき？	일본의 중학교 홈페이지에 소개된 동아리활동 포스터
06	もういいです	인터넷의 블로그에 소개된 「오니기리」만드는 방법
07	どこですか	길을 묻는 회화를 읽고, 지하철 안내도의 어느 곳인지 생각한다.
08	てつだってくれる？	일본의 중학생이 블로그에 올린 환경문제에 관한 포스터
09	見たことがあります	관광지를 방문한 후 블로그에 올린 감상문
10	あけましておめでとうございます	연하장

〈표2〉의 교과서A에서는 전자 메일, 블로그, 홈페이지 등, 인터넷을 이용하여 학습하는 내용이 많음을 알 수 있다. 그 외, 연하장, 음식 메뉴, 지하철 지도 등의 교재도 준비되어 있다.

2) 교과서B의 각 과의 구성

교과서의B 각 과의 구성은 다음과 같다.

はじめましょう→ききましょう→はなしましょう→よみましょう→かきましょう→まとめましょう→チェックチェック→やってみましょう→ぶんか

시작합시다 →들어 봅시다 →말해봅시다→ 읽어 봅시다 →써 봅시다 →정리해 봅시다→체크 체크→해 봅시다 →문화

이 중에서, 「읽어 봅시다」에서 「읽기」 학습을 하게 된다. 〈표3〉은 구체적인 학습 내용이다.

〈표3〉 교과서 B의 「읽어 봅시다」(만화)

과	목차	「읽어 봅시다」의 내용
1	こんにちは	(학교,교실에서)인사와 자기소개
2	なんばんですか	친구와 메일 주소의 교환을 할 때 회화
3	なんにんかぞくですか	친구의 집을 방문할 때의 회화
4	じょうずですね	(학교에서) 동아리 활동에 관한 회화
5	おめでとう	(레스토랑에서) 친구생일을 축하할 때 회화
6	トイレはどこですか	역에서 길을 묻고, 문화제에 가서 쇼핑할 때의 회화
7	ボランティアはどう？	자원봉사에 관한 회화
8	おまつりにいきませんか	축제에서 금붕어 뜨기 할 때의 회화
9	こたえてください	교실에서의 회화와 학교에서 쓰레기를 버릴 때의 회화
10	ハンボクをきたことがありますか	교실에서 헤어지는 인사와 한국에서 온 전자 메일

〈표3〉의 교과서B에서는 회화의 「읽기」가 중심이나, 마지막에 전자 메일 편지글도 있다. 이 교과서의 「읽어 봅시다」는 정말 회화 문장 그 자체를 읽는 연습을 하는 코너로 되어있다.

3) 교과서C의 각과의 구성

교과서C의 각과 구성은 다음과 같다.

미리 보기(ちょっと見てみよう)→듣고 읽어 봅시다(聞いて読んでみましょう)→표현 길잡이(表現道案内)→생생 일본어(いきいき日本語)→말해봅시다(話してみましょう)→써봅시다(書いてみましょう)→똑똑 일본문화(トントン日本文化)→체험해봅시다(体験してみましょう)→도전해봅시다(挑戦してみましょう)

이상과 같이 「듣고 읽어봅시다(聞いて読んでみましょう)」에서 「읽기」 학습을 하게 되어있다. 〈表4〉는 구체적인 학습내용이다.

〈표4〉 교과서C의 「듣고 읽어봅시다(聞いて讀んでみましょう)」(만화)

課	目次	「듣고 읽어 봅시다」의 내용
1	おはよう	(학교에서)인사말
2	はじめまして	(학교, 교실에서)자기소개
3	ありがとう	교실과 축제에서의 회화
4	おじゃまします	(친구 집을 방문)가족소개의 회화
5	いまなんじ	(학교에서의)시간,휴대폰 번호에 관한 회화
6	いくらですか	레스토랑에서의 회화
7	しゅみはなんですか	(친구 집을 방문)채팅에서의 회화
8	トイレはどこ？	역에서 길을 묻는 회화
9	おこのみやきはどうですか	교실과 축제에서의 회화
10	やきゅうができる？	동아리활동과 영화관에서의 회화
11	じてんしゃをとめてもいいですか	도서관에서의 회화
12	にほんごのべんきょう、がんばってね	설날의 회화,화상채팅

〈표4〉의 교과서C의 「듣고 읽어봅시다.」는 주로 회화를 듣고, 읽는 연습을 하는 코너가 있음을 알 수 있다.

4) 교과서D의 각과의 구성

교과서D의 각과 구성은 다음과 같다.

はじめよう→きいてはなそう1→きいてはなそう2→よんでみよう→かいてみよう→日本 文化 알아보기(日本文化を調べてみる)→まとめてみよう

시작하자 → 듣고 이야기하자 1 → 듣고 이야기하자 2 → 읽어 보자 → 써 보자 → 일본 문화 알아보기 (일본 문화를 조사해 보자) → 정리해 보자

이상과 같이 「읽어 보자」에서 「읽기」학습을 하게 되어있다. 〈표5〉는 구체적인 학습 내용이다.

〈표5〉 교과서D의 「읽어보자」(일러스트)

과	목차	「읽어보자」
1	ひらがな カタカナ	없음
2	みなさんおはよう	(교실에서)인사와 자기소개를 하는 회화
3	あねはスポーツがだいすき	(운동장에서)타인소개와 「〜がすき」표현
4	たんじょうびおめでとう	친구 집을 방문했을 때의 회화
5	かさはどこ？	(집에서)미사키와 엄마의 회화
6	いまなんじ？	(축제에서)시간과 휴대폰 번호 회화
7	どちらがすきですか	(운동장에서)스포츠에 관한 회화
8	いくらですか	(문구점과 슈퍼에서)물건사기에 관한 회화

과	목차	「읽어보자」
9	みなさんおげんきですか	일본어 전자메일
10	てをあげてください	포크댄스 설명

〈표5〉의 교과서D 「읽어 보자」는 주로 회화문을 읽는 연습을 하는 코너이지만, 일본어 전자 메일이나, 포크댄스에 대한 설명도 있음을 알 수 있다.

5) 교과서E의 각 과의 구성

교과서E의 각 과의 구성은 다음과 같다.

단원의 도입(単元の導入)→보고 듣기(見て聞く)→듣고 말하기(聞いて話す)→읽고 말하기(読んで話す)→커뮤니케이션 활동(コミュニケーション活動)→쓰기(書く)→언어 문화 이해하기(言語文化の理解)→문화 알아 가기(文化を知ろう)→인터넷 찾아보기(インターネット検索)→체험 활동(体験活動)→마무리 평가(まとめ 評価)

이 중에서 「읽고 말하기(よんで話そう)」에서 「읽기」 학습을 하게 되어있다. 〈표6〉은 구체적인 학습 내용이다.

〈표6〉 교과서E의 「읽고 말하기(よんで話そう)」

과	목차	「읽고 말하기(よんで話そう)」
1	おはようございます	휴대전화의 영상통화로 인사
2	はじめまして	자기소개 카드
3	なんにんかぞくですか	가족소개 엽서
4	しゅみはなんですか	일본관광 포스터
5	なにになさいますか	(양복을 보면서)가게에서의 회화

과	목차	「읽고 말하기(よんで話そう)」
6	トイレはどこですか	(안내도를 보면서)공항에서의 회화
7	テコンド できる？	(TV를보면서)요리방송에서의 회화
8	キョンジュへいったことある？	관광한 후의 메모
9	どっちがはやい？	홈페이지에 있는 지도
10	かわがきれいになりましたね	환경에 관한 포스터

교과서E의 「읽고 말하기」는 캬드, 엽서, 포스터, 메모, 지도 등을 제시하여, 그것들을 보고, 생각하고, 질문에 답하는 형식으로 되어 있다. 그리고 5과, 6과, 7과는 회화 문장을 읽고 질문에 답하는 형식 으로 되어있다. 모두 「읽기」연습 뿐만 아니라, 읽고, 생각하고, 답하 는 학습을 하게 되어 있었다.

6) 교과서 F 의 각과의 구성

교과서 F 의 각과 구성은 다음과 같다.

まずべんきょうしましょう→きいてみましょう→ダイアローグ→よんで みましょう→はなしてみましょう→かいてみましょう→いっしょにやりまし ょう→やってみましょう

먼저 공부합시다→들어 봅시다→다이얼로그→읽어 봅시다→이야 기해 봅시다→써 봅시다→함께 합시다→해 봅시다

이 중에서 「읽어 봅시다」에서 「읽기」학습을 하게 되어있다.〈표7〉은 구체적인 학습 내용이다.

〈표7〉 교과서 F 의 「읽어 봅시다(よんでみましょう)」(일러스트)

課	目次	「읽어 봅시다(よんでみましょう)」
1	あいうえお	없음
2	がぎぐげご	없음
3	こんにちは	전자메일
4	サッカーがすきです	동아리 활동 포스터
5	もしもし	벚꽃 개화에 관한 포스터
6	おじゃまします	자신과 타인의 가족 호칭 읽기
7	いくらですか	라면 가게의 메뉴
8	おめでとう	생일 카드
9	きょうとへいくよ	일본의 교통에 관한 사진
10	にほんごがじょうずですね	일과표
11	いっしょにいく？	일본 유원지의 포스터
12	おせわになりました	에마(絵馬)에 쓰인 글자

〈표7〉의 교과서 F 의 「읽어 봅시다」는 전자 메일, 포스터, 카드, 음식 메뉴 등을 읽는 학습을 한다는 것을 알 수 있다. 그리고 읽은 후에 질문에 답하는 형식을 취하고 있다.

7) 교과서 G 의 각 과의 구성

교과서 G 의 각 과의 구성은 다음과 같다.

생각해 볼까요(考えてみましょうか)→듣고 말해 볼까요(聞いて話してみましょうか)→언어 행동 문화(言語の行動文化)→읽고 표현해 볼까요(読んで表現してみましょうか)→쓰고 말해 볼까요(書いて話してみましょうか)→정리해 볼까요(整理してみましょうか)→확인해 볼까요(確認してみましょうか)→함께 해 볼까요(一緒にやってみましょうか)→

비교해 볼까요(比較してみましょうか)

　이 중에서 「읽고 표현해 볼까요(読んで表現してみましょうか)」에서 「읽기」 학습을 하게 되어 있다. 〈表8〉은 구체적인 학습 내용이다.

〈표8〉 교과서G의 「읽고 표현해 볼까요(読んで表現してみましょうか)」

과	목차	「읽고 표현해 볼까요」
1	あいうえお	사진 옆에 일본어 단어
2	はじめまして	홈페이지에 있는 가족소개 사진과 문장
3	おじゃまします	일본 가정 방문 시의 회화
4	いただきます	일본 가정의 식사 시의 회화
5	じゃあね、またあした	사진을 보면서 일본 중학생 일과를 안다
6	おめでとう	음악회와 야구 티켓
7	アニメ、好き？	일본어 전자 메일
8	これ、ください	일본의 돈과 햄버거 메뉴
9	行きたい！	쿄토의 금각사(金閣寺)와 홈페이지
10	おせわになりました	감사의 편지글

　〈표8〉의 교과서G 「읽고 표현해볼까요」는 사진, 티켓, 전자 메일, 음식의 메뉴, 홈페이지 및 회화 문장을 읽는 학습이다. 그리고 읽은 후에 질문에 답하는 형식을 취하고 있다.

8) 교과서H의 각 과의 구성
　교과서H의 각 과의 구성은 다음과 같다
　들어보자(きいてみよう)→말해보자(いってみよう)→이야기해보자 (はなしてみよう)→읽어보자(よんでみよう)→해보자(やってみよう)→청

취(ききとり)→비교해 봐요(比較してみましょう)→다함께 해봐요(一緒
にやってみましょう)→(4과, 6과, 12과 뒤에, 자율 학습(自律學習)→
쉬어 가기(休みましょう))

　이 중에서 「읽어보자(よんでみよう)」에서는 「언어행동」에 관한 학습
을, 「해 보자(やってみよう)」에서 「읽기」학습을 하게 되어있다.

　〈表9〉〈表10〉은 구체적인 학습 내용이다.

〈표9〉 교과서H의 「읽어보자(よんでみよう)」(일러스트)

과	목차	「읽어보자」(한국어)
1	일본어 첫걸음	없음
2	おはよう	인사에 관한 사진과 설명
3	はじめまして	가족소개 사진과 설명
4	おめでとう	호칭에 관한 사진과 설명
5	いただきます	식사 시의 인사를 표현하는 사진과 설명
6	いまなんじ？	숫자를 사용한 표현을 한 사진과 설명
7	すきなスポーツはなに？	맞장구를 치는 사진과 설명
8	がんばって	칭찬 단어를 사용하는 사진과 설명
9	うえのこうえんにいかない？	거절 단어를 사용하는 사진과 설명
10	なにする？	「どうぞ」를 사용하는 사진과 설명
11	あのう、すみません	「すみません」을 사용하는 사진과 설명
12	げんきでね	헤어질 때 사용하는 말에 관한 언어습관

　〈표9〉의 교과서H의 「읽어보자(よんでみよう)」는 언어행동에 관한
한국어문장을 읽게 되어있음을 알 수 있다.

〈표10〉교과서H의 「해 보자(やってみよう)」

과	목차	「해 보자(やってみよう)」
1	일본어 첫걸음	
2	おはよう	세계지도와 나라별 인사말
3	はじめまして	일본어 명함을 보면서 자신의 장래의 명함을 생각한다.
4	おめでとう	어머니의 날, 생일, 졸업축하 카드
5	いただきます	음식 사진을 보면서 자신의 점심을 정한다.
6	いまなんじ？	일본 중학교의 시간표
7	すきなスポーツはなに？	문화제, 수학여행, 리사이클 포스터
8	がんばって	콩 주머니 넣기(玉入れ), 응원 사진 등을 보며, 응원의 말을 생각한다.
9	うえのこうえんにいかない？	어떤 경우에 몇 번에 전화할지 생각한다.
10	なににする？	일본 돈 사진을 보고 금액을 기입한다
11	あのう、すみません	지도를 보면서 회화를 한다.
12	げんきでね	일본어로 작별인사와 그 동안 말하고 싶었던 것을 편지로 쓴다

〈표10〉의 교과서H 「해 보자(やってみよう)」는 카드, 포스터, 지도, 편지 등을 보고 읽는 학습내용으로, 보거나 읽은 후에 질문에 답하게 되어있다.

〈표11〉「こんにちは」와 「생활일본어」의 「읽기」학습의 내용

교과서	읽기 학습 코너	읽기 학습의 내용
こんにちは	코너 자체가 없음	없음

교과서	읽기 학습 코너	읽기 학습의 내용
생활일본어A	「よむ　かんがえる」	전자 메일, 블로그, 홈페이지 등, 인터넷을 이용하여 학습한다. 그리고 연하장, 음식 메뉴, 지하철 지도 등을 이용하여 읽고 생각하는 학습을 한다.
생활일본어B	「よみましょう」	회화문을 읽는 연습을 한다.
생활일본어C	「聞いて読んでみましょう」	회화를 듣고 읽는 연습을 한다.
생활일본어D	「よんでみよう」	회화문을 읽는 연습을 한다.
생활일본어E	「よんで話そう」	카드, 엽서, 포스터, 메모, 지도 등을 제시하여, 그것들을 보고 생각하고, 질문에 대답한다.
생활일본어F	「よんでみましょう」	전자 메일, 포스터, 카드, 음식 메뉴 등을 보고 질문에 답한다.
생활일본어G	「読んで表現してみましょう」	사진, 티켓, 전자 메일, 음식 메뉴, 홈페이지 및 회화 문장을 읽고 질문에 답한다.
생활일본어H	「やってみよう」	카드, 포스터, 지도, 편지 등을 보고, 질문에 답한다.

이상의 조사 결과, 교과서A~H의 「읽기」 교재는 「읽기」 연습을 하는 것, 「읽기」 연습과 더불어 읽고 생각하는 학습을 하는 것, 읽고 생각하는 학습을 하는 것 등의 3개 패턴으로 분류할 수 있다.

1. 「교과서B (よみましょう)」 「교과서C (聞いて読んでみましょう)」 「교

과서 D (よんでみよう)」와 같이 만화 회화를 읽는 교과서.

2. 「교과서E (よんで話そう)」「교과서G (読んで表現してみましょう)」
와 같이 회화 문장을 읽기와 더불어, 티켓, 포스터, 전자 메일,
홈페이지, 편지 등을 읽고 생각하는 학습을 하는 교과서.

3. 「교과서A (よむ·かんがえる)」「교과서F (よんでみましょう)」와 같
이 실제 로 중학생이 볼 가능성이 높은 「인터넷, 카드, 포스터,
에마(繪馬) 등」을 중심으로 읽고 생각하는 학습을 하는 교과서.

「교과서H (やってみよう)」와 같이 회화 문장과 언어행동에 대해
쓰인 한국어 문장을 읽는 교과서도 있으나, 여기에서는 일본어 발음
과 관련된 교과서 분석이 목적이므로, 교과서 H는 분석 대상으로 하
지 않기로 하였다. 그리고 이 교과서에서는 「해 보자(やってみよう)」
에 포스터 등이 있다.
또한, 학습 형식으로는 정확히 「읽기」 연습을 하는 교과서와 읽고
생각하는 학습을 하는 것이 있다.

4. 오스트레일리아의 중학교 교과서의 「읽기」 교재

4.1. 오스트레일리아에 있어서 중학교(미들이어즈의)교과서

이어서 오스트레일리아 중학교(미들이어즈)의 교과서에서 「읽기」

학습에 대해 기술한다. 국제교류기금(2010) 「일본어교육 국가별정보
오스트레일리아」에 따르면 초등·중등교육 교과서로 오스트레일리
아에서 개발된 시판 교재는 다수 있으며 각각의 환경이나 조건에 따
라 선택하고 있다.

　예를 들어 『KIMONO』 (1990년) 『YOROSHIKU』 (1993년)을 비롯
하여 『OBENTO』『MIRAI』『IMA』등 시리즈 류(종합 교재)가 인기가
있으며, 몇 번의 개정을 거쳐 지금도 사용되고 있다. 이 교재 가운
데 필자가 조사할 수 있었던 것은 『OBENTOO1』『MIRAI1』『IMA1』
와 국제교류기금(2010)에는 기재되지 않은 『ISSHONI1』이다. 또한
『OBENTOO』는 『OBENTOO1』『OBENTOO2』『OBENTOO3』가 있
으며, 『MIRAI』는 『MIRAI1』『MIRAI2』『MIRAI3』『MIRAI4』등이 있
으나, 여기에서는 『OBENTOO1』『MIRAI1』『IMA1』과 『ISSHONI1』에
대해 언급하고자 한다.

4.2. 오스트레일리아 미들이어즈 교과서의 「읽기」

　『OBENTOO1』『MIRAI1』『IMA1』과 『ISSHONI1』의 유닛 구성은 다
음과 같다. 먼저, 『OBENTOO1』의 목차와 유닛 구성은 다음과 같다.

1) 『OBENTOO1』의 목차와 유닛 구성
　『OBENTOO1』의 목차와 유닛 구성은 〈표12〉와 같다.

〈표12〉『OBENTOO1』의 목차와 유닛 구성

unit	목차	구성(표제어)
1	どうぞよろしく	いただきます→べんきょうのベン→どんなあじ？→べんきょうのベン→ごはんとおかず→テーブルマナー→おはし→おかし→ごちそうさま
2	どこから？	いただきます→どんなあじ？→べんきょうのベン→ごはんとおかず→テーブルマナー→おはし→おかし→ごちそうさま
3	かぞえましょう	いただきます→どんなあじ？→べんきょうのベン→ごはんとおかず→テーブルマナー→おはし→おしょうゆ→おかし→ごちそうさま
4	わたしたちについて	いただきます→どんなあじ？→べんきょうのベン→ごはんとおかず→テーブルマナー→おはし→おしょうゆ→ごちそうさま
5	なんにん？	いただきます→どんなあじ？→べんきょうのベン→ごはんとおかず→テーブルマナー→おはし→おかし→ごちそうさま
6	ワン、ワン、ガー、ガー	いただきます→どんなあじ？→べんきょうのベン→ごはんとおかず→テーブルマナー→おはし→おかし→ごちそうさま
7	おたんじょう日おめでとう	いただきます→どんなあじ？→べんきょうのベン→ごはんとおかず→テーブルマナー→おはし→おしょうゆ→ごちそうさま
8	スパゲッティがすき！	いただきます→どんなあじ？→べんきょうのベン→ごはんとおかず→テーブルマナー→おしょうゆ→おかし→ごちそうさま

unit	목차	구성(표제어)
9	しゅうまつに	いただきます→どんなあじ？→べんきょうのベン→ごはんとおかず→テーブルマナー→おはし→おしょうゆ→ごちそうさま→ごちそうさま
10	しゅみは？	いただきます→どんなあじ？→べんきょうのベン→ごはんとおかず→テーブルマナー→おはし→おしょうゆ→おかし→ごちそうさま
11	がっこうのあとで	いただきます→どんなあじ？→べんきょうのベン→ごはんとおかず→テーブルマナー→おはし→おしょうゆ→おかし→ごちそうさま
12	ことしのおもいで	いただきます→どんなあじ？→べんきょうのベン→ごはんとおかず→テーブルマナー→おはし→おしょうゆ→おかし→ごちそうさま

〈표12〉의 『OBENTOO1』은 각각의 유닛에 「읽기」라는 코너가 없는 점에서 한국의 교과서와 다르며, 유닛 마다 구성 방법이 다름을 알 수 있다. 이어서, 『MIRAI1』의 목차와 유닛 구성은 다음과 같다.

2) 『MIRAI1』목차와 유닛 구성

『MIRAI1』 목차와 유닛 구성은〈표13〉과 같다.

〈표13〉『MIRAI1』목차와 유닛 구성

unit	목차	구성
파트1	ともだち	
unit1	どうぞよろしく	どうぞよろしく→せつめいコーナー→ぼくはしんごです→できますか→わかった→べんきょうのこつ→なに？なに？→インフォ おじぎ→ジェスチャー→あいさつ→せつめいコーナー→できますか→ゲーム→わかった→うたいましょう→ひらがな→ひらがなれんしゅう→まんが「てんせい」→チェックしましょう
unit2	なんさいですか	なんさいですか→せつめいコーナー→かぞえましょう→ジョニーくんも17さいです→できますか→わかった→あそびましょう→なに？なに？→インフォ なまえ→かんじでかきましょう→せつめいコーナー→できますか→かずのゲーム→わかった→なに？なに？→ひらがな→ひらがなれんしゅう→まんが「てんせい」→チェックしましょう
unit3	どこにすんでいますか	どこにすんでいますか→せつめいコーナー→ゴードンにすんでいます→できますか→おくにはどこですかゲーム→ちず どこにすんでいますか→わかった→べんきょうのこつ→インフォ まちとむら→あいさつ→せつめいコーナー→できますか→わかった→なに？なに？→ひらがな→ひらがなれんしゅう→まんが「てんせい」→チェックしましょう

unit	목차	구성
파트2	がっこう	
unit4	なんねんせいですか	なんねんせいですか→せつめいコーナー→たいいくは5じかんめと6じかんめです→にほんのかもく→できますか→かもくゲーム→インフォ しょう、ちゅう、こう→わかった→べんきょうのこつ→インフォ 日本のがっこう→すきなかもくはなんですか→せつめいコーナー→できますか→ひらがなパズル→なに？なに？→わかった→あそびましょう→ひらがな→ひらがなれんしゅう→まんが「てんせい」→チェックしましょう
unit5	りかはおもしろいです	りかはおもしろいです→せつめいコーナー→りかはやさしいですか→けいようし→できますか→わかった→あそびましょう→インフォ クラブ→おべんとう、ランチ→すきなたべもの→せつめいコーナー→わたしの/ぼくの→できますか→けいようしゲーム→わかった→なに？なに？→ひらがな→ひらがなれんしゅう→まんが「てんせい」→チェックしましょう
unit6	せんせい、みてください	せんせい、みてください→せつめいコーナー→ドアをあけてください→できますか→わかった→べんきょうのこつ→なに？なに？→インフォ しどう→インフォ 日本のれきし→いいですか→きょうしつで→せつめいコーナー→いいですか→できますか→もののなまえゲーム→わかった→うたいましょう→ひらがな→ひらがなれんしゅう→まんが「てんせい」→チェックしましょう

unit	목차	구성
파트3	スポ ツとレジャ	
unit7	しあいは8じに はじまります	しあいは8じにはじまります→せつめいコーナー→あのう、いまなんじですか→いまなんじですか→できますか→ゲーム→ひらがなパズル→わかった→べんきょうのこつ→インフォ 日本のスポーツ→まゆさんはきょうなにをしますか→ひろくんはきょうなにをしますか→せつめいコーナー→いぬとあそびます→できますか→わかった→あそびましょう→なに？なに？→ひらがな→ひらがなれんしゅう→まんが「てんせい」→チェックしましょう
unit8	どこへいきますか	どこへいきますか→せつめいコーナー→どこへいきますか→できますか→どこへいきますか、みなさん？→わかった→べんきょうのこつ→インフォ かんじのれきし→ぶんかさい→せつめいコーナー→いっしょにこうえんへいきましょう→できますか→ゲーム→わかった→あそびましょう→なに？なに？→インフォ えんそく→ひらがな→ひらがなれんしゅう→まんが「てんせい」→チェックしましょう
unit9	ひこうきでいきま しょう	ひこうきでいきましょう→せつめいコーナー→なにをしましたか→なんでがっこうへいきますか→できますか→わかった→あそびましょう→インフォ でんしゃ→ようびのかんじ→せつめいコーナー→きょうはなんようびですか→できますか→ゲーム→ひらがなパズル→わかった→うたいましょう→なに？なに？→ひらがなれんしゅう→まんが「てんせい」→チェックしましょう

〈표13〉의 『MIRAI1』는 『OBENTOO1』와 같이 「읽기」코너가 없다.
이어서 『IMA1』의 목차와 유닛 구성은 다음과 같다.

3) 『IMA1』의 목차와 유닛 구성
『IMA1』의 목차와 유닛 구성은 〈표14〉과 같다

〈표14〉 『IMA1』의 목차와 유닛 구성

과	목차	구성
	ひらがな はじめるまえに	
제一과	はじめまして	金沢にすんでいます→いってみよう1→いってみよう2→いってみよう3→でんわばんごうは？→かいてみよう→ふたりで→ことば→しってる？→みんなで→おもしろい日本→よんでみよう
제二과	わたしのかぞく	かぞくのしょうかい→いってみよう1→いってみよう2→いってみよう3→いってみよう4→ただいま→かいてみよう→ふたりで→ことば→みんなで→しってる？→おもしろい日本→よんでみよう
제三과	おはよう！	7時だよ→いってみよう1→いってみよう2→いってみよう3→あさごはんは？→いってみよう4→ふたりで→みんなで→しってる？→ことば→かいてみよう→おもしろい日本→よんでみよう
제四과	学校に行きます	どうやって行きますか→いってみよう1→いってみよう2→ぼくの学校→いってみよう3→いってみよう4→あっ！おそい！→ふたりで→みんなで→しってる？→ことば→今なん時ですか→かいてみよう→いってみよう5→おもしろい日本→よんでみよう

과	목차	구성
제五과	学校	学校での一日→いってみよう1→いってみよう2→いってみよう3→おんがくは？→ふたりで→ことば→よんでみよう→かいてみよう→しってる？→おもしろい日本→みんなで→クイズ
제六과	しゅうがくりょこう	しゃしん、見せて！→いってみよう1→いってみよう2→ふたりで→いってみよう3→かいてみよう→みんなで→しってる？→おもしろい日本→ことば→何月何日ですか→わたしの日本のりょこう→よんでみよう
제七과	ひまな時	ひまとしゅみ→いってみよう1→ぶかつ→いってみよう2→いってみよう3→しゅうまつに何をしましたか→いってみよう4→ふたりで→かいてみよう→みんなで→しってる？→ことば→おもしろい日本→よんでみよう

〈표14〉의 『IMA1』에는 「읽어보자(よんでみよう)」코너가 있음을 알수 있다. 「읽어보자(よんでみよう)」의 구체적인 학습 내용은 아래와 같다.

4) 『IMA1』의 「읽어보자(よんでみよう)」의 학습 내용

『IMA1』의 「읽어보자(よんでみよう)」의 학습 내용은 〈표15〉와 같다.

〈표15〉 『IMA1』의 「읽어보자(よんでみよう)」의 학습내용(교재)

과	목차	「읽어보자(よんでみよう)」의 학습내용
	ひらがな はじめるまえに	명함, 광고, 전화번호와 FAX번호
제一과	はじめまして	포스터, 간판, 사전, 사전의 이름
제二과	わたしのかぞく	광고(어머니의 날, 아버지의 날)
제三과	おはよう!	간판, 안내, 주의서, 광고
제四과	学校に行きます	광고, 간판
제五과	学校	간판, 서예의 글자
제六과	しゅうがくりょこう	광고, 영화의 안내, 상표
제七과	ひまな時	안내, 광고, 참가자모집 퀴즈

〈표15〉 『IMA1』의 「읽어보자(よんでみよう)」는 한국의 교과서A (읽기·생각하기), 교과서F (읽어봅시다(よんでみましょう))와 같이, 실제 중학생이 볼 가능성이 높은(광고, 안내, 카드, 포스터 등)이 중심적으로 실려 있음을 알 수 있다.

5) 『ISSHONI1』의 목차와 유닛 구성

『ISSHONI1』의 목차와 유닛 구성은〈표16〉과 같다.

〈표16〉 『ISSHONI1』의 목차와 유닛 구성

ユニット	목차	단원구성
ユニット1	Self-introduction1	Dialogue→覚えましょう→書きましょう

ユニット	목차	단원구성
ユニット2	Self-introduction2	Dialogue→覚えましょう→書きましょう→れんしゅうしましょう→書きましょう→書きましょう→覚えましょう→書きましょう→書きましょう→れんしゅうしましょう→れんしゅうしましょう→読みましょう→読みましょう→覚えましょう→歌いましょう
ユニット3	Self-introduction3	Dialogue→覚えましょう→書きましょう→れんしゅうしましょう→読みましょう→覚えましょう→覚えましょう→書きましょう→覚えましょう→歌いましょう
ユニット4	School life1	Dialogue→覚えましょう→書きましょう→覚えましょう→書きましょう→れんしゅうしましょう→聞きましょう→読みましょう
ユニット5	School life2	Dialogue→覚えましょう→書きましょう→読みましょう→覚えましょう→覚えましょう→聞きましょう→覚えましょう→聞きましょう→覚えましょう→聞きましょう→覚えましょう→聞きましょう→聞きましょう→覚えましょう→読みましょう→読みましょう
ユニット6	Knowing what's what	Dialogue→れんしゅうしましょう→覚えましょう→覚えましょう→聞きましょう
ユニット7	Dining out	Dialogue→覚えましょう→覚えましょう→聞きましょう→書きましょう→れんしゅうしましょう→覚えましょう
ユニット8	Shopping	Dialogue→覚えましょう→覚えましょう→聞きましょう→書きましょう→れんしゅうしましょう→読みましょう
ユニット9	Making arrangements 1	Dialogue→覚えましょう→覚えましょう→聞きましょう→書きましょう

ユニット	목차	단원구성
ユニット10	Making arrangements 2	Dialogue→覚えましょう→覚えましょう→読みましょう→覚えましょう→覚えましょう→聞きましょう
ユニット11	Homestay 1	Dialogue→覚えましょう→覚えましょう→聞きましょう→覚えましょう→覚えましょう→聞きましょう→読みましょう
ユニット12	Homestay 2	Dialogue→覚えましょう→覚えましょう→読みましょう→覚えましょう→読みましょう→聞きましょう

〈표16〉에서 『ISSHONI1』의 유닛 구성은 일정하지 않고, 필요에 따라 「외웁시다(覚えましょう)」「들읍시다(聞きましょう)」「읽읍시다(読みましょう)」「씁시다(書きましょう)」와 같은 코너를 학습하게 되어있다. 이 교과서에는 「읽읍시다(読みましょう)」가 있으며, 「읽읍시다(読みましょう)」의 학습 내용은 다음과 같다.

〈표17〉 『ISSHONI1』의 「읽읍시다(読みましょう)」의 학습내용(교재)

과	목차	「읽읍시다(読みましょう)」
ユニット2	Self-introduction2	「○○さんは○○さいです.」라는 문장을 읽는다. 사진을 보면서 문장을 읽는다.
ユニット3	Self-introduction3	그림을 보면서 자기소개, 타인소개 문장을 읽는다.
ユニット4	School life1	그림엽서에 쓰인 편지를 읽는다.
ユニット5	School life2	그림엽서에 쓰인 편지의 답변을 읽는다. 엽서에 쓰인 편지를 읽는다. 회화 문장을 읽는다.

과	목차	「읽읍시다(読みましょう)」
ユニット8	Shopping	커피숍에서의 회화를 읽는다.
ユニット10	Making arrangements 2	영어로 쓰인 엽서를 읽고, 일본어로 질문에 답한다.
ユニット11	Homestay 1	히라가나로 쓰인 옛날이야기 『かぐやひめ』를 읽는다.
ユニット12	Homestay 2	그림에 대하여 쓰인 회화 문장을 읽고 질문에 답한다. 일본어로 쓰인 편지를 읽고 질문에 답한다.

〈표17〉의 『ISSHONI1』에서는 문장을 읽는 연습을 하면서 서서히 읽고 질문에 답하는 학습으로 진화하고 있다.

이상으로, 오스트레일리아에서 사용되고 있는 교과서에는 「읽기」 학습을 하는 코너가 있는 것과, 그렇지 않은 것이 있어서, 『IMA1』의 「읽어보자(よんでみよう)」와 같이, 실제로 중학생이 볼 가능성이 높은 (광고, 안내, 카드, 포스터 등)을 교재로서 싣고 있는 교과서와 『ISSHONI1』의 「읽읍시다(読みましょう)」와 같이, 문장을 읽는 연습을 하면서 서서히 읽고 질문에 답하는 학습으로 진화해 가고 있는 것으로 생각된다.

5. 결론

본고는 모국어는 다르지만, 모두 일본어교육이 활발하며 교육 방침이 비슷한 한국의 중학교와 오스트레일리아의 미들이어즈(5~9학년)에서 사용하고 있는 교과서를 조사함으로써 일본어교육의 4기능 중 하나인 「읽기」가 어떻게 다루어지고 있는가에 대해 언급한 것이다. 조사 결과, 한국의 교과서 (『こんにちは』를 제외한 8종 교과서)는 모두 「읽기」학습 코너가 있으며, 각각의 교재는 다음의 세 가지로 분류할 수 있다.

1. 회화문을 읽는 연습을 하는 교과서
2. 회화문을 읽는 연습과 더불어, 티켓, 포스터, 전자 메일, 홈페이지, 편지 등을 읽고 생각을 하게 하는 교과서
3. 실제로 중학생이 볼 가능성이 높은 「인터넷, 카드, 포스터, 에마 등」을 읽고 생각하게 하는 교과서

그리고 학습 형식으로는 정확하게 「읽기」 연습을 하는 교과서와 읽고 생각하는 학습을 하는 교과서가 있다는 것을 알았다.

한편, 오스트레일리아 교과서의 경우는 「읽기」 학습을 하는 코너가 있는 것과 그렇지 않은 것이 있으며, 코너가 있는 교재는 다음과 같이 두 가지로 분류할 수 있다.

1. 『ISSHONI1』의 「읽읍시다(読みましょう)」와 같이 문장을 읽는 연습을 하면서 서서히 읽고 질문에 답하는 학습으로 진화하는 교

과서

2. 『IMA1』의 「읽어보자(よんでみよう)」와 같이 실제로 중학생이 볼
   가능성이 높은 (광고, 안내, 카드, 포스터 등)을 교재에 실고 있
   는 교과서

본고에서는 한국과 오스트레일리아에서의 중학교(미들이어즈)에
서 사용하고 있는 일본어 교과서에서 볼 수 있는 「읽기」 학습을 어떻
게 다루고 있는가에 대해 언급하였으며, 초급학습자는 먼저 문자읽
기 연습부터 시작하며, 다음으로 일상생활에 있어서 읽을 필요가 있
는 것을 교재로 하여 읽고 생각하는 학습을 하는 것이 필요하다고
생각한다. 단순히 읽는 작업을 하는 것이 아닌 무엇을 위해 읽는지,
읽고 어떻게 할 것인지와 같이, 말하고 난 다음의 행동과 연결되는
학습을 할 수 있는 교재가 바람직하다. 그리고 양이 비교적 짧은 간
단한 자료를 읽는 것에서 시작하여, 읽는 것에 익숙해지면, 좀 더 긴
문장을 부드럽게 읽는 연습을 할 필요가 있을 것이다. 교과서에 「읽
기」 코너가 없다 하더라도 「읽기」라는 작업은 할 것이므로 「읽기」를
위한 코너에서는 「읽기」 작업에 멈추지 말고 한 단계 발전된 학습을
할 수 있는 교재의 제시가 요구된다. 앞으로 한국의 중학교 교재에
있어서도 이러한 시점을 살린 교과서 제작이 필요할 것으로 생각한
다.

제3장
제3장
한국의 중학교 교과서에서 볼 수 있는 문화와 언어행동

1. 서론

한국의 중학교 일본어교육은 2001년도부터 각 학교 교장의 재량으로 과목을 결정할 수 있는 재량수업으로 시작되었으며, 2009년도까지 일본어 교과서는 『중학교 생활 일본어 · こんにちは』(1권, 1종)뿐이었다. 그러나 2010년 3월부터는 검정교과서인 『중학교 생활 일본어』(1권, 8종)를 사용할 수 있게 되었다. 또한, 李庸伯(2008)에 의하면 한국의 중학교에 있어서 「제7차 교육과정」에 뒤이은 「2007년 개정 교육과정」의 주된 개정 내용은 「제7차 교육과정의 세분류화(細分類化)」, 「문화교육의 강화와 세분류화(細分類化)」, 「기본어휘와 의사소통(커뮤니케이션)기본표현의 수정」의 세 가지로 기술하고 있다. 이에 따르면, 문화교육을 강화하고, 재 분류화하고자 함을 알 수 있다.

「2007년 변경 교육과정」에서 개정된 문화적 내용을 구체적으로 살펴보면 다음과 같다.

1) 의사소통 기본표현과 관련된 일본인의 언어행동, 문화이해에
   도움이 되는 것으로 한다.
   ① 언어행동에 관한 내용
     (표현적 특성 맞장구 등)
   ② 비언어행동에 관한 내용
     (몸짓, 손짓 등)

2) 일본인의 일상생활, 문화이해에 도움이 되는 것으로 한다.
   ① 가정생활에 관한 내용
     (인사, 방문 매너, 가정 내 생활, 문화 등)
   ② 학교생활에 관한 내용
     (동아리활동)
   ③ 의복문화에 관한 내용
     (의복의 종류 등)
   ④ 식문화에 관한 내용
     (음식의 종류, 식사 매너)
   ⑤ 주거문화에 관한 내용
     (주택사정 등)

3) 전통문화와 대중문화 속에서 일본인과 일본사회를 이해하는데
   도움이 되는 것으로 한다.

① 연중행사에 관한 내용

　(축제, 설(お正月), 히나마쓰리(ひなまつり), 고이노보리

　(こいのばり), 오본(お盆), 시치고산(七五三)등)

② 전통예능에 관한 내용

　(다도(茶道), 화도(華道)등)

③ 놀이의 문화에 관한 내용

　(하나미(花見), 하나비(花火) 등)

　(중학교 교육과정 해설 생활 외국어 과목pp.399-401 朱

　敏子역))

　이에 따르면 언어행동, 비언어행동, 일본인의 가정생활, 학교생활, 의 · 식 · 주, 연중행사, 전통예능, 놀이문화, 대중문화에 관한 것으로, 문화의 내용이 상당히 세분화되어 있음을 알 수 있다. 그래서 본장에서는 선행 연구에 대해 기술한 후, 『중학교 생활 일본어 · こんにちは』(이하 『こんにちは』로 한다)와 『중학교 생활 일본어』(이하 『생활 일본어』로 한다) 8종에서 볼 수 있는 문화에 관한 기술에 대해 조사하고 그 결과를 보고하고자 한다. 단, 「중학교 교육과정 해설」의 문화 2), 3)을 「문화」로, 문화 1)을 「언어행동」으로 편의상 2개로 분류하였다. 분류 이유는 종래에 별로 문제 삼지 않은 언어행동에 관한 기술이 어떻게 행해지고 있는지를 보다 명확히 하기 위해서이다. 한편, 『こんにちは』에서는 「언어습관」이라는 단어로 사용되고 있으나, 본장에서는 「중학교 교육과정 해설」에 근거하여 「언어행동」이라는 용어로 통일하고자 한다.

　순서로는 먼저, 「중학교 교육과정 해설」의 2), 3)에 해당하는 「문

화」에 관한 기술이 각각의 교과서에서 어떻게 다루어지고 있는지에 대해 언급한 후, 「중학교 교육과정 해설」의 1)에 해당하는 언어행동 기술에 관한 조사 결과에 대해서 기술하고자 한다.

이러한 연구를 통해, 현재 한국의 중학교에서 사용되고 있는 일본어 교과서 중에서 보다 원활한 커뮤니케이션을 실현하기 위하여 간과할 수 없는 문화 및 언어행동에 관한 내용이 어떻게 다루어지고 기술되고 있는지를 밝힐 수 있다고 생각한다. 그리고 본장의 조사 결과가 이후 한국에서 일본어 교과서를 편찬할 때, 다소나마 도움이 되기를 바란다.

2. 선행 연구

한국의 일본어교육에서 문화교육에 관한 선행 연구로는 권해주·松本秀輪(1997), 장용걸(2003), 윤강구(2004), 難波愛·山根知惠·奥山洋子·伊村多惠子(2005), 三代純平(2006) 등이 있다. 권해주·松本秀輪(1997)는 한국에서 사용되고 있는 초급 일본어 교과서 10종에 일본문화와 한국문화에 관한 용어가 얼마나 선택되고 있는지에 대해 조사 분석하였다. 조사 결과, 「일본문화어, 한국문화어, 한일문화어 모두 교과서간의 선정 수에 상당히 차이가 있음을(p.80)」밝혔다. 또, 일본어 교과서에 있어서 문화 테마별 조사의 필요성을 기술하고 있다. 장용걸(2003)은 일본어 교사의 일본문화교육 인식에 관해 언급하였으며 조사 결과, 「일본어 교사의 역할은 일본문화를 학생들에게 이해시키는 것과 국제화에 적극적으로 적응하는 것이 큰 역할을 차지하고 있다(p.61)」고 하며 문화교육은 일본어 교사의 역할로 시사하고 있다. 윤강구(2004)는 문화교육의 지도 방법에 대해 언급하며, 언어교육으로 취급하는 문화교육의 내용은 목적에 따라 달라서, 「목표언어권의 문화를 지도하는 것이 목적이라면, 축제나 연중행사, 문화제 등을 지도해야 하고, 한편, 언어운용이 목적이라면, 이문화간의 차이에서 생기는 불필요한 오해를 해소할 수 있는 지식 등을 문화교육의 내용으로 해야 한다(p.68)」고 기술하고 있다. 難波愛·山根知惠·奧山洋子·伊村多惠子(2005)는 일본, 오스트레일리아, 한국의 고교생을 대상으로 한 조사 결과를 바탕으로 「일본인학생은 보다 전통적이며 고대부터 전해지는 것을 일본답다고 느끼나, 외국인학생은 전통적인 것과 현대적인 것, 그리고 서브 컬처를 일본답다고 느끼는 것 같다(p.124)」고 하고 있다. 三代純平(2006)는 한국과 일본의 일본문화교육의 현상과 과제를 비교하며, 한국, 특히 중등교육에서의 일본문화교육에서는 문화의 「다양성」「동태성(動態性)」「주관성」을 도입하여, 더욱이 일본문화를 통해 자국의 문화에 대해서 생각하는 것이 중요하다고 기술하고 있다.

3. 연구 방법

한국의 중학교 일본어 교과서인 『こんにちは』와 『생활 일본어』 8종에 기재되어 있는 문화 및 언어행동에 관한 기술을 항목별로 정리하여 어느 교과서에 어떻게 기재되고 있는지에 대해 조사한다. 조사항목의 「문화」항목으로서는 전술한 「2007년 개정 교육과정」의 중학

교 교육과정 해설에 의거하여, 일본인의 일상생활, 문화이해에 도움
이 되는 것으로 가정생활에 관한 내용(인사, 방문 매너, 가정 내 생
활, 문화 등), 학교생활에 관한 내용(동아리 활동), 의복문화에 관한
내용(의복 종류 등), 식문화에 관한 내용(음식 종류, 식사 매너), 주
거문화에 관한 내용(주택사정 등)에 대해 조사하였다. 그리고 전통
문화와 대중문화 중에서 일본인과 일본사회를 이해하는데 도움이 되
는 것으로서, 연중행사에 관한 내용 (축제(祭り), 설(お正月), 히나
마쓰리(ひなまつり), 고이노보리(こいのぼり), 오본(お盆), 시치고산
(七五三)등), 전통예능에 관한 내용(다도(茶道), 화도(華道)등), 놀이
의 문화에 관한 내용(하나미(花見), 하나비(花火)등)에 대해 조사하
였다. 그리고 「언어행동」에 관해서는 「중학교 교육과정 해설」에서는
언어행동에 관한 내용(표현적 특성 맞장구 등)과 비언어행동에 관한
내용(몸짓, 손짓 등)을 들고 있으나, 여기에서는 감사, 사죄, 의뢰,
권유 등을 항목별로 정리하였다. 한편, 여기에서는 교과서 집필자의
집필 의도에 비추어 보아, 각각의 교과서에서 문화 및 언어행동에
관한 페이지 및 코너를 실어 거기에서 기술하고 있는 항목, 내용에
따라 정리한다.

4. 조사 결과

4.1. 『こんにちは』의 문화에 관한 기술

『こんにちは』는 「문화탐방」 페이지에 문화에 관한 사진이나 그림

을 실어 한국어로 설명하고 있다.

〈표1〉『こんにちは』의 문화에 관한 기술

1과	히니마쓰리(ひなまつり)	6과	오본(おぼん)
2과	하나미(花見)	7과	일본 주택문화
3과	고이노보리(こいのぼり)	8과	일본음식 식탁매너
4과	축제(まつり)	9과	시치고산(七五三)의 생활
5과	다나바타(たなばた)	10과	설(お正月)

〈표1〉에서 연중행사에 관한 내용으로는「히나마쓰리, 고이노보리,
마쓰리, 다나바타, 시치고산, 설」등이 있으며, 놀이문화에 관한 내용
으로는「하나미」가 있음을 알 수 있다. 또, 일본의 주거문화, 식문화,
의복문화에 관한 기술이 있다.

4.2. 『こんにちは』의 언어행동에 관한 기술

『こんにちは』의 언어행동에 관한 기술은「언어습관(言語習慣)」페이
지에 있으며 한국어로 설명하고 있다.

〈표2〉『こんにちは』의 언어행동에 관한 기술

1과	아침, 낮, 저녁 인사
2과	외출 시, 귀가 시, 식사에 관한 인사 악수와 절
3과	「すみません」「ありがとう」「どうも」
4과	생일과 나이세는 방법에 관한 설명「おめでとう」
5과	좋아하는 숫자와 싫어하는 숫자 전화번호
6과	「すみません」「ごめんください」「おじゃまします」의 의미 용법

7과	일본인의 이름, 자기소개 방법, 첫 대면 시 사람에게 말하지 않는 편이 좋은 화제.
8과	복수의 물건에서 하나를 선택할 때의 표현. 「－たい」표현
9과	물건을 빌릴 때, 선물을 할 때의 언어행동. 허가, 금지, 의뢰 표현
10과	교통에 관한 설명. 길을 설명하는 표현 .위치를 나타내는 표현.

〈표2〉에서는 인사, 숫자에 관한 사항, 일본인의 이름, 첫 대면하는 사람과 이야기할 때의 화제, 의뢰, 허가, 금지의 표현 등에 관한 기술이 있음을 알 수 있다. 그리고 일본어에서는 아침, 낮, 저녁 인사말이 각각 다르지만, 한국어는 「안녕하세요」 하나로 충분한 점, 악수를 좋아하는 한국인과, 인사를 좋아하는 일본인의 차이, 단어 하나가 복수의 의미로 쓰이는 「すみません, どうも」의 사용법에 관한 설명 등이 있다.

4.3. 『생활 일본어』 8종의 문화에 관한 기술

2010년 3월부터 한국의 중학교에서 채용되고 있는 교과서 『생활 일본어』 8종에서 볼 수 있는 문화에 관한 기술을 정리하면 표3~표10과 같다.

여기에서는 8종의 교과서를 A~H로 표시한다.

〈교과서A〉

교과서A는 「로그인 재팬(ログインジャパン)」에서 일본문화를 사진으로 소개, 한국어로 설명하고 있다.

〈표3〉 교과서A의 문화에 관한 기술

1과	일본 중학생의 학교생활	6과	일본의 식문화
2과	일본 중학생의 제복	7과	일본의 교통문화
3과	기모노(きもの)	8과	저탄소사회를 지향하는 일본
4과	축제(まつり)	9과	일본의 주거문화
5과	일본 중학교의 체육대회와 학교축제	10과	일본의 설 문화

〈표3〉을 보면 2과에 중학교 제복에 관한 기술이 있음을 알 수 있다. 그리고 3과에는 「시치고산(七五三)」이 외에 「결혼식」, 「성인식」 등의 기모노 사진이 있다. 8과에는 환경 문제를 들고 있는 것도 눈에 띈다. 그 외에 일본 중학교의 체육대회, 학교축제, 일본의 교통 문화에 관한 기술 등이 있다.

〈교과서B〉

교과서B에는 「문화(ぶんか)」 페이지가 있으며, 설명은 한국어로 되어 있다. 그리고 5 과의 「시작합시다(はじめましょう)」 페이지에 1~12월까지의 연중행사에 관한 일러스트를 볼 수 있다.

〈표4〉 교과서B의 문화에 관한기술

1과	일본 중학교의 일정	6과	한국과 일본의 게시판
2과	휴대전화의 문자 메일을 「메일」이라고 하는 이유	7과	일본의 노약자를 배려하는 문화
3과	주거문화의 한일비교	8과	기모노와 유카타의 차이
4과	일본 중학교의 동아리활동	9과	일본 식문화와 식사매너

5과	일본의 어린이와 관련이 있는 연중행사(히나마쓰리,고이노보리, 시치고산)	10과	설

   중학교의 일정, 학기제에 관한 기술 이외에 일본 핸드폰 메일, 일본의 노약자를 배려하는 문화, 자원봉사에 관한 기술, 쓰레기 분류, 지리에 관한 기술 등이 있다. 한일의 표시판을 비교도 주목할 만하다.

〈교과서C〉
   교과서C에는 「똑똑 일본문화 (일본문화에 대해서 이야기해 보자 (日本文化について話してみましょう)」가 있으며 2페이지에 걸쳐 문화에 관한 사진과 한국어 설명이 있다.

〈표5〉 교과서C의 문화에 관한기술

1과	일본 스모와 다도	7과	일본의 대중문화
2과	하나미, 불꽃놀이대회와 축제	8과	봄, 여름 연중행사 히나마쓰리, 고이노보리, 다나바타, 오본
3과	기모노, 한복과 유카타	9과	가을, 겨울 연중행사 시치고산,오쓰키미,설,세쓰분
4과	일본 가정방문 시, 매너	10과	일본학생의 동아리활동
5과	일본의 교통문화	11과	주택문화
6과	식문화와 식사매너	12과	설

〈표5〉를 보면, 다도와 같은 전통예능, 일본의 교통문화, 일본의 대중문화 개방에 관한 기술, 연중행사, 결혼식 의상 등에 관한 설명 등이 있음을 알 수 있다. 연중행사로는 「히나마쓰리(ひなまつり)」 「고이노보리(鯉のぼり)」 「다나바타(たなばた)」 「오본(お盆)」 「시치고산(七五三)」 「쓰키미(月見)」 「설(お正月)」 「세쓰분(節分)」에 관한 기술을 볼 수 있다. 그리고 「주거」에서 「부쓰단(佛壇)」에 관한 설명이 있다는 것이 다른 교과서와 다른 점이다.

〈교과서D〉

교과서D에는 「일본문화 알아보기(日本文化を知ろう)」페이지가 있으며 많은 사진을 게재하고 한국어로 설명을 하고 있다.

〈표6〉 교과서D의 문화에 관한기술

1과	학교생활	6과	마쓰리
2과	기모노	7과	동아리활동
3과	생활예절	8과	음식
4과	와시쓰(일본의 주거)	9과	연중행사
5과	교통수단	10과	스모

연중행사로 「설(お正月)」 「세츠분(節分)」 「히나마쯔리(ひな祭り)」 「하나미(花見)」 「단오절(端午の節句)」 「타나바타(七夕)」 「오본(お盆)」 「시치고산(七五三)」에 대해 기술하고 있다. 그리고 학교생활, 교통수단, 스모 등에 관한 기술도 볼 수 있다.

〈교과서 E〉

교과서 E에서는 「문화 알아가기(文化を知ろう)」에 문화에 관한 기술이 있으며 많은 사진을 게재하고 한국어로 설명을 하고 있다.

〈표7〉 교과서 E의 문화에 관한기술

1과	일본의 연중행사	6과	일본 교통수단에서 볼 수 있는 복지
2과	일본 중학교의 연중행사	7과	일본의 놀이문화
3과	온돌과 다다미	8과	일본 역사도시탐방
4과	만화와 애니매이션	9과	일본의 문화
5과	일본 음식과 식사매너	10과	일본의 사회문제

연중행사로는 「설(お正月)」「세쓰분(節分)」「히나마쓰리(ひなまつり)」「고이노보리(こいのぼり)」「오본(お盆)」「시치고산(七五三)」에 관한 기술이 있다. 그리고 놀이문화로는 「하나미」「하나비」이외에 「겐다마(けん玉)」「가루타(かるた)」를 다루고 있다. 일본의 사회문제로 「지진체험」「저출산」「고령사회」에 대해 설명하고 있는 것이 주목할 만하다. 또한, 「일본 교통수단 속의 복지」에 대해서도 다루고 있다. 8과에는 한국의 관광지에 관한 기술이 있다. 기타, 일본의 역사도시탐방, 만화와 애니메이션, 중학교의 연간행사 등에 관한 기술이 있다.

〈교과서F〉

교과서F에는 문화 페이지로는 특별히 설정되어 있지 않으나, 각단원의 표지사진 아래쪽에 문화와 언어행동에 대해 한국어로 간단한 설명이 되어있다. 그리고 「함께 합시다(いっしょにやりましょう)」페이지

에서 문화비교에 관한 활동을 할 수 있게 되어있다.

〈표8〉 교과서F의 문화(언어행동도 포함)에 관한 기술

1과	(일본의 문자)	7과	일본의 음식
2과	(일본어 발음과 외래어)	8과	일본의 축일(경사스러운 날) 히나마쓰리, 고도모노히, 시치고산
3과	(한국어와 일본어 인사 말의 특징)	9과	교토
4과	동아리 활동	10과	(한국과 일본의 칭찬과 겸손)
5과	한국과 일본의 전통의복	11과	(일본인의 거절방법)
6과	일본의 주거	12과	국제교류의 중요성

　연중행사로는 「히나마쓰리(ひなまつり)」「고이노보리(こいのぼり)」「시치고산(七五三)」「설(お正月)」「다나바타(たなばた)」등을 들고 있다. 또한 「불꽃놀이대회(花火大會)」에 관한 기술과 일본의 축일에 관한 설명 등도 있다. 그리고 1과, 2과, 3과, 10과, 11과는 언어행동에 관한 기술이다.

　〈교과서G〉
　교과서G에는 각단원의 첫 페이지에 「문화(文化)」라고 일본문화에 대한 설명이 되어 있다. 또한 「비교해 볼까요(比較してみよう)」 페이지에 문화에 관한 내용이 있다.

제3장 한국의 중학교 교과서에서 볼 수 있는 문화와 언어행동 **83**

〈표9〉 교과서G의 문화에 관한기술

1과	전통놀이	6과	연중행사
2과	인사의 매너와 일본인의 대표적인 이름	7과	대중문화와 스포츠
3과	주거문화와 방문 매너	8과	소비와 재활용의 문화
4과	식사매너	9과	마쓰리와 전통의복
5과	학교생활	10과	연말연시 풍습

6과의 연중행사로는 「설(お正月)」「히나마쓰리(ひなまつり)」「어린이날(こどもの日)」「다나바타(たなばた)」「오본(お盆)」「시치고산(七五三)」에 대해 설명하고 있다. 그리고 일본인의 대표적인 이름, 학교생활, 야구, 스모, 소비와 재활용 문화, 연말연시 풍습 등에 관한 기술도 있다. 전통놀이로서 「가루타(カルタ)」「스고로쿠(すごろく)」「겐다마(けんだま)」를 소개하고 있다

〈교과서H〉

교과서H에는 본문의 「비교해 봐요 (比べてみよう)」에서 문화, 언어행동에 관한 사진이 게재되어 있으며, 한국어로 설명이 있다.

〈표10〉 교과서H의 문화에 관한기술

1과	없음	7과	일본의 전통예능문화
2과	일본의 의식주 문화	8과	일본인의 인기스포츠
3과	일본인의 손짓	9과	일본의 연중행사
4과	일본의 방문에 관한 매너	10과	마츠리(祭り), 하나비(花火), 유카타(ゆかた)
5과	일본의 식사매너	11과	도쿄의 명소
6과	일본의 중학생	12과	일본의 대중문화

일본의 연중행사로는 「정월(お正月)」「히나마쓰리(ひなまつり)」「고이노보리(こいのぼり)」「오본(お盆)」「시치고산(七五三)」을 들고 있다. 그리고 일본의 전통예능문화로 「다도(茶道)」「서도(書道)」「꽃꽂이(生け花)」그 외에도 「가부키歌舞伎」「노(能)」를 소개하고 있는 것이 눈에 띈다. 일본의 대중문화로는 「만화, 애니메이션, 영화, J-POP」에 관한 기술이 있으며, 일본인의 인기 스포츠, 도쿄의 명소에 관한 기술도 있다.

이상으로 교과서A~H의 문화에 관한 조사 결과를 「2007년 개정 교육과정」의 항목을 따라 정리하면 표11과 같다.

(각각의 항목에 관한 기술이 있는 경우에 ○표를 함.)

〈표11〉『곤니치와(こんにちは)』와 『생활 일본어』 8종의 문화에 관한 기술의 유무

	곤니찌와	A	B	C	D	E	F	G	H
인사와 방문매너 가정 내 생활	(가정생활)								
				○			○	○	
				○	○			○	○
동아리활동 등	(학교생활)								
		○	○	○	○		○		
의복의 종류등	(의복문화)								
		○	○	○	○	○	○		○
음식의 종류 식사 매너	(식문화)								
	○	○		○	○	○	○		
	○	○	○	○	○	○		○	○

	곤니찌와	A	B	C	D	E	F	G	H
인사와 방문매너 가정 내 생활	(가정생활)								
				○			○	○	
				○	○			○	○
동아리활동 등	(학교생활)								
		○	○	○	○		○		
의복의 종류등	(의복문화)								
		○	○	○	○	○	○		○
음식의 종류 식사 매너	(식문화)								
	○	○		○	○	○	○		
	○	○	○	○	○			○	○
주택 사정 등	(주거문화)								
	○	○	○	○	○	○	○	○	○
마쓰리(祭り) 설(お正月) 히나마쓰리 고이노보리 오본(お盆) 시치고산(七五三) 등	(연중행사)								
	○	○		○	○			○	○
	○	○	○	○	○	○	○	○	○
	○	○	○	○	○	○	○	○	○
	○	○	○	○		○	○	○	○
	○			○	○			○	
		○	○	○	○	○	○	○	○
다도(茶道) 이케바나(華道) 등	(전통예능)								
				○					○
									○
하나미(花見) 하나비(花火)등	(놀이문화)								
	○			○	○	○			
				○		○	○		○

먼저『중학교 · 생활 일본어』8종에 있어서 문화에 관한 설명은 사진을 많이 실고 있는 교과서가 대부분이며 모든 교과서에서 한국어로 설명되어 있음을 알았다. 다음으로는 교과서에 따라 기술방법이나 공간 활용에 차이가 있었으며, 2페이지에 걸쳐 기술하고 있는 교과서가 있는 반면, 각 단원의 시작 아래쪽에 간단한 설명뿐인 교과서도 있었다. 문화의 내용은 다양하였으나, 전통적인 예능문화보다는 일본인의 일상생활에 있어서의 문화에 관한 기술이 많았다. 일본의 의, 식, 주거에 관한 기술은 대부분의 교과서에 있었으며, 연중행사에 관한 것이나 일본의 중학생 생활(제복, 일정, 동아리활동, 학교축제, 체육축제 등)에 관한 기술도 많았다. 그리고 일본문화와 한국문화를 비교하는 교과서도 있어서, 원활한 커뮤니케이션을 하는 데에 도움이 되고 있었다. 또, 일본의 문화를 단순한 지식으로 뿐만 아니라, 실제 일본에 가거나, 일본에서 생활할 경우에도 도움이 되는 교통수단, 방문매너, 식사매너 등도 학습할 수 있는 교과서가 많아서『생활 일본어』로서 바람직한 내용이라고 생각한다. 환경문제나 고령화 사회문제를 제기하고 있는 교과서가 있다는 것도 주목할 만하다.

4.4.『생활 일본어』8종의 언어행동에 관한 기술

『생활 일본어』8종의 언어행동에 관한 기술을 정리하면 표12~표18과 같다. 여기에서도 각각의 교과서는 A~H와 같이 표시한다.

〈교과서A〉

교과서A에서는 1과, 2과, 7과의 「키포인트(キーポイント)」에서 언어행동에 관한 한국어 기술을 볼 수 있다.

〈표12〉 교과서A의 언어행동에 관한 기술

1과	시간에 따라 달라지는 인사말 「こんにちは」「こんばんは」는 가족끼리는 사용하지 않는 것이 보통. 「사요나라(さようなら)」의 사용법
2과	일본인은 다른 사람을 부르거나, 소개하거나 할 때에 성만을 말하는 경향이 있다. 하지만, 친한 친구끼리는 이름을 부르는 것이 일반적이다.
7과	「すみません」의 의미 용법

〈표12〉의 교과서A는 모든 과에서 언어행동에 관한 기술이 있는 것은 아님을 알 수 있다. 기술 내용을 보면, 인사에 관한 언어행동, 호칭에 관한 언어행동, 「すみません」의 의미에 관한 기술 등이 있음을 알 수 있다. 이 항목 이외에도 본문 중에 「맞장구」, 「비언어행동(거절할 때의 손을 흔드는 법)」에 관한 기술도 볼 수 있다.

〈교과서B〉

교과서B는 각과의 「조금 더(もうすこし)」란에, 간단한 언어행동에 관한 기술이 있으며, 한국어 설명으로 되어 있다.

〈표13〉 교과서B의 언어행동에 관한 기술

1과	「おはよう(ございます)」의 용법
2과	「すみません」의 의미 용법

3과	「どうぞ」의 의미 용법
4과	상대에게 칭찬받았을 때 대답하는 방법
5과	「ありがとうございます(ました.)의 용법
6과	숫자 세기 방법(1만 엔의 1에 관한 기술)
7과	동음이의어의 용례
8과	거절 표현 「―はちょっと」
9과	「あしたいきますか.」의 대답 법
10과	「お元気ですか。」의 「お」에 관한 용법

교과서 B에서는 인사, 사죄, 칭찬, 감사, 거절에 관한 기술이 있다.

〈교과서 C〉

교과서 C에서는 각 과의 「생생 일본어(いきいき日本語)」페이지에
언어행동에 관한 기술이 있으며 한국어로 설명되어 있다.

〈표14〉 교과서 C의 언어행동에 관한 기술

1과	인사	7과	맞장구 첫 대면인 사람과 회화내용 ~のほうがいい
2과	자기소개와 타인소개	8과	말 걸기 ありがとうございます。 교통규칙
3과	감사와 사죄	9과	승낙과 사퇴 권유와 각자부담
4과	가족소개(호칭)いただきます 방문매너	10과	「おやすみ」
5과	숫자	11과	허가·요청 「すみません」
6과	주문의뢰, 식사에 관한 인사, 망설임.	12과	안부 새해인사, 나이 세는 법

〈표14〉를 보면 인사, 감사, 사죄, 맞장구, 승낙, 사퇴, 허가, 요청, 안부, 의뢰, 권유에 관한 사항이나, 숫자, 주문 등에 관한 기술이 있음을 알 수 있다.

〈교과서D〉

교과서D에서는 언어행동에 관한 기술을 위한 페이지, 코너 등은 없다.

〈교과서E〉

교과서E에서는 한국어 만화를 통해 언어행동(본서에서는 「언어문화」로 되어있다)을 설명하고 있다.

〈표15〉 교과서E의 언어행동에 관한 기술

1과	인사	6과	「すみません」「ありがとう」
2과	호칭(이름 부르는 법)	7과	「すごい」(칭찬)
3과	인사	8과	일본인이 자신을 가리킬 때의 (몸짓,손짓)
4과	あいづち	9과	의외의 경우 「え,」감탄사
5과	동의, 확인의 「ーね」	10과	허가,거절 법

〈표15〉를 보면 인사, 이름 부르는 법, 감사, 사죄, 놀람, 허가, 거절, 동의 확인 표현이나 맞장구에 관한 기술 등이 있음을 알 수 있다.

〈교과서F〉

교과서F에는 언어행동에 관한 페이지나 코너는 없으나, 각 단원의 아래쪽에 문화에 관한 한국어 기술이 있으며, 1과, 2과, 3과, 10과, 11과에는 언어행동에 관한 기재가 있다.

〈표16〉 교과서F의 언어행동에 관한 기술

1과	일본어 문자
2과	일본어와 한국어의 발음과 외래어
3과	한국어와 일본어 인사말의 특징
10과	일본과 한국의 칭찬과 겸손의 표현
11과	일본인의 거절법

〈표16〉을 보면 인사, 칭찬과 겸손, 거절에 관한 기술이나 일본어 문자, 발음, 외래어에 관한 기술이 있음을 알 수 있다.

〈교과서G〉

교과서G는 「언어행동 문화」로, 페이지 하단에 간단한 설명이 되어 있으며 설명은 한국어이다.

〈표17〉 교과서G의 언어행동에 관한 기술

1과	손가락으로 수 세는 법, 인사
2과	호칭
3과	방문 시의 인사, 「どうぞ」「すみません」
4과	사양(사퇴)표현, 식사 시의 인사, 식사매너
5과	타인 소개 표현, 헤어질 때의 인사
6과	선물
7과	사죄표현
8과	외출, 귀가 시의 인사 「そうだね」

9과	맞장구 표현
10과	감사 표현

〈표17〉에서는 인사, 호칭, 사양(사퇴), 사죄, 감사표현과 맞장구에 관한 기술이 있음을 알 수 있다.

〈교과서 H〉

교과서 H는 「읽어보자(よんでみよう)」에 언어행동에 관한 기술에 관한 한국어 설명이 있다.

〈표18〉 교과서H의 언어행동에 관한 기술

1과	없음	7과	맞장구
2과	인사표현	8과	칭찬
3과	가족 호칭	9과	거절
4과	이름 뒤에 붙이는 호칭	10과	「どうぞ」용법
5과	식사 시의 인사표현	11과	「すみません」용법
6과	2개 이상 읽는 법이 있는 한자	12과	헤어질 때 표현

〈표18〉을 보면 인사, 호칭, 칭찬, 거절, 사죄, 헤어지는 표현이나 맞장구에 관한 기술 등이 있음을 알 수 있다.

이상으로 교과서 A~H의 언어행동에 관한 조사 결과를 정리해 보면 표19와 같다.

(각각의 항목에 관한 기술이 있는 경우에 ○ 표시 함)

〈표19〉『곤니치와』와 『생활일본어』 8종의 주요 언어행동에 관한 기술의 유무

	곤니찌와	A	B	C	D	E	F	G	H
인사	○	○	○	○		○	○	○	
호칭		○				○		○	○
사죄	○	○	○	○		○		○	○
추천				○					○
칭찬				○		○	○		○
감사	○			○	○	○		○	
거절 사퇴 사양		○	○			○	○	○	○
승낙				○					
허가	○			○		○			
요청				○					
동의						○			
겸손							○		
금지	○								
희망									
의뢰	○			○					
권유				○					
놀람						○			
손짓						○			○
맞장구	○			○		○		○	○

〈표19〉를 보면, 상당히 많은 언어행동에 관한 기술이 있으며, 다루고 있는 항목은 교과서에 따라 상당히 편차가 있음을 알 수 있다. 그리고 교과서C나 E와 같이 모든 과에서 언어행동에 대해 자세히

기술하고 있는 교과서도 있는 반면, 교과서D와 같이 언어행동에 관한 페이지나 코너가 없는 것도 있다. 언어행동에 관한 학습은 외국어로 일본어를 배울 경우에는 중요하며, 문법이나 어휘만의 습득으로는 자연스러운 커뮤니케이션이 곤란할 경우도 많이 있다. 한국의 중학교에 있어서 일본어 교과서는 언어에 관해서는 물론이고 언어행동에 관해서도 자연스럽게 학습할 수 있는 것을 작성하여 서로의 커뮤니케이션 갭을 줄여서 부드럽게 의사소통을 할 수 있게 하는 것이 바람직하다고 생각한다.

5. 결론

본고는 한국에 있어서 중학교 교과서인 『こんにちは』(1종, 1권)과 『생활 일본어』(1종, 8권)에서 볼 수 있는 문화 및 언어행동에 관한 기재에 대해 조사한 결과를 보고한 것이다. 일본어 교과서에서 문화 테마별 조사의 필요성에 대해서는 권해주 · 松本秀輪(1997)에서도 지적했듯이, 한국에 있어서 일본어교육의 향후를 생각할 때, 보다 원활한 커뮤니케이션을 위해서는 문화교육은 필수 불가결한 요소이다. 그리고 문화교육은 일본어교사의 역할 중 하나로, 이후 일본어교사는 언어교육과 더불어 체계적인 문화교육 기능이 요구된다고 생각한다. 윤강구(2004)는 언어교육에서 다루는 문화교육의 내용은 「목표언어권의 문화를 지도하는 것이 목적이라면, 축제나 연중행사, 문화재 등을 지도해야 한다. 한편, 언어운용이 목적이라면, 이문화 간의 차이에서 생기는 불필요한 오해를 해소시킬 수 있는 지식 등을

문화교육 내용으로 해야 한다. (p.68)」고 되어 있어서, 필자는 상당히 조기에 연중행사 등의 지도와 함께, 언어행동에 관한 지도도 행할 필요가 있다고 생각한다. 그리고 한국의 일본어교육에 있어서는 양쪽 모두의 지도가 요구되고 있는 것도 현상이다. 현재 사용되고 있는 교과서를 보면 이들은 한국어 기술이 대부분이므로, 학습자로서는 이해하기 쉬울 것으로 생각된다. 이번 조사 결과를 보면, 문화나 언어행동 모두 각각의 교과서에 따라 취급하고 있는 내용이 차이가 있었다. 문화에 대해서는 의, 식, 주거에 관한 기술이나 연중행사에 관한 기술이 많으며, 전통예능에 관한 기술은 적었다. 이는 『생활일본어』의 문화는 전통예능에 관한 사항보다 일상생활에 도움이 되는 문화적 내용이 보다 중요시되고 있는 것일지도 모른다. 또한, 언어행동의 조사 결과에서 보면, 비교적 기술이 많았던 항목은 인사, 호칭, 사죄, 감사, 거절(사퇴), 맞장구 등이었으나, 교과서에 따라서 내용, 설명의 양 등에 상당한 차이가 있는 것으로 보인다. 이러한 현상을 근거로 하여, 향후 교과서에 어떤 항목을 어느 정도 기재해야 할지에 대한 충분한 검토가 행해질 필요성이 있다고 생각한다.

제4장

한국과 중국의 중학교 일본어 교과서

1. 서론

한국에 있어서 본격적인 일본어교육은 조선중기 사역원의 일본어 교재인 『첩해신어(捷解新語)』(1676 康遇聖)를 중심으로 이루어졌으며, 현대 일본어교육은 1965년 한일 국교정상화를 계기로 시작되었다는 것이 일반적인 견해이다. 그리고 한국의 고등학교에서는 1973년에, 중학교는 2001년부터 일본어가 제2외국어과목 중 하나로 도입되었다. 「일본어교육 국별 정보」(국제교류기금)에 의하면 중국에서의 일본어교육은 1972년 중일 국교정상화 이후, 1973년부터 많은 대학에서 교과서와 사전을 작성하고 라디오 방송도 시작했다고 한다. 이것은 한국의 고등학교에서 일본어교육을 시작한 시기와 같은 시기이다.

본장에서는 한국과 중국의 중학교 일본어 교과서의 비교를 통해,

양국 교과서의 유사점과 다른 점에 대해서 언급하고자 한다. 먼저, 선행 연구에 대해 언급한 후, 교육 목표(교육 이념), 단원구성, 토픽, 화제, 문화 다루는 방법, 만화의 채용, 문자(오십음도)교육 등에 대해 비교·검토한 결과를 기술하고자 한다. 한국의 중학교에 있어서 교과서는 2001년부터 2009년까지는 『중학교 생활 일본어 こんにちは』1권 뿐 이었으나, 2010년 3월부터 첫 검정 교과서인 『중학교 생활 일본어』 8종이 채용되었다. 그리고 중국에서는 2009년에 중국의 행정(大連市 敎育局)이 관여하여 작성한 제2외국어 일본어 교과서인 『好朋友 ともだち』1종, 5권 (정식으로는 부독본)이 완성되어 사용되고 있다. 그래서 본장에서는 2009년에 교육과학기술부의 검정을 통과하여 2010년에 출판된 한국의 『중학교 생활 일본어』와 중국의 『好朋友 ともだち』에 대한 교과서 내용을 검토함으로써, 한국과 중국의 제2외국어로서 일본어 교과서에 대해 언급하였다. 한편 본장에서의 연구 대상은 「제2외국어로서 일본어교육 교과서」로 한정하였으므로, 한국의 외국어고등학교에서 사용되고 있는 교과서나, 중국에서 제1외국어용으로 작성된 일본어 교과서 등에 대해서는 언급하지 않았다.

2. 선행 연구

한국의 중학교에 있어서 일본어교육은 2001년도부터 재량 수업으로 시작되었고 2010년 3월까지는 교과서도 『중학교 생활 일본어 こんにちは』1권 뿐 이었으므로, 선행 연구도 별로 없으나, 고등학교

일본어 교과서에 관한 논문으로는 어휘, 문법, 어법, 문자 교육에 관한 것, 문화, 젠더 문제에 관한 논문 등 다수 볼 수 있다. 그러나 교과서 전체를 다방면에 걸쳐 분석한 것은 그다지 많지 않다. 酒井眞弓(2010)은 한국의 고교 일본어교사를 대상으로 한 앙케트 조사 결과를 바탕으로 「일본어교사는 교실활동으로 해석, 회화, 문법에 주력하고 있다」고 밝혔다. 그리고 교사는 「학생의 흥미를 끄는 내용을 교재에 도입하여, 어려운 문법이나 어휘를 줄이고, 기능 중심의 회화 연습을 도입하는 것을 바라고 있다」고 하였다. 이 조사 결과는 현재 한국의 일본어교육 방침과 일치하고 있다고 생각한다. 그리고 金鐘學 (1976)은 당시의 한국 문교부가 제시한 고등학교의 인문계 일본어교육에 있어서 목표를 보면 현재의 목표와 큰 차이가 없는 것을 알 수 있다.

  일본어 교육목표
  1. 표준적인 일본어의 기본어법을 익히고, 듣는 법, 읽는 법, 말하는 법, 쓰는 법의 기초적인 기능을 기른다.
  2. 일본인의 생활과 그 문화, 경제 등에 대한 이해를 증진시켜, 국제적인 협조와 견식을 높여 자기발전에 도움이 되도록 한다.
  3. 일본어를 통하여, 우리나라의 문화와 현상에 대한 개략적인 소개가 가능한 기초적인 능력을 기른다.

(『일본학보(日本學報)』4 p.156)

  이를 보면 당시부터 「듣는 법, 읽는 법, 말하는 법, 쓰는 법」의 4기능을 지도한다는 목표가 있었음을 알 수 있다. 그리고 일본 문화에

관한 이해와 한국 문화를 소개하는 능력을 기를 필요성이 있다고 생
각하고 있었던 것도 알 수 있다. 또한 교과서에 대해서는 다음과 같
이 기술하고 있다.

> 현재 사용 중인 교과서는 보통의 경우라면, 수종의 검인정 교과서 중
> 에서 실정이 적합한 교재를 선택하는 것이 일반적이나, 이번에는 다수의
> 저자가 공동으로 집필한 단일교과서 상·하권을 인문과 실업의 구분 없
> 이 사용하고 있는 것이 현상이다. 이것은 과도기적인 단계에 있는 한국
> 일본어교육으로서는 어쩔 수 없겠으나, 머지않아 다른 외국어와 비슷한
> 정도로 개선될 것으로 생각한다.
>
> (『일본학보(日本學報)』4 p.156)

金鐘學(1976)에 의하면 당시 한국 고등학교에서 일본어 교과서는
다수의 저자가 공동으로 집필한 단일교과서였음을 알 수 있다. 이미
알고 있듯이, 현재는 복수의 검정 교과서 중에서 각각 학교의 실정
에 맞은 교과서를 채택하고 있으므로, 金鐘學(1976)이 기술한 대로
개선되었다고 말할 수 있다. 이러한 경위는 중학교 일본어 교과서
와 매우 비슷하다. 2010년 3월까지는 한 종류 밖에 없었던 교과서가
2010년 3월 이후에는 8종류의 검정 교과서 중에서 학교마다 채택할
수 있게 된 것이다. 또, 金鐘學(1976)은 다음과 같이, 당시 작성된
교과서의 문제점을 지적하고 있다.

> 예를 들어, 기본어의 유형을 각과 뒤에 제시하여 언어의 유추를 가능
> 하게 하고, 또 나가누마(長沼)식 문답법들을 도입하여, 일본어의 기본훈

련을 하여, 일상생활의 구체적인 소재에서 외부세계로, 와 같이 구체에서 추상으로, 실물에서 관념의 결합으로 서서히 전개하고 있는 점 등은 저자들의 성의의 결과로, 정말 그 노고는 칭찬할 만 한 것으로 생각한다. 유사이래, 최초의 교재였던 만큼 어쩔 수 없는 이유도 있었겠으나, 욕심을 내자면, 실용성과 흥미가 결여된 곳이나 단원의 배열이 서술 일변도인 것 같은 느낌이 드는 부분과 전체적으로 쉬운 문장으로 해야 하는 등은 이후 끊임없는 개선의 여지를 남기고 있는 것이라고도 생각된다.

(『일본학보(日本學報)』4p.156)

 (밑줄은 필자. 「するもる」는 「するもの」라고 생각되나 자료기술 대로 적음.)

 이를 보면, 酒井(2010)의 조사 결과에서 밝혀진 교사의 희망 사항인 「학생의 흥미를 유발하는 내용을 교재에 도입하여, 어려운 문법이나 어휘를 줄이고, 기능 중심의 회화 연습을 도입하는 것을 바라고 있다」는 부분이 있다. 학습자 및 교사가 기대하는 교과서라는 것은, 학습자의 학습 의욕을 이끌어 낼 수 있을 만한 토픽이나 교실활동이 있으며, 배운 후 곧 사용할 수 있는 실용적인 일본어를 구사하는 것과 동시에 너무 어렵지 않은 교과서라는 것을 알 수 있다. 그리고 趙大夏(2010)는 서울 시내 중학교에서 앙케트 조사를 실시하여, 그 결과를 기술하였다. 조사 결과를 보면 학생의 일본어학습 목적은 ①의사소통 때문(47.4%), ②학교 테스트 때문(14.1%), ③일본을 이해하기 위해(10.9%), ④일본여행을 가기 위해(10.9%)등, 각양각색이다. 그리고 일본어를 학습하여 의사소통을 하고 싶은 사람(상대)은 ①일본여행을 가서 일본인과 의사소통(78.2%), ②한국에 와 있는

일본인학생(10.9%)의 순이다. 또한 일본어를 학습하여 활용하고 싶은 곳은 ①일본여행(62.8%), ②일본 드라마, 애니메이션 시청, 제품 설명서 읽기 (19.2%) 등이다. 그리고 학생의 57.7%가 간단한 의사소통을 할 수 있게 될 때까지 일본어 공부를 계속하고 싶다고 생각하고 있는 것 같다. 이 결과를 보면 중학생은 간단하고 실용적인 일본어회화 습득을 원하고 있는 것을 알 수 있다. 또, 2010년까지 유일한 교과서였던『중학교 생활 일본어 こんにちは』에 대한 인상은 만화를 이용한 종합장면과 놀이체험 항목이 재미있다고 답하였다. 趙大夏((2010)는 마지막으로「통신기술의 발달과 함께, e-leaning, u-leaning」의 분야에 관한 연구가 앞으로는 필요하다고 주장하고 있다. 또, 姜珍珠·李德培(2010)는 중학교에 있어서 특기 적성수업 일본어교육에 대하여 다음과 같은 기술하고 있다.

> 일본어를 처음으로 접하는 중학생에게 문법적인 지식이나 많은 단어를 암기시키는 수업보다는 학생자신이 다양한 언어습득 활동을 통하여 일본어에 흥미를 갖게 할 만한 학습자 중심의 수업이 되는 것이 중요하다고 생각된다. 즉, 제2외국어로서 일본어에 흥미를 계속적으로 가지며 공부해 나가기 위해, 기초·초급단계부터 학습자 참가 중심이 다양한 일본어 교실활동의 개선이 필요하다고 생각된다.
>
> (『일본어교육』54 p.1)

이상과 같이 중학생을 위한 일본어 수업은 학습자 중심 수업으로 학습자가 흥미를 가질 만한 수업이 되어야 한다고 함을 알 수 있다.

또한 중국의 일본어교육에 대해서는 加納陸人(2002), 伊月知子

(2005), 巴璽維(2007), 崔世廣(2008) 등이 있다. 加納陸人(2002)은 중국의 고등학교 일본어 교과서 작성을 통하여 일본어 교과서와 교수법에 대한 영향에 대해 언급하고 있다. 加納에 의하면 중국의 중등교육에 있어서 외국어는 필수과목으로 되어 있어서, 영어가 중심으로 설치 조건인 학교에서는 러시아어, 일본어가 마련되어, 제1외국어로 행하여지고 있다고 한다. 한편, 1996년에 제정된『全日制 普通 高級 中學校日語 敎學 大網(시험용)』에 의하면, 일본어 학습의 목적은 다음과 같이 두 가지이다.

① 중학교단계의 학습을 기초로 4기능 (듣기 · 말하기 · 읽기 · 쓰기)의 기초훈련을 하고, 구두 및 서면으로 일본어 운용능력을 측정하며, 다음 단계로의 학습과 운용을 위한 기초를 만드는 일.
② 일본어교육을 통해, 언어문화면에서 시야를 넓히고, 사고능력을 발달시켜, 문화적 소양 향상을 이롭게 한다.

(『文學部紀要』15 p.43)

伊月知子(2005)에 의하면 2001년에는『全日制義務敎育日語 科程 標準(実験稿)』가 제정되어, 이제까지의「언어기능」과 더불어「문화적 소양」「감정태도」「학습 스트라테지」의 세 가지 육성이 중점기능으로 되어있다고 한다.『全日制義務敎育日語 科程 標準(実験稿)』의 특징으로 다음 세 가지를 들고 있다.

①「탐구식」교육 ②「문화적 요소」의 육성 ③「국제의식」의 확립

(『今治明德短期大學研究紀要』29 p.17)

그리고 ②의 「문화적 요소」의 내용은 「문화배경지식」 「언어행동의 특징」 「비언어행동의 특징」으로 분류하고 있는 것은 주목할 만하다. 巴壂維 (2007)는 중국에서 일본어교육을 1949년~1972년, 1972년 ~1978년, 1978년부터 현재까지 3단계로 나누어 언급하고 있다. 그리고 앞으로의 과제로 일본어교사는 일본의 사회, 문화, 경제, 정치에 대해 보다 깊이 연구를 거듭하고, 이해해야 한다는 점과 일본어교육 이론과 교수법의 새로운 연구 필요성 등을 들고 있다. 또, 崔世廣(2008)은 이문화 커뮤니케이션과 중국의 일본어교육에 대해 말하며, 앞으로의 과제로 다음 세 가지를 들고 있다.

① 일본인의 세계관, 가치관에 대한 연구와 교육
② 언어행위의 문화적 특성에 대한 연구와 교육
③ 비언어교제에 대한 연구와 교육

「이문화 커뮤니케이션과 중국의 일본어교육」pp.72-73)

이와 같이 중국의 일본어교육에 관한 선행 연구를 보면, 한국의 일본어교육의 흐름과 유사하다는 것을 알 수 있다.

3. 『중학교 생활 일본어』와 『好朋友 ともだち』의 교육목표

3.1. 『중학교 생활 일본어』의 교육목표

한국의 중학교에 있어서 일본어교육은 2001년도부터 교장의 재량으로 선택할 수 있는 재량수업으로 시작되었다. 재량수업은 한문, 컴퓨터, 환경, 및 생활외국어(일본어, 중국어, 프랑스어, 독일어, 스페인어, 러시아어, 아라비아어) 중에서 한 과목을 선택하는 것이다. 한국의 중학교 생활외국어의 「목표」와 「성격」은 다음과 같다.

중학교에서 생활외국어의 「목표」

일상생활에 관하여 간단한 외국어로 커뮤니케이션을 할 수 있는 기초적인 능력을 기르며, 외국 문화에 대하여 관심을 가진다.

(「2007년 개정교육과정」 교육인적자원부 2007)

중학교에서 생활 외국어의 「성격」

「21세기는 국제화, 정보화 사회로 (중략) 국가 간 교류에 있어서 가장 기본이 되는 것은 국가상호 간의 커뮤니케이션이 원활하게 성립되어야 한다는 점이다. 이러한 경향은 우리와 이웃하고 있는 국가와 정치, 경제적으로 중요한 경향을 유지하고 있는 세계주요국가의 언어와 문화를 배워야만 하는 필요성을 상기시킨다.」

(「2007년 개정 교육과정」 교육인적자원부 2007)

3.2. 『好朋友 ともだち』의 교육목표

중국 요령성 대련시(遼寧省大連市)는 2006년4월에 초등학교, 중학교, 고등학교에서의 일본어교육 장려책을 발표했으며, 「국제문화포럼」 87(p.2)에서는 「중국 행정으로서 처음으로 중학교에 제2외국어(二外)로서 일본어교육을 도입하게 된다.」고 되어있다. 이는 중국의 중학교에는 제1외국어로 일본어 교과서는 이미 있었으나, 제2외국어(二外)로서의 일본어교육을 행정이 관여하여, 도입한 것으로는 처음이라고 생각된다. 그리고 이 때 만들어진 중학교 제2외국어로서 일본어 교과서(정식으로는 부독본(副読本))가 『好朋友 ともだち』이며, 대련(大連)교육 학원과 대련(大連)시 교육국의 요청을 받은 일본의 TJF(국제문화 포럼)과의 공동 정책에 의한 것이다. 『好朋友 ともだち』의 제작이념, 교육목표는 다음과 같다.

> **『好朋友 ともだち』의 제작이념, 교육목표**
> 『好朋友』편집을 즈음하여 교육 이념으로 내세운 것이 「인간관계의 온난화」와 「다문화공생」이었습니다. 일본어학습을 통하여 중일 동세대간의 교류와 상호이해를 위한 커뮤니케이션 능력을 익히게 함과 더불어, 다른 문화를 존중하는 태도를 기르는 것, 다문화공생 사회에 대응할 수 있는 자질을 형성하는 것을 그 교육 목표로 하였습니다.
> (「국제문화포럼」87, 2010년7월 발행p.2)

한국에 있어서 생활 외국어의 「목표」와 중국에 있어서 교과서의 「교육 이념」에 관한 기술을 보면, 한국과 중국 모두 원활한 커뮤니케이션과 문화이해라는 두 가지를 중요시하고 있음을 알 수 있다.

4. 『중학교 생활 일본어』와 『好朋友 ともだち』의 토픽/화제

『중학교 생활 일본어』와 『好朋友 ともだち』의 목차(토픽/화제)와 토픽/화제는 다음과 같다.

4.1. 『중학교 생활 일본어』의 목차(토픽/화제)

『중학교 생활 일본어』의 목차(토픽/화제)는 다음과 같으며, 『중학교 생활 일본어』 8종은 A~H로 표시한다.

〈교과서A〉

과	목차(토픽/화제)
1	おはよう
2	はじめまして
3	おめでとう
4	いただきます
5	なにがいちばん好き？
6	もういいです
7	どこですか
8	てつだってくれる
9	見たことがあります
10	あけましておめでとうございます

〈교과서B〉

과	목차(토픽/화제)
1	こんにちは
2	なんばんですか
3	なんにんかぞくですか
4	じょうずですね
5	おめでとう
6	トイレはどこですか
7	ボランティアはどう？
8	おまつりにいきませんか
9	こたえてください
10	ハンボクをきたことがありますか

〈교과서C〉

과	목차(토픽/화제)
1	おはよう
2	始めまして
3	ありがとう
4	おじゃまします
5	いまなんじ？
6	いくらですか
7	しゅみはなんですか
8	トイレはどこ？
9	おこのみやきはどうですか
10	やきゅうができる？
11	じてんしゃをとめてもいいですか？
12	にほんごのべんきょう,がんばってね

〈교과서D〉

과	목차(토픽/화제)
1	ひらがな·カタカナ
2	みなさんおはよう
3	あねはスポーツがだいすき
4	たんじょうびおめでとう
5	かさはどこ？
6	いまなんじ？
7	どちらがすきですか
8	いくらですか
9	みなさんおげんきですか
10	てをあげてください

〈교과서E〉

과	목차(토픽/화제)
1	おはようございます
2	はじめまして
3	なんにんかぞくですか
4	しゅみはなんですか
5	なにになさいますか
6	トイレはどこですか
7	テコンド できる？
8	キョンジュへいったことある？
9	どっちがはやい？
10	かわがきれいになりましたね

〈교과서F〉

과	목차(토픽/화제)
1	あいうえお
2	がぎぐげご
3	こんにちは
4	サッカーがすきです
5	もしもし
6	おじゃまします
7	いくらですか
8	おめでとう
9	きょうとへいくよ
10	にほんごがじょうずですね
11	いっしょにいく？
12	おせわになりました

〈교과서G〉

과	목차(토픽/화제)
1	あいうえお
2	はじめまして
3	おじゃまします
4	いただきます
5	じゃあね, またあした
6	おめでとう
7	アニメ, 好き？
8	これ, ください
9	行きたい！
10	おせわになりました

〈교과서H〉

과	목차(토픽/화제)
1	일본어 첫걸음
2	おはよう
3	はじめまして
4	おめでとう
5	いただきます
6	いまなんじ？
7	すきなスポーツはなに？
8	がんばって
9	うえのこうえんにいかない？
10	なににする？
11	あのう, すみません
12	げんきでね

4.2. 『好朋友 ともだち』의 토픽/화제

『好朋友 ともだち』의 토픽/화제는 다음과 같다.

〈제1권〉

토픽/화제	であい
	自己紹介
	パーソナルデータ
	好きなこと
	できること
	気持ち
	好きな場所

〈제2권〉

토픽/화제	あいさつ
	食
	家族
	持ち物
	時間割
	一日の生活

〈제3권〉

토픽/화제	誘う
	訪問する
	贈る
	招待する
	ほめる
	遊ぶ
	自分を発見する.気持ちを表す

〈제4권〉

토픽/화제	余暇
	約束
	おすすめ
	買い物.外食
	健康
	応援

〈제5권〉

토픽/화제	歓迎
	(旅行)計画
	お土産
	記念
	別れ
	夢
	自分を発見する.気持ちを表す

『중학교 생활 일본어』의 목차(토픽/화제)와 『好朋友 ともだち』의 토픽/화제를 보면, 한국과 중국의 교과서 모두 일상생활에 필요한 화제를 많이 선택하고 있다는 것을 알 수 있다. 그리고 한국의 교과서 목차에는 「なんにんかぞくですか」「すきなスポーツはなに?」와 같은 의문문을 많이 볼 수 있다. 이들 목차(토픽/화제)에 관해서는 교육 과정과도 관계가 있을 것이며, 한국 교육인적지원부의 「의사소통 기본표현」을 보면, 다음과 같다.

「**의사소통 기본표현**」

1. 인사(만남, 헤어짐, 외출, 식사, 방문, 축하, 안부)

2. 소개(자기소개, 가족소개, 타인소개)

3. 배려 및 태도전달(감사, 사죄, 칭찬, 승낙·동의, 사양, 유감, 격려·
   위로)

4. 정보교환(정보요구, 비교, 선택, 경험, 확인)

5. 행위요구(의뢰, 권유, 허가 요구, 금지)

6. 대화 진행(말 걸기, 망설임, 맞장구, 되묻기)

(『초·중등학교 교육과정』 별책1 교육인적자원부 p.486)

위의 「의사소통 기본표현」에는 내용에 관한 항목 표시뿐 만 아니라, 실제 회화 예가 제시되어 있다. 예를 들면 「인사, 만남」에는 「おはよう。おはようございます。こんにちは。こんばんは」라는 인사말이 나와 있다. 한국의 중학교 교과서에는 제시된 문장을 이용한 기본표현을 많이 볼 수 있는데, 이는 한국의 중학교 생활외국어(중국어, 일본어)의 검정 기준 심사 영역에 「교육 과정에 제시한 성격, 목표, 내용, 교수·학습 방법 및 평가를 충실히 반영했는가?」(2007년 개정 교육과정(교육인적자원부 고시 제2007-79호)에 따른 중학교 검정 도서 검정기준 p.82)이라는 항목이 있는 것도, 그 요인 중 하나로 말할 수 있을 것이다.

5. 『중학교 생활 일본어』와 『好朋友 ともだち』의 단원구성

5.1. 『중학교 생활 일본어』의 단원구성

교과서A～H의 『중학교 생활 일본어』의 단원구성은 다음과 같다.

교과서A

단원 도입 →みる.きく.かんがえる→きいてチェックする→ダイアロー
グ→はなしてみる→キーポイント→よむ.かんがえる→かいてみる→た
のしく→やってみよう→みんなでいっしょに→ログイン 재팬

교과서B

はじめましょう→ききましょう→はなしましょう→よみましょう→かきまし
ょう→まとめましょう→チェックチェック→やってみましょう→ぶんか

교과서C

미리보기→듣고 읽어 봅시다→표현길잡이→생생 일본어→말해 봅
시다→써봅시다→똑똑 일본문화→체험해봅시다→도전해봅시다

교과서D

はじめよう→きいてはなそう1.2.→よんでみよう→かいてみよう→일본
문화 알아보기→まとめてみよう→にほんごであそぼう(1~5課,6~10課
が終ったあと)

교과서E

보고듣기→듣고 말하기→읽고 말하기→커뮤니케이션 활동→쓰기 →언어문화 이해하기→문화 알아가기 →인터넷 찾아보기 →체험 활동 →마무리 평가

교과서F

まずべんきょうしましょう→きいてみましょう→ダイアローグ→よんで みましょう→はなしてみましょう→かいてみましょう→いっしょにやりまし ょう→やってみましょう

교과서G

생각해 볼까요 →듣고 말해 볼까요→언어행동 문화 →읽고 표현해 볼까요 →쓰고 말해 볼까요 →정리해 볼까요 →확인해 볼까요 →함 께해 볼까요 →비교해 볼까요

교과서H

きいてみよう→いってみよう→はなしてみよう→よんでみよう→やっ てみよう→ききとり→比較해 봐요 →다 함께해 봐요 →자율학습 →쉬 어 가기

5.2. 「好朋友 ともだち」의 단원구성

『好朋友 ともだち』의 단원구성은 다음과 같다.

ストーリー漫画→トピック場面→学習活動→コラム→考えてみよう言

ってみよう→日本語広場→日本語とのであい(卷1,1〜3課)→文字の
導入(卷1,1〜3課)

　『중학교 생활일본어』와『好朋友 ともだち』의 각 과의 구성을 보면
『중학교 생활 일본어』가「듣기, 말하기, 읽기, 쓰기」의 4기능에 관한
항목이 있으며, 단원마다 세분화되어 있는 것에 비해『好朋友 とも
だち』에서는 기능별로는 항목을 만들고 있지 않음을 알 수 있다. 이
점은 한국과 중국 교과서의 큰 차이다. 한국의 일본어 교과서가 4기
능으로 분류하여, 습득하는 방법을 취하고 있는 것은 金鐘學 (1976)
에서도 언급하였듯이 일본어교육이 시작되었을 때부터였다. 이것은
현재 일본어교육에 있어서도 마찬가지이다. 2007년의 교육인적지
원부의「초·중등학교교육과정」중에도「언어적 내용」을「듣기, 말하
기, 읽기, 쓰기」의 4항목의 언어기능으로 나누어 설명하고 있다. 한
편 중국에서도 4기능의 습득의 중요성에 대해서는 1996년에 제정된
『全日制普通高級中學日語敎學大網(시험용)』에도 나와 있으나『好朋
友 ともだち』의 단원구성은 그와 같지 않았다.

6.『중학교 생활 일본어』와『好朋友 ともだち』의 문화

6.1.『중학교 생활 일본어』의 문화

　『중학교 생활 일본어』8종에 있어서는 모든 교과서에 문화에 관한

기술이 있으며, 2007년 개정 교육과정의 내용에 따른 것을 다수 볼
수 있다. 구체적으로는 일본인의 일상생활, 문화이해에 도움이 되는
것(가정생활에 관한 내용, 학교생활에 관한 내용, 의복문화에 관한
내용, 식문화에 관한 내용, 주거문화에 관한 내용), 전통문화와 대중
문화 중에서 일본인과 일본사회를 이해하는데 도움이 되는 것(연중
행사에 관한 내용, 전통예능에 관한 내용, 놀이의 문화에 관한 내용,
대중문화에 관한 내용), 의사소통 기본표현과 관련된 일본인의 언어
행동, 문화이해에 도움이 되는 것(언어행동에 관한 내용, 비언어행
동에 관한 내용)등이 있다.

6.2. 『好朋友 ともだち』의 문화

『好朋友 ともだち』의 일본 문화에 관한 기술 뿐 만이 아니라, 일본
이외의 한국, 미국, 오스트레일리아, 몽골, 러시아 등의 문화에 관
한 기술을 볼 수 있다. 이런 기술은 칼럼 란에 있다. 한국의 교과서
에서는 일본문화를 중심으로 다루면서, 한국 문화도 언급하는 형식
을 취하는 것이 많으나, 중국 교과서에서는 일본, 중국에 한하지 않
고, 많은 외국문화를 폭넓게 다루고 있다. 이것은 한국과 중국 교과
서의 큰 차이로 볼 수 있다. 예를 들면, 중국의 교과서에서는 3권에
학교생활 사진을 게재하고 있으며, 일본, 중국, 한국, 미국, 러시아,
몽골, 베트남, 카메룬, 네팔, 카타르, 인도 등의 사진을 볼 수 있다.
그리고 4권에서 햄버거 사진을 게재한 부분에서도 일본뿐만 아니라,
인도, 한국 등의 햄버거도 소개하고 있는 것이 주목할 만하다.

7. 『중학교 생활 일본어』와 『好朋友 ともだち』의 만화

7.1. 『중학교 생활 일본어』의 만화

『중학교 생활 일본어』에서 만화를 사용하고 있는 교과서가 많으며, 만화형식이 아닌, 일러스트로 회화의 배경을 그린 교과서도 있다.

7.2. 『好朋友 ともだち』의 만화

「국제문화 포럼」87에서 『好朋友 ともだち』의 만화에 대하여 다음과 같은 기술이 있다.

일본 만화의 특징이라고 할 수 있는 스토리 만화를 교재의 주축으로 하였습니다. 일본의 애니메이션이나 만화는 해외의 젊은 세대가 일본어 학습을 시작하는 큰 동기부여가 될 수 있어서, 일본어교재로 자주 활용되고 있습니다만, 102페이지에 달하는 프로가 쓴 스토리 만화를 5권의 교과서에 연재하는 형식은 유례가 없다고 할 수 있습니다.

(「국제문화포럼」87 p.2)

그리고 만화를 어떻게 활용했는가에 대한 기술은 다음과 같다.

① 종래의 초급교재에서는 그다지 거론이 없었던, 인간관계 형성에 도움

이 되는 말을 적극적으로 도입하였다.

② 내용중시형의 화제 교수요목을 사용하여, 중학생이 관심 있는 화제를 일본어학습의 순서를 고려하면서, 자신을 중심으로 하는 동심원상(同心圓狀)으로 넓어지게 배려하였다.

③ 문화이해의 시점을 도입하기 위해, 스토리 안에서 다양한 문화현상이나 사물을 제시하였다.

(『국제문화포럼』87 p.2)

또한 왜 스토리 만화인가에 대한 기술은 다음과 같다.

① 그림과 일본어 중국어가 혼재하는 대사가 있어서 초급학습자라도 스토리나 일본어 대사 등의 의미를 상상하고자 하거나, 그 상상한 의미를 확인하고자 하는 등의 자립학습을 촉진시킬 수 있다.

② 스토리나 그림에서 등장인물의 감정, 문맥(말이 사용되는 장면이나 상황)에 입각한 말을 배울 수 있다. 또한 만화에 담겨진 문화사정과 사물을 이해할 수 있다.

③ 만화의 스토리가 그대로 학습 활동의 내용이 되므로 내용중시의 학습 활동을 자연스럽게 전개할 수 있다.

④ 만화에 나오는 대사나 의성어 의태어(カチャ(찰칵), ドキドキ(두근두근), シーン(조용) 등)의 문자와 생생한 일본어 학습에 도움이 된다.

(『국제문화 포럼』87 p.2)

한국 중학교의 일본어 교과서에서 만화를 이용하는 방법은 『중학교 생활 일본어 こんにちは』이후로 생각되며, 만화나 일러스트, 혹은 사진을 이용하여, 회화가 이루어지고 있는 장면을 명백히 함으로써,

회화의 문맥을 확실히 할 수 있다고 생각한다. 그러나 한국의 『중학교 생활 일본어』와 중국의 『好朋友 ともだち』에서는 만화의 사용법이 다르다. 한국에서는 회화의 배경인 장면을 결정하기 위한 만화가 많으나, 중국에서는 만화의 스토리를 통해 언어뿐만이 아니라, 교육이념인 「인간관계의 온난화」와 「문화」를 학습하며, 스토리의 한 토막을 잘라내어, 일본어 표현을 학습하는 구성으로 되어 있다. 또한, 『중학교 생활 일본어』의 만화 말풍선은 모두 일본어로 되어 있으나, 『好朋友 ともだち』의 경우에는 일본어와 중국어가 혼재하고 있다. 그리고 한국의 경우, 만화의 무대 대부분이 일본이지만, 중국의 경우는 무대가 중국(대련(大連))이라는 차이도 알 수 있었다.

8. 결론

한국의 『중학교 생활 일본어』와 중국의 『好朋友 ともだち』의 유사점과 다른 점은 다음과 같다.

〈유사점〉

① 『중학교 생활 일본어』와 『好朋友 ともだち』의 「교육 목표」 「교육이념」은 모두 원활한 커뮤니케이션과 문화이해라는 두 가지 면을 중요시하고 있다.

② 『중학교 생활 일본어』와 『好朋友 ともだち』의 교수법은 커뮤니커티브 · 어프로치교육으로, 문법중심이 아니다. 따라서 『중학교 생활 일본어』와 『好朋友 ともだち』는 모두 기본적으로는 문법용

어를 사용한 문법 설명은 볼 수 없다.

③ 교과서에서 다루는 토픽·화제에 대해서는 『중학교 생활 일본어』와 『好朋友 ともだち』 모두 유사하며, 중학생이 흥미를 가질 만한 화제나, 일상생활 속에서 필요한 기본적인 토픽을 다루고 있다.

④ 『중학교 생활 일본어』와 『好朋友 ともだち』 모두 언어뿐만 아니라 문화에 관한 기술을 많이 볼 수 있다.

⑤ 『중학교 생활 일본어』와 『好朋友 ともだち』 모두 경어체와 보통체 회화 문장을 동시에 학습할 수 있는 형식을 취하고 있다.

〈다른 점〉

① 『중학교 생활 일본어』는 1권이나, 『好朋友 ともだち』는 5권으로 구성되어 있다.

② 『중학교 생활 일본어』의 단원구성은 「듣기, 말하기, 읽기, 쓰기」의 4기능 중심으로 세분화되어 있으나, 『好朋友 ともだち』에서는 토픽장면→학습활동→칼럼→생각해 봅시다→이야기해봅시다→일본어 광장 순으로 되어 있어서, 4기능으로 분류하는 구성으로는 되어 있지 않다.

③ 만화를 도입했다는 점은 『중학교 생활 일본어』와 『好朋友 ともだち』 모두 공통점이 있으나, 『중학교 생활 일본어』에서는 만화를 회화 성립을 위한 배경의 장면설정으로 활용하고 있는 경우가 많으나, 『好朋友 ともだち』에서는 102페이지의 단편스토리 만화로 되어 있으며, 그 중에서 장면이나 키워드를 선택하여 학습 포인트를 결정하고 있다.

④『중학교 생활 일본어』의 경우, 만화의 무대는 일본인 경우가 많으나 (필요에 따라 한국으로 하고 있는 경우도 있다.),『好朋友 ともだち』에서는 대련(大連)시의 희망에 따라, 기본적으로는 만화의 무대는 중국(大連)으로 되어 있다.

⑤『중학교 생활 일본어』의 만화 회화 문장은 모두 일본어로 되어 있어, 한국어는 사용하지 않으나,『好朋友 ともだち』에서는 만화 회화 문장은 일본어와 중국어가 혼재하고 있다.

⑥『중학교 생활 일본어』에서는 일본과 한국의 문화를 중심으로, 일본 문화의 세분화를 볼 수 있으나,『好朋友 ともだち』에서는 일본과 중국 뿐 만 아니라, 미국, 오스트레일리아, 한국, 몽골, 러시아 등의 문화를 폭넓게 다루고 있다. 문화에 관한 기술이 중요시되고 있는 점은 두 교재 모두 마찬가지이나, 기술 방법에는 차이가 있다고 생각된다.

⑦ 한국의 교과서에 있어서 오십음도는『중학교 생활 일본어 こんにちは』에서는 한국어에 의한 이미지 · 일러스트를 볼 수 있으나,『중학교 생활 일본어』에서는 한국어 이미지 · 일러스트를 볼 수 없다. 한편,『好朋友 ともだち』에서는 오십음도1 · 2가 있어서, 1은 중국어 이미지 · 일러스트로 되어 있다.

이상과 같이, 한국의 중학교의 일본어 교과서『중학교 생활 일본어』8종과 중국의 중학교의 일본어 교과서『好朋友 ともだち』1종 5권을 교과서 목표(교육 이념), 단원의 구성, 토픽/화제, 문화를 다루는 방법, 만화 사용, 문자(오십음도)등에 대하여 조사한 결과, 위에서 기술한 유사점과 다른 점이 밝혀졌다. 여기에서 거론한 한국 중

국의 일본어교과서는 모두 글로벌한 세계관을 기초로 한, 책상 위의 학문이 아닌 커뮤니케이션을 위한, 바로 사용 가능한 실용적인 일본어교육을 지향하고 있다는 점이다. 그리고 교과서 내용으로는 중학생이 흥미를 가질 만 한 화제를 선택함과 동시에 학습자가 적극적으로 참가할 수 있을 만한 학습 활동을 많이 도입하고 있다고 생각된다. 그러나 한국의 교과서에서는 「말하기, 듣기, 읽기, 쓰기」 4기능으로 분류하여 학습할 수 있게 되어 있거나, 문화 학습에 관해서도 상당히 세분화되어 있다. 또한, 언어행동에 관한 기술이 모든 교과서에서 학습할 수 있게 되어 있다. 한편, 중국의 교과서에서는 예를 들어 문화에 대해서는 일본과 중국 문화에 국한하지 않고, 미국, 한국, 러시아, 몽골 등, 다양한 나라의 생활, 문화가 소개되고 있는 것은 주목할 만하다. 그리고 회화의 무대가 학습자 자신이 잘 알고 있는 대련(大連)이거나, 각 교과서의 마지막에서 전단계의 복습을 할 수 있게 되어 있는 것도 특색 중 하나라고 말할 수 있다. 중국에 있어서의 초등학교 4학년, 중학교 1학년, 중학교 2학년 국어 교과서를 접할 기회가 있었는데, 본문 뒤에 어휘학습과 몇 가지 질문 사항이 있으며, 단원의 마지막에 연습 문제가 있는 형식으로 되어 있었다. 이러한 형식은 일본의 국어 교과서와 매우 흡사하였다.

그리고 중학교에 있어서 일본어 교과서에 대해서는 한국과 중국 모두 공통 과제도 있을 것으로 생각한다. 중학생에게 있어서 아주 어려운 문법사항은 피하는 편이 나을 것이나, 일본어교육에 있어서 문법을 가르치는 것도 중요하여, 정확함(문법)을 어디에서 가르칠 것인가, 라는 문제가 남게 된다. 커뮤니커티브 어프로치 활용교육에 지나치게 구애되다 보면, 정확함이 결여된 학습이 되어버릴 우려도

있다. 또한, 중학교에서의 일본어교육을 고교와 대학에서의 일본어
교육과 연결해 가기 위해서는 중학교와 고교, 대학으로의 일본어교
육의 연계가 불가결하다고 생각한다. 그리고 한국에서는 한국어와
일본어의 유사성에 대해 빈번하게 논의하며 대조 연구도 많이 나와
있으나, 한국어와 일본어와의 관계를 어떻게 학습하면, 한국의 일본
어 학습자에게 플러스가 될 것인가, 라는 문제도 남게 된다고 생각
한다. 앞으로는 이러한 문제를 해결하면서 학습자가 즐겁게 학습할
수 있으며, 이해하기 쉽고, 학습 효과를 확실히 느낄 수 있는 교과서
개발을 해 나갈 필요가 있다고 본다.

일본어 작문교육

제1장
한국 대학생의 일본어 작문에 관한 고찰

1. 서론

한국에 있어서 일본어학습자의 다수가 일본어는 물론, 일본이나 일본문화 등에 흥미와 관심을 가지고 있으며 많은 일본어 관계학과들이 일본에 있는 대학과 교류하고 있다. 학생들의 교류로는 어학연수나 홈스테이 프로그램이 있으며, 교수들의 공동연구 등도 있다. 또한 요즘은 워킹홀리데이로 일본에 가는 학생도 늘고 있다. 그리고 대부분의 일본어 관계학과에서는 네이티브 스피커 일본어 교수가 있으며, 수많은 새로운 교재가 작성되어 세심한 지도가 이루지고 있다.

일본어 학습의 4기능 (듣기, 말하기, 읽기, 쓰기) 중에서, 「쓰기」는 수동적으로 듣거나 읽거나 하는 것과는 근본적으로 다른 고차원적 기능이라고 생각한다.[1] 한국의 대학생 중에는 일본어작문이 어렵다고 느끼는 사람이 많은데, 그 이유 중 하나로 일본어에는 표기체제가 복잡하다는 것을 들 수 있을 것이다. 히라가나, 가타카나, 한자, 로마자 등을 정확하게 써서, 자신의 생각을 충분히 표현한다는 것은 대단히 어려운 작업이라고 생각한다. 그러나 거꾸로 말하면 「정확하게 쓰기」를 통해 「읽기」「말하기」도 보다 원활해 질 수 있고, 학습한 사항을 정착시킬 수 있게 된다.

본장에서는 한국 대학생의 일본어작문에 대하여 오용 예를 들어 문제점을 지적하고, 이를 해결할 방법을 제안해 가고자 한다. 먼저, 외국어로 작문을 쓴다는 것은 어떠한 것일까에 대해 기술하고, 다음으로 한국의 대학생은 일본어작문을 어떻게 다루고 있는가에 대해 언급한다. 그리고 필자의 경험에 의한 작문 지도의 실천에 대해 기술하고, 다음으로 선행 연구를 바탕으로 학생의 작문에서 볼 수 있는 오용 예 분석의 의의에 대해서 기술한다. 그 다음으로, 필자가 지금까지 몇 회 정도 진행한 오용 예 분석 중에서, 한국의 대학생이 틀리기 쉬운 용례 중 대표적인 것을 든다. 또한, 2007년도 2학기 한림대학교 학생이 쓴 전자 메일과 일본의 옛날이야기 감상문에서 볼 수 있는 오용 예를 들어, 오용 예에서 볼 수 있는 문제점과 앞으로의 지도에 대해서 언급한다.

한편, 학생들의 다양한 작문 중에서 전자 메일, 소개문, 영화와 옛날이야기 감상문에서 볼 수 있는 오용 등에 대해서 분석하였으나 여기에서는 지면상, 전자 메일에서 볼 수 있는 오용 예와 일본의 옛날이야기 감상문에 대해서 기술하기로 한다.

---

1 姫野昌子(1981)p.1참조

2. 외국어로 작문을 쓴다는 것

작문은 외국어의 종합적인 능력을 구사하여 완수하는 작업으로, 듣기, 읽기와 같은 수동기능이 아니기 때문에 일본어로 작문을 한다는 것은 결코 쉬운 문제는 아니다. 한국의 고등학교 일본어 교과서를 보면 ① 듣기, ②말하기, ③ 읽기, ④ 쓰기 순으로 구성되어 있는 경우가 많다. 먼저 듣고, 그리고 말해보고, 읽을 수 있게 되면 마지막으로 써 보고자 하기 때문이다. 이는 마지막에 작문을 씀으로써, 총 복습, 혹은 배운 지식을 정착시킬 수도 있기 때문일 것이다.

일본어교육에 있어서 작문지도에 관한 선행연구로는 姫野昌子(1981), 小矢野哲夫(1981), 能登博義(1981)등이 있다. 姫野昌子(1981)에는 다음과 같이 기술하고 있다.

지도 면에서 보면, 「작문」이라기보다는 「문장표현」이라는 편이 어울린다. 즉, 이해 (듣기, 읽기)가 있어야 표현(말하기, 쓰기)을 하며, 그 표현 방법도 구두를 전제로 한 문장이다. 쓰기는 소위 다른 3 기능 (듣기, 말하기, 읽기)과 유기적인 관계를 가지는 종합적 기능이다. 문장표현에 대한 지도는 구두연습과의 관련이 중시되며, 내용적으로는 듣거나 읽거나 한 것을 문장으로 재현하거나 요약하거나 하는 것도 포함된다. 또한, 어구 연습을 중심으로 하는 단문 만들기에서 시작하여, 연속된 문장(連文)으로 단락보다 긴 문장을 쓰는 연습이 단계적으로 전개된다. 일반적으로 국어교육의 작문이 가지는 이미지보다 상당히 넓은 범위에 걸쳐있는 것을 대상으로 하게 된다. (p.2)

작문 학습은 학습자의 학습기간, 학습경력 등에 의해 큰 차이가 난다. 사용어휘의 양, 문형, 문법의 이해도 등에 따라 쓸 수 있는 내용이 달라지기 때문이다. 초심자는 먼저, 히라가나, 가타카나와 같은 문자를 쓰는 것부터 시작해야 한다. 그리고 초급 수준의 작문에서는 학습한 문형을 이용하여 단문을 작성하는 것을 배운다. 예를 들어, 자기소개 문장을 학습한다면, 「わたしは~です.」라는 문장을 만드는 연습을 한다. 그 다음으로 기초적인 어휘, 문법, 문형을 학습하면서 단문을 나열하여, 점차로 정리된 문장을 쓸 수 있게 된다. 그러면서 처음으로 문장내용, 구성, 문체를 생각하게 된다. 여기에 이르기까지의 도중 작업으로, 모델 문장을 학습하거나, 클래스에서 논의하거나 한다. 또는 같은 반 학생과 서로 첨삭을 하는 것이 필요하게 될 경우도 있을 것이다. 이러한 작업을 거듭하여, 처음으로 작문을 쓸 수 있게 되는 것이다.

小矢野哲夫(1981)는 중급, 상급자의 작문 지도 실정과 문제점에 대해 언급하며, ①원고용지 사용법, ②자기소개 문장, ③일기, ④편지, ⑤설명 문장, 해설 문장, ⑥논설문장의 서식 지도법에 대해 기술하고 있다. 그리고 能登博義(1981)는 일본연구센터에 있어서 중, 상급의 작문지도에 대해 단계적으로 논하고 있다. 다음의 ①~③은 필자가 能登(1981,pp.54-60)에서 요점을 발췌하여 정리한 것이다.

① BJART 단계

이 단계의 주목적은 문자를 정확하게 쓰는 것, 구두점, 부호 등을 적절하게 이용하는 것, 오쿠리가나(送り仮名), 촉음, 요음 등의 표현을 정확하게 할 수 있도록 하는 것이다.

② ISJ-I 단계

중위 클래스에서는 작문의 초점을 문장 단위로 두어, 각각의 문장이 정확하게 쓰여 있는지를 주된 문제로 한다. 이에 비해, 상위 클래스에서는 이런 초점을 좀 더 넓혀, 사건의 순서가 알기 쉽게 쓰여 있는가, 요점세부를 빠뜨리지 않았나, 중심점은 명확한가, 단락마다의 마무리는 좋은가 등도 학습 목표에 포함시키는 것이다.

③ ISJ-II 단계

(이 단계에서 사용하는 교재는) 이미 습득한 능력을 기초로 하여, 더욱 한 걸음 나아가 일본인의 언어행동에 근접시키는 것을 목적으로 하고 있다.

이상으로, 能登 (1981)는 ISJ-Ⅱ의 단계에서는 「상당히 전문적인 대담, 좌담회, 혹은 스피치에 필요한 표현을 습득하는 것을 목적으로 하고 있다. (p.57)」고 되어 있다. 그리고 ISJ-Ⅱ 단계의 교재에는 「맞장구와 간격」「다른 생각을 표현」「동의」「반론」「스피치」등의 언어행동이 포함되어 있다.

3. 한국의 대학생은 일본어작문을 어떻게 생각 하고 있는가.

2003년에 실시한 앙케트 조사[2] 결과를 보면 한국의 대학생은 「청해」「작문」「회화」「독해」순으로 어렵게 느끼고 있는 것을 알 수 있다.

〈표1〉 한국의 대학생이 어렵다고 느끼는 것

어려운 것	(%)
회화	42.1
청해	50.8
독해	21.3
작문	47.6

(사이토 아케미2006,p.46참조)

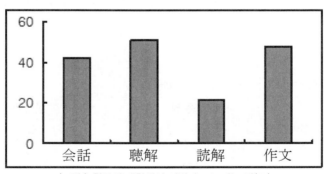

〈그림1〉 한국의 대학생이 어렵다고 느끼는 것(%)

---

2 본 조사는 2003년5월에 A대학교 학생 180명과 B대학교 학생 232명, 총 412명을 대상으로 하였다. A대학교 조사는 임영철 교수님에게 협력해 주셨다. 한편, 조사 결과의 정리. 분석은 조은경 교수님(한림대)께서 협력해 주셨으며 사이토 아케미 가 진행하였다.

조사 대상은 한국의 대학에서 1년 이상 일본어를 배운 경험이 있으며, 일본어의 기초는 되어 있는 학생들로, 학습자에게 있어서 어려운 사항은 학생의 일본어 이해도와 관계가 있다고 생각한다. 〈표1〉〈그림1〉을 보면 「독해」로 답한 학생은 21.3%로, 그다지 많지 않음을 알 수 있다. 이에 비해, 「청해」는 50.8%, 「작문」은 47.6%로, 비교적 높은 수치를 보이고 있다. 이 결과로 보면 기초를 배운 학생은 사전이 있으면 어떻게든 독해는 할 수 있다는 것이다. 또, 篠原信行(2004)가 대만에서도 같은 조사를 한 결과[3], 대만의 대학생은 「작문」이 가장 어렵다고 답하고 있다. 이러한 결과로서 추측컨대 학생이 어렵다고 느끼고 있는 학습 내용은 본인의 모국어와 큰 관계가 있다고 생각한다. 대만의 학생에게 있어서 일본어는 그들의 모국어와 전혀 다른 구조를 가진 언어이기 때문이다.

구체적으로 무엇이 어려운 것인지를 묻는 결과는 다음과 같다.

● 일본어

〈표2〉 한국의 일본어학습자가 어렵다고 느끼는 것

순위	어려운 것	한국(%)
1	한자	68.3
2	일본어다운 표현	52.4
3	경어	33.5
4	동사의 변화	25.4
5	격의 없는 표현	25.4
6	발음 악센트	24.8

---

3 篠原信行(2004)p.82참조

순위	어려운 것	한국(%)
7	단어	22.9
8	수동태	18.5
9	외래어	18.5
10	주다(やり) 받다(もらい)	14.7
11	시제	10.7
12	조동사	9.7
13	조사	9.4
14	히라가나 가타카나	8.2

(사이토 아케미,2006p.47참조)

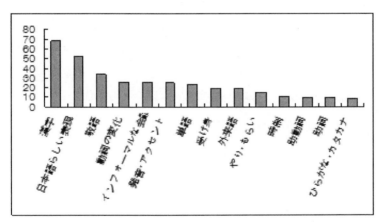

〈그림2〉 한국의 일본어학습자가 어렵다고 느끼는 것(%)

〈표2〉〈그림2〉을 보면 한국의 대학생은 한자, 일본어다운 표현, 경어, 동사의 변화 등을 어렵다고 느끼고 있다. 한국어와 일본어는 모두 한자를 사용하며, 어순도 매우 비슷하며 게다가, 일본어 조사, 조동사에 해당하는 말도 있다. 하지만 유사해서, 오히려 틀리기 쉬

운 점도 있다. 똑같은 한자를 사용한다고 하나 일본과 한국의 한자
는 글자체가 다르며 의미적인 차이도 다수 존재하기 때문이다. 한
편, 대만에서의 조사 결과를 보면, 조동사, 수동표현, 일본어다운 표
현, 수수 표현, 조사의 순으로 어렵다고 답한 학생이 많았다. 이 결
과 또한 모국어와 깊은 관계가 있다고 할 수 있다.

4. 작문 지도의 실천

학생들에게 있어서 일본어작문은 반드시「작문」이라는 수업만으로
배우는 것은 아니다. 문법, 회화, 독해 등의 수업에서도 학습하고 있
다. 예를 들어「기초일본어」수업에서 새로운 문형을 학습하면 그 문
형의 습득을 위해, 드릴이라는 형태로 작문을 한다. 또는,「초급회
화」시간에 가족 소개 방법을 학습하여「わたしの家族は ~と ~です.」
라는 문장을 배우면, 그것을 쓰는 연습을 한다.「중급회화」에서는 롤
플레이도 작문을 하면서 롤A와 롤B의 회화를 생각하는 경우도 많
다. 그리고 태스크 학습으로 한국과 일본의 문화를 비교하여, 문장
을 쓰고, 발표하기도 하며 혹은, 일본의 옛날이야기를 학습하고, 감
상문을 쓰기도 한다. 또한, 3분간 스피치를 하려면, 스피치를 위한
작문이 필요하게 된다. 그리고 3, 4학년을 대상으로 한「실무일본어」
의 수업에서는 이력서 서식, 응모신청서 서식은 물론이고, 취직 후,
필요한 서류나 편지, 일본어 전자 메일 서식에 대해서도 학습한다.
마찬가지로 3, 4학년을 대상으로 한 수업,「일본어학의 이해」에서
는 그룹 발표로 일본어와 한국어를 비교하면서, 일본어의 특징에 대

해 리포트를 쓰고 발표한다. 학기말 그룹 발표에서는 5~6명의 학생이 하나의 그룹을 만들어, 같이 상의하면서 시나리오를 써서 10~15분정도의 연극을 한다. 연극 내용은 수업에 따라 다르겠으나, 「백설공주(白雪姬)」「모모타로(桃太郎)」와 같은 이야기에서부터, 「회사 풍경(会社の風物)」「학교생활(学校生活)」에 이르기까지, 폭넓은 내용들이다. 학생들은 연극을 위한 시나리오 작성에서부터 암기, 실연까지는 약 1개월 정도 걸쳐 연습하나, 수업 시간은 2시간 정도 소요 할 뿐이고 나머지는 개인(그룹)지도가 된다. 이와 같이, 학생들로서는 「작문」수업이외에도 자기소개 문장, 일기문장, 감상문, 편지문장, 리포트, 시나리오, 연구 발표를 위한 문장 등, 다양한 문장을 작성할 기회가 있다. 물론 초급 「작문」수업에서는 모델 문을 독해하며, 포인트가 되는 문형을 학습하고 신변에서 일어날 수 있는 일에 대해 가능한 한 많은 문장을 만들기도 한다. 그리고 지도하는 교수는 학생이 작문을 쓰기 위한 사전지도나 쓴 작문의 첨삭, 평가 등 많은 것이 요구된다. 예를 들어 작문을 첨삭하는 경우에도 단지 문자나 문법의 차이를 정정할 뿐만 아니라, 문장의 내용은 물론, 구성, 형식, 문체 등에 대해서도 지도 할 필요가 있다.

작문의 경우에는 구두작문도 포함할 경우도 있으나, 여기에서는 문자를 사용하여 쓰는 경우의 작문학습 순서를 생각해 보면, 이미 선행 연구에서도 기술한 바와 같이, 대체로 다음 순서로 학습하고, 습득해 가면 효과적인 학습을 해 나갈 수 있지 않을까 생각한다.

① 문자를 습득한다.
② 단어를 습득한다.

③ 문법 학습으로 배운 문형을 사용하여 단문을 쓸 수 있도록 한
다.
④ 정리된 짧은 문장을 쓸 수 있도록 한다.
⑤ 목적에 맞는 문장을 적절한 구성, 문체로 자유롭게 쓸 수 있도
록 한다.

이들 ①~⑤가운데, ④까지는 초급 수준의 학생에게도 학습 가능하
다고 생각된다. 지금까지 초급학습자의 작문 학습은 이미 학습한 단
어나 문형을 사용한 단문을 작성하는 것이 주 된 학습 내용으로 생각
하여, 어려운 어휘나 표현을 사용하지 않아도 전체 구성을 생각하면
서 하나의 정리된 문장을 쓰는 것은 가능하다. 오히려, 중급 수준이
되면, 문장구성의 기초부터 학습하기보다 초급 수준에서 문장의 흐
름을 의식하면서 문장을 작성하는 연습을 하는 편이, 보다 효율적으
로 학습 할 수 있다고 생각된다. 그래서 중, 상급 수준에서 ⑤가 가능
해지는 것이 바람직하다. 초급 수준의 학생에게 어려운 작문을 억지
로 쓰게 하여 학습 의욕을 떨어뜨려서는 적절한 지도라고 할 수 없으
며, 모델 문장의 독해, 구두작문의 연습 등과 함께 작문을 하는 습관
을 붙인다면, 무리 없이 학습할 수 있을 것이다. 그리고 쓴 작문을 바
탕으로 스피치를 한다면, 어휘, 문형, 문법 등의 종합적인 복습도 되
어, 일본어학습의 정착에 도움이 될 것이다. ⑤단계에서는 문장의 종
류(일기나 편지문장, 요약문이나 리포트, 평론, 학술논문, 시, 소설
등의 창작 문장, 혹은 비즈니스 문서 등)에 따라 문체를 결정하고, 문
장의 내용이나 형식, 구성 등을 짜야하므로, 이러한 것들을 자유로이
할 수 있는 것이 작문 학습의 최종목표이기도 할 것이다.

5. 오용 예에 대한 선행연구와 오용 예 분석의 의의

학생들의 작문을 보면 언제나 같은 곳에서 틀린다는 것을 알 수 있다. 그것은 「友だちを会う」의 「を」이거나 「先生がなりたい」의 「が」, 「バスを乗る」의 「を」와 같은 조사이기도 하고, 「それは必要するものだ」의 「する」이거나 한다. 이것들은 모국어인 한국어의 영향이 크다. 그리고 자동사와 타동사의 구별을 못한다거나, 형용사의 활용을 잘 몰라서 일어나는, 「人を集まる」, 「多い人に会う」 등도 있다. 작문을 쓰는 학생이 바뀌어도 같은 오용이 되풀이 되고 있다.

1978년 『일본어교육』(일본어교육학회)에서는 「문법상의 오용 예로부터 무엇을 배울 것인가」라는 오용 예의 특집으로, 鈴木忍,吉川武時,佐治圭三,遠藤織枝,宮崎茂子,茅野直子·仁科喜久子 등의 논문이 있었다. 鈴木忍(1978) (1978)는 문법상의 오용 예 가운데 혼동하기 쉬운 격조사에 대해 연구하여 오용의 원인으로서 「학습자의 모국어에서 오는 간섭도 있으며, 이미 학습한 사항에서 오는 혼동에 의한 것, 학습자의 부주의에 의한 것도 있고, 교재에서 다루지 않은 것에 의한 것도 있다. (p.1)」고 하였다. 그리고 「작문의 첨삭을 할 경우에도 단지 잘못을 고칠 뿐만 아니라, 문법적 규정, 그것이 들어가는 문맥, 장면 등까지 고려하여, 섬세하고 치밀한 지도가 필요하다. 그와 동시에 오용 예로부터 얻은 것을 학습 지도나 교재로 도입해 가는 것도 잊어서는 안 된다. (p.14)」고 하였다. 또 吉川武時(1978)는 오용 예에 따른 연구의 의의와 방법에 대해 기술하면서, 「오용 예에 따른 연구는 단지 틀린 예를 모으는 것만으로는 완전하지 않다.

오용 예의 하나하나에 대하여 잘못의 원인을 분석하고, 잘못의 유형
을 만들어, 잘못을 하지 않기 위해서는 어떻게 하면 좋을지를 생각
하여 그것을 교재로 활용하는— 결국, 새로운 교재를 편성할 때에 그
것을 채택 한다 — 이렇게 하지 않으면 어떤 항목에 관한 오용 예에
따른 연구는 완성되지 않는다. (p.15)」고 하였다. 단, 오용의 원인에
대해서는 다음과 같이 말하며, 오용과 모국어와는 관계가 없다고 하
였다.

오용 예를 중심으로 한 연구는 (중략) 어떤 연구도 오용을 분류하
거나, 오류회수를 집계하고 있다. 오류의 원인은 모국어의 영향이
크다고 일반적으로 여겨지고 있으며 또한 일반인들은 그렇게 생각하
는 경향이 있다. 예를 들어, 稻垣의 보고에서는 어떤 언어의 화자가
어떠한 오용을 했는가 하나하나의 예에 대해서 설명하고 있다. 그러
나 우리의 보고(1)에서는 오용분류를 하기 전에 <u>모국어에 따른 오용
경향은 명확한 근거가 없다고 판단해서,</u> 각각의 오용예에 대해 어떤
언어의 화자인가는 기입하지 않았다. (밑줄은 필자, 吉川(1978)p.15)

이와 같이 기술 한 후 그 이유를 다음의 3가지로 들고 있다.

① 자료가 적다는 점. 그러나 아무리 자료가 많아도 모국어에 의한
   오류 경향이라고는 단정하기 어렵다.
② 모국어 수업을 하지 않음.
③ 최초로 배운 외국어의 영향을 강하게 받는다. 이것은 신 가설로
   서 들어 둔다. 최초에 배운 외국어란, 동남아시아 학생에게 있

어서 대부분의 경우 영어이다. <u>모국어가 무엇이든, 최초에 영어를 배우면, 다음 외국어로 일본어를 배울 때, 영어의 영향을 받는다는 가설이다.</u>(밑줄은 필자, 吉川(1978)p.15)

확실히 여러 나라에서 온 학생이 모여 있는 일본의 작문지도수업에서, 한 사람 한 사람의 모국어를 고려하여, 오용의 원인을 해명하는 것은 곤란할 것이다. 필자도 일본의 대학에서 작문 지도를 했을 때, 한국, 중국, 미국 등에서 온 유학생이 쓴 작문에서 비슷비슷한 잘못을 발견한 경험이 있어서, 오용의 원인을 모국어간섭으로 지나치게 규정지어 버리는 것은 위험하다고 생각한 적이 있다. 그러나 吉川(1978)에 의하면, 한국의 대학생이 일본어를 학습할 때도 영어의 영향이 미친다고 해야 될 것 같지만, 필자의 지금까지 한국에서의 경험으로는 그러한 학생은 별로 없었다. 오히려, 일본학과 학생이 영어회화의 시간에 「예스」라고 말하지 않고 「하이(はい)」라고 답한다는 것을 듣고, 2개의 외국어를 학습하면 영향을 서로 미친다는 것을 강하게 느꼈다. 그리고 한국 학생의 일본어 작문을 보면, 모국어의 간섭 존재를 확신할 수 있다. 특히 초급, 중급 수준의 학생에게서는 한국어에 이끌린 오용이 눈에 띈다.

佐治圭三(1978)은 「문자 표기의 잘못」 「어형의 잘못」 「말의 의미 용법의 잘못」 「문법상의 잘못」 「표현의 문제」에 대해서 검토하고 있다. 「이러한 검토가 회를 거듭하여, 끈질기게 추적하여, 오용의 일반적 경향이나 모국어별 경향, 교수자 측의 연구 정리해야 할 문제의 리스트 등이 점차 밝혀질 것으로 기대하고 있다. 또한, 이러한 검토 모임이 광범위하게 조직적으로 행하여져, 그 결과가 널리 활용되는 것이 바람직하다고 생각한다. (p.34)」고 맺고 있다. 그리고 佐冶圭三(1798)는 오용 예를 힌트로 교수법을 생각하는 것에 대해서 기술하고 있다. 茅野直子·仁科喜久子(1978)도 학생의 오용 예 분석을 교수법에 응용하는 것에 대해서 언급하고 있으며, 「결론」으로 다음과 같이 기술하고 있다.

교사는 평소에 학생의 시험이나 작문에서 볼 수 있는 잘못에서 교수법을 연구하거나, 개선하거나 한다. 시기를 보아 집중적으로 오용 예를 모아, 분석하고, 그 결과에 대해 조직적으로 고찰하여, 보다 효과적이고 능률적인 교수법을 검토하는 것은 유의미하며 중요함을 다시 한 번 생각하였다. (p.65)

이 외에도, 森田芳夫(1981)가 있다. 森田는 한국의 대학생 작문에서 볼 수 있는 동사의 오용 예 88항목을 들어 분석하고 있다.

이들을 보면, 대다수의 논문에서 오용 예의 수집, 분석의 중요성을 기술하고, 정리, 분석한 결과를 교재, 교수법 등에 활용해 가는 것이 중요하다고 한다. 한국의 일본어교육에 있어서도 오용 예의 수집, 소개, 분석은 행하여지고 있으나, 수집, 분석에 머물러, 이것을 일본어의 특질 해명에 활용하거나, 작문의 교재로 활용하거나 한 것은 많지 않다고 생각한다. 이후, 오용 예 분석의 결과를 일본어교육에 적극적으로 활용해 가는 것이 필요하다고 할 수 있다.

6. 1994, 1996, 2002, 2007년도(1학기)의 일본어 작문 오용 예

필자는 지금까지 몇 회에 걸쳐 학생의 오용 예를 조사하여 그 결과를 발표해 왔다. 金永權・齊藤明美(1994, 1996), 齊藤明美(2002, 2007)등이 그것이다. 金永權・齊藤明美(1994)는 한국의 대학생 리포트에 볼 수 있는 오용 예 가운데, 문법과 표기에 관한 오용 예를 들어, 오용 예가 생기는 원인에 대해 해설하였다. 또, 金永權・齊藤明美 (1996)는 金永權・齊藤明美 (1994)에서 언급하지 않은 명사, 형용사, 동사의 오용 예에 대해 언급하였다. 齊藤(2002)는 대학 2, 3학년 작문에서 볼 수 있는 오용 예 가운데 표기, 조사, 형용사를 들어 설명하고 있다. 그리고 齊藤(2007)는 대학 2학년 작문을 바탕으로 명사, 용언, 부사의 오용 예를 들어 해설하고 있으며 金・齊藤 (1994,1996), 齊藤(2002,2007)의 오용 예 중에서 대표적인 것을 들고 있다.

(오용 예는 ＊ 로 표기하였으며, 필요에 따라 오용 예를 일부 변경하거나, 부분적으로 추린 경우도 있다.)

(한자)

＊美國　　→ 米国(金、齊藤1996,p.66)

＊大學校　→ 大学(金、齊藤1996,p.65)

(표기)

(1) 청음・탁음

＊子供だちはテレビを見ている。

→子供たちはテレビを見ている。(金・齊藤、1994、p.66)

＊かんごく全国を旅行したいです。

→かんこく全国を旅行したいです。(齊藤、2002、p.176)

(2) 촉음

＊二人が会いて一緒に暮す方がいい。

→二人が会って一緒に暮す方がいい。(金・齊藤、1994、p.66)

＊自転車にのりたり、話をしたりした。

→自転車にのったり、話をしたりした。(齊藤、2002、p.178)

(3) 장음 · 단음

＊みんながいっしょうに生きるのは難しい。

→みんながいっしょに生きるのは難しい。(金・齊藤、1994、p.67)

＊私の仕事はりょこしゃのガイドです。

→私の仕事はりょこうしゃのガイドです。(齊藤、2002、p.180)

(4) 가타카나 표기

＊韓国のパションは日本と似ています。

→韓国のファッションは日本と似ています。(金・齊藤、1994、p.68)

＊マイクルジャッスンは有名です。

→マイケルジャクソンは有名です。(齊藤、2002、p.181)

(한자명사의 용언화)

＊必要する時そばにいるのは誰ですか。

　→必要な時そばにいるのは誰ですか。（金・齊藤、1994、p.64）

＊私の性格は活発して楽天的です。

　→私の性格は活発で楽天的です。（金・齊藤、2007、p.276）

(동사)

＊講師が来て話を始まりました。

　→講師が来て話を始めました。（金・齊藤、1996、p.73）

＊漫画と文がともにいる本で

　→漫画と文がともにある本で、（齊藤、2007、p.274）

(시제)

＊大学を卒業するあと

　→大学を卒業したあと、（齊藤、2007、p.274）

＊昨日読む本は面白かったです。

　→昨日読んだ本は面白かったです。（金・齊藤、1996、p.73）

(수동표현)

＊彼が私に辞典をもらいました。

　→彼が私に辞典をくれました。（金・齊藤、1994、p.65）

(수동・사역)

＊転勤するかもしれないと聞かれて驚きました。

　　　→転勤するかもしれないと聞かされて驚きました（金・齊藤、
　　　　1994、p.65）
＊日曜日の朝、母に起きられました。
　　　→日曜日の朝、母に起こされました。（齊藤、2007、p.281）

(イ형용사)

＊多い人々に会っても仕方がありません。
　　　→多くの人々に会っても仕方がありません。（金・齊藤、1994、
　　　　p.64）
＊朝ごはんはまずいでした。
　　　→朝ごはんはまずかったです。（齊藤、2007、p.275）

(조사)

＊夫婦の間の愛も確認する時間がなりました。
　　　→時間になりました。（金・齊藤、1994、p.58）
＊久しぶりの旅行を行きました。
　　　→久しぶりの旅行に行きました。（金・齊藤、1994、p.59）
＊特に夫婦の愛をたくさん見えました。
　　　→特に夫婦の愛がたくさん見えました。（金・齊藤、1994、p.59）
＊私の友達は日本で来ました。
　　　→私の友達は日本から来ました。（金・齊藤、1994、p.60）
＊自身の問題でとらえることができる。
　　　→自身の問題としてとらえることができる。（金・齊藤、1994、
　　　　p.60）

＊週末には友だちを会います。

　　→週末には友だちに会います。(金・齊藤、1994、p.61)

＊バスを乗って旅行に行きます。

　　→バスに乗って旅行に行きます。(金・齊藤、1994、p.61)

＊朝に早く起きました。

　　→朝早く起きました。(金・齊藤、1994、p.61)

＊高校時

　　→高校の時、(齊藤、2007、p.277)

＊友だちに会うことを好きです。

　　→友だちに会うことが好きです。(齊藤、2007、p.280)

(조동사)

＊今から熱心に努力するだろうです。

　　→今から熱心に努力するだろうと思います。(齊藤、2007、p.281)

＊何でも成就できるだと思います。

　　→何でも成就できると思います。(齊藤、2007、p.281)

(부사)

＊夢に対して大い考えてきたが

　　→夢に対して大いに考えてきたが、(齊藤、2007、p.276)

(경어)

＊私のお母様は五十才です。

　　→私の母は五十才です。(金・齊藤、1994、p.63)

위에서 제시한 오용 예에 관해서는 각 논문에서 이미 발표한 것으로, 여기에서는 설명은 생략하겠으나, 학생들의 작문에서는 현재도 이러한 잘못이 많이 보인다. 오용이 생기는 원인은 다양하겠으나, 한국어 간섭에 의한 잘못이 많은 것은 부정할 수 없다.

7. 2007년도(2학기)일본어 작문에서 보인 오용 예에 대해

다음으로, 2007년도 학생의 작문을 구체적으로 살펴보자.

중급 레벨 학생의 전자 메일 문장에서 볼 수 있었던 오용 예와 일본의 옛날이야기에 관한 감상문에 대해 기술하고자 한다.

7.1. 전자 메일의 문장

3, 4학년을 대상으로 한 수업에서 간단한 편지문장의 서식을 지도한 후, 실제로 학생이 필자에게 전자 메일을 보내는 과제를 냈다. 전자 메일로 문장을 쓸 때에는 한자와 히라가나, 가타카나 등의 문자 자체의 오용은 거의 보이지 않으나, 학습자가 주의해야 할 몇 가지 점이 있다. 다음에 예를 든 것은 실제로 학생이 보내 온 문장에서 볼 수 있는 오용 예로, 여기에서는 「문자와 발음, 촉음, 장음 단음, 청음 탁음, 한자어+する, 조사, 동사 형용사, 한국어식 일본어, 말의 의미 용법, 경어」등에 관한 것을 올렸다. 필자는 학생이 보낸 메일을 첨삭하여 수업 중에 틀리기 쉬운 예를 들어서 설명하였다.

(1) 문자와 발음

＊こんばんわ

こんばんは

일본어에는 「は(ha→wa)」「へ(he→e)」「を(wo→o)」와 같이, 문자와 발음이 다른 것이 있어서, 학생의 작문 중에서도 이러한 예가 있었다. 인사말의 성립에 대하여 설명한다면 이러한 문제는 해결할 수 있다.

(2) 촉음 문제

＊先生いつも教えてくださてありがとうございます。

先生いつも教えてくださってありがとうございます。

촉음 표기 시, 「っ」를 빠뜨리고 쓰는 경우가 몇 예에서 있었으나, 「っ」의 소리가 1 박임을 의식 할 수 있도록, 손뼉을 친다든가 발을 구르는 동작을 수반하는 방법을 취하면 오용이 적어질 것으로 생각한다.

(3) 장음 · 단음

＊サイト先生~

先生のお名前は何の漢字かわからなくてカタカナで、、、

齊藤(さいとう)先生

先生のお名前はどんな漢字かわからなくてカタカナで、、、

대부분의 학생은「齊藤先生」라는 한자를 썼으나,「サイト先生」으로 쓴 학생이 3, 4명 있었다. 이것은「齊藤」를 한국어로 쓰면「사이토」가 되므로, 학생이 한글을 그대로 가타카나로 썼기 때문에 생긴 오용으로 생각된다. 그리고 한국어에는 장음, 단음의 구별이 있기는 하지만 명확하지 않는 경우가 있어서,「サイト」인지「サイトウ」인지 몰랐기 때문에 생긴 오용 예 일수도 있다고 생각한다. 이 외에도「メール」로 해야 할 곳을「先生にメルします。」와 같은 예도 있었다. 또한,「何の」와「どんな」의 오용 예는 한국어의「선생님의 성함은 어떤 한자인가 모르겠습니다.」의「어떤」을「何の」로 했기 때문에 생긴 오용으로 생각한다.

(4) 청음 · 탁음
＊ごんにちは。
　こんにちは

이것은 청음으로 써야 할 곳을 탁음으로 쓴 예다.
이와 비슷한 오용 예는 다음과 같은 것이 있다.

＊では、ごれからもよろしくおねがいします。
　では、これからもよろしくおねがいします。

＊2007年も2ヶ月だげ残りました。
　2007年も2ヶ月だけ残りました。

이들에 대해서도 한국어에는 청음 탁음을 확실하게 구별하는 것이 없기 때문에 생기는 오용으로 생각한다.

(5) 한자어＋する

＊今、とても心配して<u>不安していて</u>何を話したかよくわかりません。

今、とても心配して<u>不安で</u>何を話したかよくわかりません。

이것은 한국어의 「불안하다」의 '하다' 가 일본어의 「する」에 해당하므로, 「不安していて」로 된 예이다.

(6) 동사・형용사의 활용 예

＊胸が<u>むかつきたり</u>、腹をしたりとても<u>痛いでした</u>。

胸が<u>むかついたり</u>、腹をしたりとても<u>痛かったです</u>。

이것은 동사 형용사의 활용을 정확하게 이해하고 있지 않아서 생긴 오용 예이다.

(7) (조사)

＊最近、寒くなりました。<u>風にひかないように</u>気をつけてください。

最近、寒くなりました。<u>風をひかないように</u>気をつけてください。

이것은 조사의 문제로 한국어의 「감기에 걸리지 않도록 주의해 주십시오.」의 「에」를 그대로 일본어의 「に」로 하여 생긴 오용 예이다.

(8) 한국어식 일본어

＊最近だんだん<u>天気が寒くなっていますね</u>。

　<u>最近だんだん寒くなってきましたね</u>。

이것은, 일본어로는 「天氣が寒い」라고 말하지 않으나, 한국어로는 「날씨가 춥다」는 표현을 하므로 한국어의 간섭에 의해 생긴 오용 예로 생각한다. 그 외에도 다음과 같은 예가 있다.

＊もう<u>天気が寒くなりますね</u>。

　<u>もう寒くなりましたね</u>。

(9)말의 의미 용법

＊<u>毎度</u>、ありがとうございます。

　<u>いつもお世話になっております</u>。

이것은 첫 인사말로 쓴 것으로, 학생은 언제나 신세를 지고 있다는 감사의 의미로 사용한 듯하나, 「毎度ありがとうございます」는 상점 등에서 사용하는 인사말로 이러한 경우에는 사용하지 않는다. 말은 항상 「누가, 어디에서, 무엇을 위해」 사용하는 것인가를 생각하여 적절한 것을 선택해야 한다. 그 외에도 다음과 같은 예가 있다.

＊<u>余命いくばくもない時間の間に熱心に勉強して</u>(後略)

　<u>残り少ない時間の中で熱心に勉強して</u>

(10) 경어

＊ご返事を<u>お送って</u>くださったら、

ご返事を<u>送って</u>くださったら、

　학생이 선생님에게 메일을 하는 경우, 경어 사용법도 문제가 될 것이다. 이것은 아무튼 정성스럽게 쓰고자 하여 틀린 예다. 그리고 다음 예문과 같이 「齊藤へ」라고 쓴 학생이 1명 있었다.

＊<u>齊藤へ</u>

<u>齊藤先生へ</u>

　메일로 쓴 일본어를 보면 몇 가지 문제를 지적할 수 있다. 예를 든 오용 예의 대부분은 학생들의 모국어인 한국어와 일본어가 비슷하기 때문에 먼저 한국어로 생각하고, 그것을 일본어로 직역했기 때문에 틀렸다고 생각되는 오용 예가 많다. 메일이 아니라, 직접 썼을 경우에는 한자나 구두점을 한국어와 같이 써버리는 경우도 자주 있으나, 메일이기 때문에 생기는 인사말에 관한 예와 경어에 관한 문제점 등이 있었다고 생각한다. 여기에 예를 든 오용 예 이 외에도 「地下鉄を乗る」「母を会う」와 같은 조사가 틀리거나 부사가 틀리는 경우 등도 많이 있었다.

7.2. 일본의 옛날이야기 감상문

　2학년 수업에서 일본의 옛날이야기인 「잇슨보우시(一寸法師)」「하

나사카지이상(花さかじいさん)」「우라시마타로우(浦島太郎)」「잇큐상(一休さん)」등의 일본의 옛날이야기 비디오를 보고 감상문을 써서, 발표하는 과제를 냈다. 학생들의 작문에서는 일본어 오용 예도 있었으나, 문화의 차이를 느끼게 하는 흥미로운 감상문이 있었다. 이런 이유로 「우라시마타로우(浦島太郎)」의 감상문을 소개하고, 작문 지도와 문화에 관한 학습에 대해 고찰해 보기로 한다.

● 「우라시마타로우(浦島太郎)」의 감상문

「우라시마타로우(浦島太郎)」 이야기는 「도움을 받은 거북이가 데려간 용궁의 용녀에게 환대를 받고, 3년이 지나 헤어질 때 열어서는 안된다고 한 보물 함을 돌아온 후 열어보니, 하얀 연기가 피어오르며 노인이 되었다」는 이야기(精選版 일본국어대사전)이다. 우라시마(浦島)이야기의 원형은 「보잘 것 없는 어부와 거북이의 모습을 한 신과의 결혼 이야기로, 어부가 신의 나라에서 행복한 생활을 하며 신으로부터 부과된 터부를 깸으로써 이별에 이르는 것일까」(精選版 일본국어대사전)라고도 전해지고 있다.

학생들의 작문에는 다음과 같은 것이 있었다. (한편, 어구의 오용 등, 필자가 정정한 부분도 있다.)

(1) 「韓国の昔の話は善良な人は福を受けて、悪い人は罰を受けるという話が大部分です。しかし、浦島太郎は亀を助けてあげて良いことをしたけれど、結局は福よりは罰みたいなものをうけることになりました。こんなにいいことをしても福を受けることができない日本の昔の話は、韓国の昔の話によくみえる勧善懲悪とはちょっと違います。この話は善と悪はみられず、浦島太郎は、亀を助

けてあげた生命の恩人で老母を心配する善人ですが、タブーを破った罪で白髪の年寄りになったのは、完全な善人というのは存在しないことが分かって、人生の無常が分かるようになりました。」

(1)「한국의 옛날의 이야기는 선량한 사람은 복을 받고, 나쁜 사람은 벌을 받는다는 이야기가 대부분입니다. 그러나 우라시마다로는 거북이를 도와주는 좋은 일을 했으나, 결국은 복보다는 벌 같은 것을 받게 되었습니다. 이렇게 좋은 일을 해도 복을 받을 수 없는 일본의 옛날의 이야기는 한국의 옛날이야기에서 자주 등장하는 권선징악과는 조금 다릅니다. 이 이야기는 선과 악은 없으며, 우라시마다로는 거북이를 도와 준 생명의 은인으로 노모를 걱정하는 선인이나, 터부를 깼다는 죄로 백발노인이 된 것은 완전한 선인이라는 것은 존재하지 않음을 알았고, 인생무상을 알게 되었습니다.」

(2)「韓国の伝来の童話は、善良な人は必ずハッピーエンドで終わります。日本の童話も殆んどそうですが、浦島太郎は善良で、亀を助けてあげたのに、なぜこんなに悲しいことを経験しなければならなかったんでしょうか。わたしがみた浦島太郎は何か教訓のない、おかしい話でした。」

(2)「한국의 전래 동화는 선량한 사람은 반드시 해피엔딩에서 끝납니다. 일본의 동화도 거의 그렇습니다만, 우라시마다로는 선량하여, 거북이를 도와주었는데도, 왜 이렇게 슬픈 일을 경험해야 합니까? 내가 본 우라시마다로는 뭔가 교훈이 없는 이상한 이야기이었습니다.」

(3)「いちばん不思議に思ったのは、浦島太郎で、良いことをしたの
にどうして主人公に悪いことが起ったのかよくわかりません。私
はいつも昔話には何らかの教えがあると思いますが、どう考えて
も浦島太郎の話の意味がわからないのです。

(3)「제일 이상하다고 생각한 것은 우라시마다로로서 좋은 일을 했
는데도 왜 주인공에게 나쁜 것이 일어난 것인지 잘 모르겠습니
다. 저는 언제나 옛날이야기에는 무엇인가 가르침이 있다고 생
각합니다만, 어떻게 생각해도 우라시마다로의 이야기는 의미
를 모르겠습니다.

(4) 私が考えた海の姫からの褒美は、また昔にもどって、海のことは
忘れて両親と幸せに過ごすことだと思ったけれど、、。浦島太郎
は全てをなくしてしまった。悪いことはしてなかったのに、、。

(4) 제가 생각한 바다의 용녀로부터의 상은 다시 옛날로 돌아가서,
바다에서의 일은 잊고 부모님과 행복하게 지내는 것이라고 생
각했으나... 우라시마다로는 전부를 잃어버렸다. 나쁜 짓을 하
지 않았는데도...

(5) 時間は思ったより早く過ぎます。また、時間は「金」よりも重要だと
言われます。時間を大切に使いましょう。

(5) 시간은 생각했던 것보다 빨리 지납니다. 그리고 시간은 「돈」 보
다 중요하다 고 말합니다. 시간을 중요하게 사용합시다.

(6) 私は、浦島太郎がいくら箱を開けたくても我慢したほうがよかっ

たと思いました。

(6) 저는 우라시마다로가 아무리 상자를 열고 싶어도 참는 편이 나
았을 것이라고 생각했습니다.

이것을 보면, 「浦島太郎」에 대해서 쓴 6명의 학생 가운데, 이야기
의 결말에 납득이 가지 않는다고 느끼고 있는 학생이 4명임을 알 수
있다. 아마 일본인이 감상문을 쓰면, 조금 다른 내용이 되지 않을까
한다. 일본에서는 초등학교 학예회 등에서, 어린이들이 「우라시마타
로우(浦島太郎)」연극을 할 기회가 있으나, 이러한 감상을 가지는 어
린이들은 그다지 많지 않을 것이다. 또한 일본의 민화에 「쓰루노온
가에시(鶴の恩返し)」라는 이야기가 있는데 이것은 「남자주인공(与ひ
ょう)」가 목숨을 구해 아름다운 아내로 변신한 학 「여자주인공(つう)」
이 보은을 위해 짠 센바오리(千羽織り)에 얽힌 이야기로 남편의 물욕
으로 다시 학이 되어 날아간다.」(精選版 일본국어대사전)는 이야기
다. 이것도 남자주인공(与ひょう)이 「직물을 짜고 있는 것을 결코 보
아서는 안 된다」는 터부를 어겼기 때문에 영원한 이별을 맞이한다는
이야기로 「터부를 깼기 때문에 불행해진다」라는 점에서, 두 이야기
의 공통점이 있다. 그러나 이번 학생들의 작문을 보면, 터부에 대해
서 언급하고 있는 사람은 한 사람 뿐으로 「나쁜 짓을 하지 않았는데
도 왜 불행해져야하는가」는 감상문이 중심이었다. 이것은 한국과 일
본의 문화의 차이 혹은, 사고방식의 차이가 아닐까 한다. 일본어 작
문지도 시에 언어에 관한 지도, 문장 내용, 구성, 문체 등에 관한 지
도는 물론이며, 양국의 문화나 사상에 관한 이해도 포함된 지도를
해 나갈 필요성이 있다고 생각한다.

8. 결론

외국어로서의 「쓰기」라는 기능은 「듣기, 말하기, 읽기」와 관련이 있는 종합적 기능이다. 그리고 「쓰기」라는 작업에는 쓰는 사람의 적극성이 요구된다. 국어교육에 있어서의 작문과 다른 점은 학습자의 이해 어휘, 혹은 사용 어휘의 수, 문법의 이해도, 학습경력 등과의 관계를 무시할 수 없다는 점이다. 국어교육으로서 작문 지도에서는 처음부터 문장의 구성은 「서론·본론·결론」또는 「기·승·전·결」로 되어 있는가, 문체는 적절한가, 라는 점을 문제 삼아 가면 되겠으나, 일본어교육에서의 작문지도는 그렇지는 않다. 학습자의 의욕이 꺾이지 않도록 주의하면서, 다음과 같은 단계를 거쳐, 적절한 문체구조 형식으로 쓸 수 있도록 지도해 가는 것이 필요하다.

① 문자 쓰기→② 단문 쓰기→③ 어느 정도 정리된 문장 쓰기→④ 목적에 맞는 문장을 자유롭게 쓰기

그리고 작성한 일본어문장에는 수많은 오용 예가 있을 것으로 예상되지만, 교사는 오용 예를 다음과 같은 순서에 따라 이후, 작문지도에 있어서 활용하기를 기대한다.

① 오용 예의 수집→② 오용 예의 정리·분석→③ 오용의 원인을 명확히 함→④ 교재작성·교수법 등에 활용.

한국의 대학생 작문에 대해 생각할 경우, 학습자의 모국어인 한국

어와 일본어와의 관계를 무시할 수 없다. 한국어와 일본어는 유사점도 많으나 다른 점도 있어서, 학생의 작문에는 한국어 간섭으로 생기는 오용 예를 많이 볼 수 있다. 그리고 그들의 오용 예로부터 학생이 틀리기 쉬운 문법 사항을 어느 정도 예측할 수 있다. 이는 학생의 일본어 이해도에 따라 다르기도 하고, 표기의 문제(가나 표기, 한자 표기, 청음, 탁음, 촉음, 발음, 장음 단음 등), 문법 문제(조사, 동사, 형용사의 활용, 경어, 수수, 수동 사역 등), 한국과 일본의 언어행동의 차이 문제(맞장구, 의뢰, 거절 등)이기도 하다. 그리고 작문지도를 할 경우에는 언어의 배경인 문화도 고려해야 한다. 언어는 넓은 의미로 그 나라의 문화이며, 또한 초급 수준의 작문은 문법, 문형연습, 회화시간 등으로 학습할 수도 있겠으나, 역시나 오용 예를 수준별로, 체계적으로 정리하고, 설명하며, 더욱이 목적, 종류에 따라 다른 일본어작문을 체계적으로 학습할 수 있는 교재가 필요하다고 생각한다. 따라서 교사는 항상 창의연구를 하여 보다 효과적인 교수법을 모색하면서, 더불어 새로운 교재 준비를 하는 것이 요구되고 있다. 결국 그렇게 함으로써, 학생들은 같은 오용을 반복하지 않고 보다 완성된 작문을 쓸 수 있게 될 것이다.

제 III 부

일본어 교육의 그룹학습의 도입

제1장
자기 주도적 학습을 도입한 일본어학습

1. 서론

학습 형태는 교사가 일방적으로 강의를 하는 일제 학습, 그룹을 편성하여 그룹으로 학습하는 그룹 학습, 일본어회화 수업에서도 자주 행해지는 둘이서 한 쌍이 되어 학습하는 페어 학습, 그리고 개별 학습 등이 있다. 여기에서는 수업에 자기 주도적 학습[1]으로 그룹 학습[2]을 받아들인 두 개의 일본어수업 (「중급일본어회화」, 「실무일본

---

1 여기에서 자기 주도적 학습이란「학습자 스스로가 학습의 참가 유무에서부터 목표 설정 및 학습 목표 달성을 위한 학습 계획의 수립, 교육 프로그램의 선정과 학습 계획에 따른 학습 실행, 교육 평가에 이르기까지 교육의 전 과정을 자발적 의지에 의해 선택하고, 결정하여 조절과 통제를 하는 학습 형태」를 말한다. 『教育心理學用語辭典(교육심리학용어사전)』(2000)學知社 (학지사)
5 그룹 학습에 관한 용어로는「그룹 학습」「협동(協働) 학습」「협동(協同) 학습」 「공동(共同)학습」등이 있으며, 현재는 그 정의가 명확히 되어 있지 않다. 예를 들어,「협동(協働) 학습」은「『협동(協働)』이란 여러 주체가 공통의 활동 영역에서 서

어」)과 일제수업을 한 일본 관계 수업 두개 (「현대 일본의 사회와 문화」,「일본문화사」)의 수강생을 대상으로 하여 「자기 주도적 능력」과 「셀프 리더십」에 관한 앙케트 조사를 실시하여, 그 결과를 비교함으로써 자기 주도적 학습으로서의 그룹 학습이 학생의 「자기 주도적 학습 능력」과 「셀프 리더십」에 미치는 영향에 대하여 기술하고자 한다.

2. 선행연구

그룹학습에 관한 선행연구로는 阿部和厚, 寺澤浩一(1997), 寺川佳代子, 喜多一(2008), 原田信之(2009)(2011), 鷲尾敦(2012), 齊藤明美(2012a)(2012b)(2012c)등이 있다. 阿部和厚, 寺澤浩一(1997)는 홋카이도대학(北海道大学) 의학부 1학년 100명이 수강하는 「의학개론」과 「의학사」에서 소수 그룹 학습 (10명)별로, 각각의 테마에 대해 정리하여, 발표할 경우의 방법, 효과, 평가에 대해서 언급하였다. 그리고 「그룹 작업이 잘 되기 위해서는 학생끼리 의사소통이 매끄럽게

로 자기 생각을 명확히 해나가면서, 공통의 목적과 목표를 달성하기 위해 서로 협력하는 것이다. 그리고 자신과는 다른 생각을 가진 개인과 만나, 다양한 교환을 통하여 서로 대등한 관계를 구축하고 생각을 공유하면서, 자기의 고유성 발견을 목표로 하는 것.」市嶋典子 (2005). 「서로 협력하여 뭔가를 만들어 내는 창조적인 활동.」舘岡洋子(2005)등이 있다. 그리고 「협동(協同) 학습」은 「협력하여 서로 배우는 것으로 배우는 내용의 이해와 습득을 목표로 함과 동시에, 협동의 의의를 파악하여, 협동의 기능을 갈고 닦고, 협동의 가치를 배워, 내화하는 것을 의도한 교육 활동」関田一彦(2004)등이 있다. 그리고 「공동(共同) 학습」은 「단순한 그룹 학습」등이 있으나, 본장에서의 그룹 발표는 자기 주도적 학습으로서의 그룹 학습으로 자리매김하여 사용하고 있다.

이루어 질 수 있도록, 서로를 알 수 있는 기회를 만든다.」고 하였다. 그룹 편성은 무작위적 조합으로 하며, 수업 방침은 그룹의 테마를 결정하여, 클래스에서 발표하는 것을 목표로 하였다. 그리고 「집단에 따른 학생끼리의 상호영향으로 교육의 효과, 효율을 올린다.」고 되어 있다. 寺川佳代子,喜多一(2008)은 컴퓨터 소양 교육에 있어서 협조와 경쟁을 활용한 그룹 학습법을 도입하여, 그룹 학습의 지도법과 그 효과에 대해 언급하고 있으며 특히 그룹의 편성 방법 (「능력평균화」그룹과 「능력별」그룹에 나누었다.)과 지도상의 연구, 그룹 간 경쟁의 이용 등에 대해 논하였다. 原田信之(2009)는 미국에서 개발된 협동 학습론의 독일에서의 수업 실천 전개에 착안하여, 러닝·커뮤니티의 구성원이 익혀야 할 사회 컨피던스와 그 육성 모델에 대해 검토하고 있다. 그중에서 그룹을 활용한 수업에서 일어나기 쉬운 문제로 ①타자 의존 경향②리더십의 악용③학습 격차④그룹 내에서 역할의 고정화의 4개를 들고 있다. 또한 「서로 배운다.」「서로 향상 시킨다.」「서로 돕는다.」 등, 「서로」라는 말을 첨부하여 표현되는 상호적 관계를 집단의 구성원이 깨닫고, 그 가치를 어떻게 자기화해 갈 것인가, 그룹 활동을 수업에 도입함에 있어서의 중요한 과제라고·말할 수 있다.」고 되어 있다. 그리고 原田信之(2011)는 공동 학습에서의 교사의 역할, 수업 관찰 등에 대해 기술하고 있다. 그리고 버크레이 등이 제창한 다섯 가지 교사의 역할을 소개하였다. ①수업 목표를 확실하게 구체화해 둘 것. ②수업 전에 학습 그룹의 편성에 대해 방침을 정확히 정해 둘 것. ③학생에게 학습 과제와 목표의 구조를 확실히 설명해 둘 것. ④그룹별 협동 학습이 유효할지를 관찰하고, 과제에 대한 원조를 얻어, 대인기능과 그룹 기능을 활발하게 하기 위한 지도를 할 것. ⑤학생의 달성도를 평가하여, 얼마나 잘 협력할 수 있었는지를 상의할 수 있도록 돕는 것, 으로 되어 있다. 鷲尾敦(2012)는 「그룹 학습 효과를 올리기 위한 그룹 만들기」에서 그룹 멤버 정하는 방법, 그룹 내 역할, 그룹 형성을 의식한 그룹 활동을 도입하여 그룹 학습을 진행시키고, 이런 배려가 없는 그룹 학습과의 비교 조사를 한 결과, 배려를 한 그룹 학습은 하지 않은 그룹 학습에 비해, 학생의 의식이 향상하고, 학습 테마를 깊이 파고드는 학습 상황을 보였다는 것을 보고하고 있다. 또한 「그룹 학습으로 배웠다고 학생이 느끼는 것은 학습 내용보다는 학습 기법으로, 배운 내용을 심화시키는 방법이 필요하다.」고도 말하고 있다. 齊藤明美(2012a)는 「중급일본어회화」 수업에 자기 주도적 학습으로 연극 활동을 도입한 실천 보고로, 학생을 대상으로 실시한 간단한 앙케트 조사 결과와 학생의 감상문을 분석, 보고하고 있다. 또한, 齊藤明美(2012b)는 「실무일본어」 수업에 연극 활동을 도입했을 때 수강자를 대상으로 한 앙케트 조사 결과를 보고한 것이다. 齊藤明美(2012c)는 齊藤明美(2012a)에서 사용한 질문 용지 내용을 대폭 변경하여, 재차 앙케트 조사를 실시하여, 연극이 일본어학습의 어떤 영역에 효과가 있는지에 대해, 학생의 의식을 중심으로 언급하고 있다.

 이상의 선행 연구로부터 그룹 학습에 관한 많은 점이 밝혀졌다고 생각한다. 그러나 위의 연구에서는 자기 주도적 학습으로서 그룹 학습을 도입한 클래스와 도입하지 않은 클래스를 비교함으로써, 자기 주도적 학습이 학습자의 「자기 주도적 학습 능력」과 「셀프 리더십」에 미치는 영향에 대해서 논한 것은 없었다고 생각한다.

3. 강의 개요

조사 대상은 자기 주도적 학습으로 그룹 학습을 도입한 일본어 수업 「중급일본어회화」 「실무일본어」와 일제수업을 한 「현대 일본 사회와 문화」 「일본문화사」이다. 「중급일본어회화」는 일본학과 2학년을 대상으로 한 수업으로 1학년 때, 일본어 기초 문법, 회화, 청해, 작문을 배운 학생들이다. 그리고 「실무일본어」는 일본학과 3, 4학년이 대상인 수업으로 주로 회사 등에서 자주 사용하는 비즈니스 일본어에 대해 학습하는 수업이다. 한편, 「현대 일본 사회와 문화」는 교과서를 중심으로 일본인의 의식과 사회구조에 대해 강의하는 수업으로 학습자는 자기 주도적 학습은 하지 않는다. 그리고 「일본문화사」도 일제수업 형태의 수업으로, 자기 주도적 학습은 행해지지 않았다. 이들 성격이 다른 네 개의 수업을 대상으로, 「중급일본어회화」와 「실무일본어」에서 자기 주도적 학습으로서 그룹 학습인 「연극」을 하기 전과 후, 앙케트 조사를 실시하였다. 또, 같은 시기에 「현대 일본 사회와 문화」와 「일본문화사」 수업에서도 앙케트 조사를 실시하고, 그 결과를 비교하였다. 여기에서는 2013년 1학기에 실시한 앙케트 조사 결과를 바탕으로 자기 주도적 학습으로서 연극도입이 일본어학습자의 「자기 주도적 학습 능력」과 「셀프 리더십」에 미치는 영향에 대하여 기술하고자 한다.

3.1. 강의 개요

자기 주도적 학습을 도입한 「중급일본어」의 강의 계획서 〈표1〉를 보면 수업의 흐름은 다음과 같음을 알 수 있다.

중간고사까지는 교과서를 중심으로 수업을 진행한다. →중간고사 종료 후「연극」에 대해 설명하고 그룹 편성을 하였다. →학생이 그룹 회의를 통해「연극」제목을 정하고, 대본을 작성하여 e캠퍼스에 제출한다. (대본작성 소요 시간은 약 2주일이었다.) →교수가 일본어 교정을 지도한 후, 학생은「연극」연습을 한다. →연습 후, 수업 중에 교실에서 연극 발표를 한다. →「연극」을 보면서 그룹마다 타 그룹에 대한 평가를 한다. (학생 간 평가)→발표 종료 후 학생 간의 평가 결과를 발표하고 교수가 총평을 한다.

이렇게 중간고사까지는 교과서 중심의 수업을 하고, 중간고사 종료 후에「연극」준비를 하는 흐름은「실무일본어」의 경우도 동일하다.

〈표1〉 2013년1학기「중급일본어회화」강의계획서

주	주제	활동	비고
1	강의에 관한 설명 제1과 どこにごみを出したらいいですか (어디에 쓰레기를 버리면 좋을까요?) 문법, 연습B		
2	단어, 문형, 회화, 연습C 제2과 何でも作れるんですね (뭐든 만들 수 있네요) 문법, 연습B		

주	주제	활동	비고
3	단어, 문형, 회화, 연습C 일본 노래 학습		
4	제3과 お茶でも飲みながら話しませんか (차라도 마시면서 이야기하지 않겠습니까?) 문법, 연습B		
5	단어, 문형, 회화, 연습C 3분간 스피치 제4과 忘れ物をしてしまったんです。 (물건을 깜박 잊고 말았어요.) 문법, 연습B		
6	단어, 문형, 회화, 연습C 제5과 チケットを予約しておきます。 (티켓을 예약해 둡니다.) 문법, 연습B		
7	단어, 문형, 회화, 연습C 정리		
8	중간고사		
9	그룹회화시험	연극에 관한 설명 그룹편성	사전 조사
10	제6과 インターネットを始めようと思っています。(인터넷을 시작하려고 생각하고 있습니다.) 문법, 연습B 단어, 문형, 회화, 연습C		
11	제7과 病気かもしれません (병일지도 모르겠습니다) 문법, 연습B, 단어, 문형, 회화, 연습C	대본제출	

주	주제	활동	비고
12	제8과 これはどういう意味ですか (이것은 무슨 의미입니까?) 문법, 연습B 단어, 문형, 회화, 연습C		
13	연극발표	연극발표 학생 간 평가	
14	제9 するとおりにしてください (하는 대로 해 주세요) 문법, 연습B 단어, 문형, 회화, 연습C		사후 조사
15	기말고사		

3.2. 학생 간 평가표

학생 간의 평가표[3]는 다음과 같다.

2013년 1학기 중급일본어회화 평가표 (학생용)

심사자 (그룹)

각 그룹을 1~5점으로 평가해 주세요.

(본인의 그룹은 평가하지 않음.)

---

3 학생 간의 평가는 그룹별로 1개 항목에 대해 평가했다. 예를 들어, 1그룹은 다른 그룹의 「연극의 내용」에 대해 평가하였다.

〈표2〉 평가표

	평가항목	1	2	3	4	5	6	7
1	연극 내용	×						
2	일본어가 알아듣기 쉬움		×					
3	준비는 완벽하게 되어있는가?			×				
4	시간은 지켜졌는가?(10분정도)				×			
5	보고 있는 학생들의 반응					×		
6	연극이 전체적으로 이해하기 쉬움						×	
7	그룹멤버가 협력하고 있는가?							×

평가항목

1. 그룹 연극 내용

2. 그룹 일본어가 알아듣기 쉬움

3. 그룹 준비는 완벽하게 되어있는가?

4. 그룹 시간은 지켜졌는가? (10분정도)

5. 그룹 보고 있는 학생들의 반응

6. 그룹 연극이 전체적으로 이해하기 쉬움

7. 그룹 그룹 멤버가 협력하고 있는가?

4. 조사 개요

4.1. 조사 대상

사전 · 사후 조사에 참가한 학생은 그룹 학습을 실시한 클래스 학생이 61명 (47.7%), 그룹 학습을 실시하지 않은 클래스 학생이 67명 (52.3%)으로 합계 128명이었으나, 사용 불가 데이터도 있었기 때문에 분석에 사용한 조사지는 〈표4〉의 110명이었다.

〈표3〉 사전 사후조사에 참가한 학생

집단	과목명	수집자료수	사용불가 데이터
자기 주도적 학습시행	실무일본어	26	4
	중급일본어회화	35	4
자기 주도적 학습 미시행	현대일본사회와 문화	33	4
	일본문화사	34	6
합計		128	18

〈표4〉 분석에 사용한 조사지 수

그룹학습 실시상황	학생 수(%)
실시한 클래스	53(48.2)
실시하지 않은 클래스	57(51.8)
합계	110(100.0)

4.2. 질문지

〈표3〉과 〈표4〉는 사전 조사와 사후 조사의 조사 항목[4]이다. 〈표

---

4 사전 조사와 사후 조사의 질문 항목은 같은 것으로 학생에게 배포한 질문지는 한국어 질문지였다. 질문지는 본교의 교육 개발 센터에서 준비한 것을 사용하였고, 질문지Ⅰ의 1-15은 조윤정(2011)의 「고등교육기관 성인학습자의 자기주도 학습능력 관련 변인들 간의 관계구조 분석」을 참고로 하였으며, 질문지Ⅱ의 Ⅰ-3 0은 김민정(2007)의 「대학생의 셀프리더십 개발에 영향을 미치는 학습자 변인연구」를 참

3〉은 「자기 주도적 학습 능력」에 관한 질문 항목이며, 〈표4〉는 「셀프 리더십」에 관한 질문 항목이다.

● 다음에 표시한 학습 과정과 방법에 대한 내용을 읽고, 현재 자신의 모습과 가장 가깝다고 생각하는 곳에 표시해 주세요.

〈표5〉「자기 주도적 학습능력」에 관한 질문

번호	내용
1	학습하거나 과제를 할 때 계획한 것을 몇 시까지 해야 할지 날짜나 시간을 미리 정해 둔다.
2	내가 세운 계획대로 학습을 진행한다.
3	학습을 할 때에 먼저 무엇부터 할지 스스로 계획을 세운다.
4	다른 사람과 비교하여 시험이나 과제수행을 위해 필요한 다양한 자료를 적극적으로 수집한다.
5	다른 사람이 재촉하지 않아도 자신의 일을 스스로 처리한다.
6	과제를 항상 기한에 내도록 한다.
7	공부할 때 중요한 내용이 무엇인지 생각하면서 공부한다.
8	수업 시간에 선생님이 강조하거나 중요하다고 하는 것을 반드시 써둔다.
9	과제나 해야 할 것은 끝까지 한다
10	무슨 일이든 자신이 시작한 일은 끝까지 한다.
11	성적이 좋지 않으면 노력부족으로 생각하고 더욱 열심히 공부한다.
12	성적이 좋으면 노력을 했기 때문이라 생각해서 더욱 열심히 준비한다.

고로 하였다.

번호	내용
13	성적이나 과제수행의 결과가 왜 좋았는지, 혹은 왜 좋지 않았는지를 스스로 평가한다.
14	자신의 성적이나 과제수행 결과를 다른 사람과 비교 분석한다.
15	이미 끝난 과제라도 다음에 좀 더 잘 할 수 있는 방법을 생각한다.

● 각각의 항목을 읽고, 자신에게 해당한다고 생각하는 번호를 1 개만 선택해서 V 체크해 주세요.

〈표6〉「셀프리더십」에 관한 질문

번호	내용
1	나는 과제를 하는 과정에서 자신이 잘하고 있는지 언제나 확인한다.
2	나는 반드시 기억해야 하는 것은 잊지 않도록 힌트가 될 만한 것을 준비해 둔다.
3	나는 목표를 세워 이것을 달성하기 위해 열심히 일을 하는 것을 좋아한다.
4	나는 자신이 일을 잘 했다고 생각하면 자신을 자랑스럽게 생각하며, 자신을 칭찬해준다.
5	나는 중요하다고 생각하는 일을 하기 전에 미리 연습을 해 본다.
6	나는 일을 하는 과정에서 자신의 일 수행 능력을 점검한다.
7	나는 공부의 집중도를 높이는 물건을 옆에 놓아둔다.
8	나는 자신이 세운 목표는 반드시 달성하고 싶다.
9	나는 과제를 성공리에 끝냈을 때 내가 좋아하는 물건으로 나에게 상을 준다.
10	나는 중요한 일을 하기 전에 그 일을 머리 속으로 연습해 본다.
11	나는 공부하고 있을 때 자신이 잘하고 있는지 꼼꼼하게 조사한다.
12	나는 중요한 결정을 하기 전에 다른 사람의 조언을 듣는다.

번호	내용
13	나는 공부할 때 실천 가능한 계획을 세우고, 그 계획의 대로 공부하는 것을 좋아한다.
14	나는 과제를 잘 달성하거나 시험을 잘 치면 자신이 좋아하는 활동을 함으로써 나에게 상을 준다.
15	나는 도전적인 과제를 하기 전에 미리 연습을 한다.
16	나는 주어진 과제 중에서 가장 즐거운 과제가 무엇인지 안다.
17	나는 자신이 좋아하는 장소에서 과제를 할 수 있도록 정한다.
18	나는 자신이 즐기면서 하는 공부는 무엇인지 찾고 싶다.
19	나는 자신이 하는 것의 단점보다는 장점을 보다 많이 생각한다.
20	나는 공부 결과보다 공부하는 과정자체가 주는 즐거움 쪽이 더 중요하다고 생각한다.
21	나는 자신이 하는 공부에서 가장 흥미 깊은 분야가 무엇인지 안다.
22	나는 쾌적한 환경에서 공부할 수 있게, 먼저 내 주변을 정돈한다.
23	나는 자신이 좋아하는 일을 즐기면서 하고 싶다.
24	나는 과제를 할 때, 싫은 면보다 좋은 면을 더 생각한다.
25	나는 공부할 때 성적보다는 공부를 하는 과정에 초점을 맞춘다.
26	나는 자신이 좋아하는 일이 무엇인지 자신감 있게 가지고 이야기할 수 있다.
27	가능하다면, 자신이 좋은 시간에 일을 하고 싶다.
28	나는 자신이 좋아하는 일을 즐기면서 할 수 있는 방법을 구상한다.
29	나는 자신이 하는 공부에 대한 좋지 않은 면보다 좋은 면에 초점을 맞춘다.
30	나는 일을 통해 얻을 수 있는 보상보다 일을 실제로 하면서 느끼는 즐거움에 대하여 여러 가지로 생각한다.

「자기 주도적 학습 능력」에 관한 질문 항목은 1~15이며, 「셀프 리더십」에 관한 질문 항목은 1~30으로, 각각의 항목에 대해 「1. 전혀 그렇지 않다 2. 그렇지 않다 3. 보통 4. 그렇다 5. 정말 그렇다」 중에서 하나만 선택하여 체크하게 하였다. 조사는 수업 중에 실시하여, 그 자리에서 회수하였다. 실시는 사전조사가 2013년 4월 중순이었으며, 사후 조사는 그룹 발표가 종료한 6월 첫 주였다.

5. 조사 결과

〈표7〉〈표8〉은 자기 주도적 학습 실시 전의 두 집단의 「자기 주도적 학습 능력」과 「셀프 리더십」에 관한 조사 결과이다. 〈표9〉〈표10〉는 그룹 학습을 실시한 클래스의 실시 전과 실시 후의 「자기 주도적 학습 능력」과 「셀프 리더십」 조사 결과이다. 이어서, 그룹 학습을 실시하지 않은 클래스의 실시전과 실시 후에 실시한 「자기 주도적 학습 능력」과 「셀프 리더십」에 관한 조사 결과[5]이다.

5.1 자기 주도적 학습 실시 전 두 집단의 비교

자기 주도적 학습으로서 연극을 도입한 클래스 (「실무일본어」「중

5 조사는 SPSS를 이용하여 통계 처리를 하였다. 유의차의 유무를 알기 위해 t-검정을 실시하였다. t-검정은 2개의 평균치 검정을 할 때, 가장 많이 사용되는 통계 방법이다. $p < .05*$는 통계적으로 0.05 수준으로 유의차가 있음을 나타내고 있다. 그리고 $p < .01**$은 통계적으로 0.01 수준으로 유의차가 있음을 나타내고 있으며 $p < .001***$은 통계적으로 0.001 수준으로 유의차가 있음을 나타내고 있다.

급일본어회화」)와 자기 주도적 학습을 도입하지 않은 클래스 (「현대
일본 사회와 문화」 「일본문화사」)에서 자기 주도적 학습을 실시하기
전에 실시한 앙케트 조사 결과이다. 그리고 t-검정을 실시하여 유의
차의 유무를 확인하였다.

〈표7〉 자기 주도적 학습 실시 전의 두 집단의 「자기 주도적 학습능력」의 비교

집단	평균	표준편차
그룹 학습을 실시한 학생	52.43	6.95
그룹 학습을 실시하지 않은 학생	53.65	7.69
t값=-.86, df=108, p=.38 (p〉.05)		

〈표8〉 자기 주도적 학습 실시 전의 두 집단의 「셀프리더십」의 비교

집단	평균	표준편차
그룹 학습을 실시한 학생	105.13	13.55
그룹 학습을 실시하지 않은 학생	105.68	14.35
t값=-.20, df=108, p=.83 (p〉.05)		

〈표7〉〈표8〉에서 보면, 자기 주도적 학습 실시 전의 두 집단 사이
에는 「자기 주도적 학습 능력」이나 「셀프 리더십」모두 유의차가 보이
지 않음을 알 수 있다. 이는 수강 과목에 의해 임의로 구분된 두 집
단의 자기 주도적 학습을 실시하기 전의 수준은 동등하다는 것은 알
수 있다.

5.2. 자기 주도적 학습을 실시한 클래스의 실시 전과 실시 후의 비교

자기 주도적 학습을 실시한 클래스의 실시 전과 실시 후의 「자기 주도적 학습 능력」과 「셀프 리더십」의 조사 결과이다.

〈표9〉 자기 주도적 학습을 실시한 클래스의 「자기주도적 학습능력」

사전 · 사후비교	평균	표준편차
실시 전	52.43	6.95
실시 후	56.26	7.00
t값=-4.96, df=52, p=.00 (p<.001***)		

〈표10〉자기 주도적 학습을 실시한 클래스의 「셀프 리더십」

사전 · 사후비교	평균	표준편차
실시 전	105.13	13.55
실시 후	110.34	14.76
t값=-3.43, df=52, p=.00 (p<.01**)		

〈표9〉〈표10〉에서 보면, 자기 주도적 학습을 실시한 클래스의 실시 전과 실시 후의 조사 결과를 비교하면 「자기 주도적 학습 능력」에 있어서는 0.001의 수준 (99.9%의 신뢰도)이며, 「셀프 리더십」에서는 0.01의 수준 (99%의 신뢰도)으로 사전조사와 사후 조사 결과에 유의차가 있는 것이 밝혀졌다. 또, 각각의 평균치가 높아지고 있다는 점에서 「자기 주도적 학습 능력」과「셀프 리더십」모두, 학생의 의식이 긍정적으로 변화되었다.

5.3. 자기 주도적 학습을 실시하지 않은 클래스의 조사 결과

자기 주도적 학습을 실시하지 않은 클래스의 「자기 주도적 학습 능력」과 「셀프 리더십」 조사 결과이다.

〈표11〉 그룹학습을 실시하지 않은 클래스의 「자기 주도적 학습능력」

사전 · 사후비교	평균	표준편차
실시 전	53.65	7.69
실시 후	54.09	8.00
t값=-.69, df=56, p=.48 (p>.05)		

〈표12〉 그룹학습을 실시하지 않은 클래스의 「셀프 리더십」

사전 사후비교	평균	표준편차
실시 전	105.68	14.35
실시 후	105.95	13.83
t값=-.23, df=56, p=.81 (p>.05)		

〈표11〉〈표12〉에서 보면, 그룹 학습을 실시하지 않은 클래스의 조사 결과는 「자기 주도적 학습 능력」이나 「셀프 리더십」 모두에 있어서 유의차가 보이지 않는다.

이상의 결과에서 자기 주도적 학습을 실시한 클래스의 학생은 자기 주도적 학습을 함으로써 「자기 주도적 학습 능력」과 「셀프 리더십」에 긍정적인 의식의 변화가 보였으나, 자기 주도적 학습을 하지 않은 학생에게는 이러한 변화가 없었다는 것을 알 수 있었다.

5.4. 유의차가 있는 항목

5.4.1. 「자기 주도적 학습능력」에서 유의차가 있는 항목

자기 주도적 학습을 한 클래스의 조사 결과 중에서 「자기 주도적 학습 능력」에 유의차가 있는 항목은 〈표13〉에서 〈표18〉과 같다.

〈표13〉 Q1.학습하거나 과제를 할 때 계획한 것을 언제까지 해야 할지 날짜나 시간을 미리 정해 둔다.

	N	평균	표준편차
사전 조사	110	3.39	.92
사후 조사	110	3.60	.85
t값 = −2.43 , df = 109 , P = .01 (p〈.05*)			

〈표14〉 Q2.내가 세운 계획대로 학습을 진행한다.

	N	평균	표준편차
사전 조사	110	3.08	.82
사후 조사	110	3.42	.85
t값 = −3.78 , df = 109 , P = .00 (p〈.001***)			

〈표15〉 Q4.다른 사람과 비교하여 시험이나 과제수행을 위해 필요한 다양한 자료를 적극적으로 수집한다.

	N	평균	표준편차
사전 조사	110	3.15	.87
사후 조사	110	3.38	.88
t값 = −2.61 , df = 109 , P = .01 (p〈.05*)			

〈표16〉 Q5.다른 사람이 재촉하지 않아도 자신 일은 스스로 처리한다.

	N	평균	표준편차
사전 조사	110	3.62	.82
사후 조사	110	3.79	.86
t값 = −2.44 , df = 109 , P = .01 (p<.05*)			

〈표17〉 Q7.공부 할 때에 중요한 내용이 무엇인지 생각하면서 공부한다.

	N	평균	표준편차
사전 조사	110	3.64	.76
사후 조사	110	3.81	.77
t값 = −2.44 , df = 109 , P = .01 (p<.05*)			

〈표18〉 Q10.무슨 일이든 자신이 시작한 일은 끝까지 한다.

	N	평균	표준편차
사전 조사	110	3.62	.80
사후 조사	110	3.82	.81
t값 = −2.99 , df = 109 , P = .00 (p<.01**)			

〈표13〉에서 〈표18〉을 보면, 유의차가 있는 항목은 Q1. Q2. Q4. Q5. Q7. Q10.의 6항목임을 알 수 있다. 구체적인 내용은 아래와 같다.

Q1. 학습하거나 과제를 할 때 계획한 것을 언제까지 해야 할지 날짜나 시간을 미리 정해 둔다.
Q2. 내가 세운 계획대로 학습을 진행한다.

Q4. 다른 사람과 비교하여 시험이나 과제수행을 위해 필요한 다
　　양한 자료를 적극적으로 수집한다.
Q5. 다른 사람이 재촉하지 않아도 자신의 일은 스스로 처리한다.
Q7. 공부할 때에 중요한 내용이 무엇인지 생각이면서 공부한다.
Q10. 무슨 일이든 자신이 시작한 일은 끝까지 한다.

이것을 보면, 자기 주도적 학습으로서 「연극」을 도입한 클래스 학
생들은 대본작성부터 발표에 이르는 모든 과정을 자기 주도적으로
하며, 그룹에서 하나의 「연극」을 창작하여 발표하는 학습을 통하여,
「학습하거나 과제를 할 때 계획한 것을 언제까지 해야 할지 날짜나
시간을 미리 정해 둔다.」 「내가 세운 계획대로 학습을 진행한다.」 「다
른 사람과 비교하여 시험이나 과제수행을 위해 필요한 다양한 자료
를 적극적으로 수집한다.」 「다른 사람이 재촉하지 않아도 자신의 일
을 스스로 처리한다.」 「공부할 때 중요한 내용은 무엇인지 생각이면
서 공부한다.」 「무슨 일이든 자신이 시작한 일은 끝까지 한다.」라는
「자기 주도적 학습 능력」의 향상이 있었다.

5.4.2. 「셀프 리더십」에 관한 항목

자기 주도적 학습을 한 클래스의 조사 결과 중에서 「셀프 리더십」
에 유의차가 있는 항목은 〈표19〉에서 〈표22〉와 같다.

〈표19〉Q6.나는 일을 하는 과정에서 자신의 일 수행 능력을 점검한다.

	N	평균	표준편차
사전 조사	110	3.19	.77
사후 조사	110	3.43	.80
t 값= −2.86 , df = 109 , P = .00 (p〈.01**)			

〈표20〉Q11.나는 공부하고 있을 때 자신이 잘하고 있는지 꼼꼼하게 조사한다.

	N	평균	표준편차
사전 조사	110	3.35	.72
사후 조사	110	3.60	.76
t 값= −2.73 , df = 109 , P = .00 (p〈.01**)			

〈표21〉Q16.나는 주어진 과제 중에서 가장 즐거운 과제가 무엇인지 안다.

	N	평균	표준편차
사전 조사	110	3.42	.94
사후 조사	110	3.76	.91
t 값= −3.46 , df = 109 , P = .00 (p〈.01**)			

〈표22〉Q17.나는 자신이 좋아하는 장소에서 과제를 할 수 있도록 정한다.

	N	평균	표준편차
사전 조사	110	3.47	.94
사후 조사	110	3.74	.78
t값 = −2.86 , df = 109 , P = .00 (p〈.01**)			

〈표19〉에서 〈표22〉를 보면, 유의차가 있는 항목은 Q6. Q11. Q16. Q17.의 4항목임을 알 수 있다. 구체적인 내용은 다음과 같다.

Q6. 나는 일을 하는 과정에서 자신의 일 수행 능력을 점검한다.

Q11. 나는 공부하고 있을 때 자신이 잘하고 있는지 꼼꼼하게 조사
한다.

Q16. 나는 주어진 과제 중에서 가장 즐거운 과제가 무엇인지 안다.

Q17. 나는 자신이 좋아하는 장소에서 과제를 할 수 있도록 정한다.

이것을 보면, 자기 주도적 학습으로서 「연극」을 도입한 클래스의
학생들은 대본작성에서부터 발표에 이르는 모든 과정을 자기 주도적
으로 하며, 그룹에서 하나의 「연극」을 창작하여 발표하는 학습을 통
하여 「나는 일을 하는 과정에서 자신의 일 수행 능력을 점검한다.」
「나는 공부하고 있을 때 자신이 잘하고 있는지 꼼꼼하게 조사한다.」
「나는 주어진 과제 중에서 가장 즐거운 과제가 무엇인지 안다.」「나
는 자신이 좋아하는 장소에서 과제를 할 수 있도록 정한다.」라는 「셀
프 리더십」 항목에 의식의 변화가 보였으며, 더욱이 긍정적으로 변
화되었다.

6. 결론

본고는 한국의 대학교에 있어서 일본어 수업에 자기 주도적 학습
으로서 그룹 학습인 「연극」을 도입한 두 클래스 (「중급일본어회화」
「실무일본어」)가 자기 주도적 학습으로서 「연극」을 도입하지 않은 두
클래스 (「현대 일본 사회와 문화」「일본문화사」)에 있어서 자기 주도
적 학습의 실시 전, 후의 앙케트 조사를 실시하여, 그 조사 결과를

비교한 것이다. 조사 결과를 보면 「중급일본어회화」 「실무일본어」와 「현대 일본 사회와 문화」 「일본문화사」의 사전조사 결과를 비교했을 경우, 두 결과 사이에는 「자기 주도적 학습 능력」이나 「셀프 리더십」에 있어서 유의차가 보이지 않았다. 이것은 수강 과목에 의해 임의로 구분된 두 집단의 자기 주도적 학습을 실시하기 전의 수준은 동등한 것을 의미하고 있다. 그리고 자기 주도적 학습을 실시한 클래스의 실시 전, 후의 조사 결과를 비교하면 「자기 주도적 학습 능력」과 「셀프 리더십」 모두 유의차가 있음이 밝혀졌다. 또한, 각각의 평균치가 높아져 있다는 점에서 「자기 주도적 학습 능력」이나 「셀프 리더십」에 있어서도 학생의 의식이 긍정적으로 변화되었음이 밝혀졌다. 그러나 그룹 학습을 하지 않은 학생들의 조사 결과에서는 「자기 주도적 학습 능력」과 「셀프 리더십」에 있어서 유의차가 보이지 않았다.

이상의 결과로 일본어학습에 자기 주도적 학습을 도입함으로써 학습자의 「자기 주도적 학습 능력」 및 「셀프 리더십」을 긍정적으로 변화시킬 수 있었다고 생각된다. 그러나 앞으로의 과제로 자기 주도적 학습의 학습 내용에 따라 조사 결과가 다를지에 대해 자세하게 조사할 필요가 있다고 사려 된다.

제2장
일본어회화 수업의 연극 도입

1. 서론

　필자는 10년 전 쯤부터 중급일본어회화 수업에 연극 활동을 도입해 왔다. 연극 준비는 중간고사 종료 후에 시작한다. 먼저, 연극을 위한 그룹을 짜고, 그룹마다 회의를 통해 연극 제목과 내용을 결정한다. 그 후 2주일 정도 걸쳐 대본을 작성하여, 수업 중에 대본 맞춰 읽기를 한다. 교수와 일본인유학생이 대본읽기에 참가하여, 악센트, 억양 등의 발음 지도를 한다. 그 후, 그룹마다 연습을 하여 약 1개월 후에 교실에서 발표한다. 발표 후, 학생과 교수가 평가를 하고, 그 후 학생의 연극에 대한 생각을 앙케트 조사로 실시한다. 본장에서는 2012년 1학기에 실시한 앙케트 조사 결과를 바탕으로 연극이 일본어 학습에 있어서 효과가 있다면, 어떤 영역에 있어서 효과적인 것인가에 대해 언급하였다. 이러한 연구를 함으로써 연극 활동이 일본어학습에 주는 영향을 밝혀, 이후 일본어교육에 도움이 되고자 한다.

2. 선행연구

선행연구로는 縫部義憲(1991), 橋本愼吾(2002,2006), 川口義一(2005,2009), 野呂博子(2009), 齊藤明美(2011), 中山由佳(2012), 野呂博子他(2012) 등이 있다.

縫部(1991)는 실제 연기하는 것을 통하여, 문자의 세계만으로는 결코 얻을 수 없는 여러 교육 가치가 있다고 하였다. 그러나「유교의 나라에서는 남들 앞에서 감정을 표출하는 것을 꺼려하며, 자기표현에 있어 대체로 서투르다」고 하는 기술은 간과할 수 없다. 왜냐하면, 필자가 회화 수업에 연극을 도입하고자 하는 것은 유교의 나라, 한국이기 때문이다. 그리고 한국의 학생들은 적극적으로 연극에 참가하고 있기 때문이다.

橋本(2002)은 감정표현을 지도 수준에서 선구적으로 다루고 있는 연극지도의 지견을 인용하며, 일본어교육에 있어서 감정표현 교육을 효과적으로 하기 위한 포인트를 6개로 정리하여 설명하고 있다. 그리고 마지막으로 실천을 소개하고 있다. 橋本(2006)는 일본어교육의 교재로 제시되고 있는 회화의 부자연스러움에 대해 회화의 시작 방법에 주목하며, 연극적 어프로치와 일본어교육의 논고에서부터 고찰, 그리고 마지막으로 수업 실천 보고를 하고 있다.

川口(2005)는 회화의 흐름 속에서 자연스러운 습득 방법으로 문형, 문법 · 어휘항목을 넣기 위해서는 해당 문형 · 문법 · 어휘 등을

「문맥 화」할 필요가 있다고 한다. 또, 川口(2009)는 초급일본어교실에 있어서 교실활동을 소개하면서 학습자가 「연기한다.」는 것, 혹은 학습자에게 연기시키는 연구를 함으로써, 학습해야 할 문법이나 어구의 적절한 「문맥 화」가 가능해지며, 학습 지원을 할 수 있다고 하였다.

野呂(2009)는 연극을 구어의 운동장, 즉 구어 훈련의 최적 장소이다 라고 하며 野呂가 일본어교육에 연극 드라마적 요소를 도입하는 것에 이른 경위와 그 이론적 실천적 의의에 대해서 진술하고 있다.

齊藤(2011)는 한국의 대학에서 일본어회화 수업에 연극을 도입하는 의의에 대해 기술하며, 연극을 일본어회화 수업에 도입한 실천 보고를 한다. 또한 학생의 감상문과 앙케트 조사 결과를 분석하고 있다. 조사·분석 결과, 학생은 일본어학습에 관하여, 평소 교실에서는 학습할 수 없는 일본어 단어나 표현을 배울 수 있고, 일본어 실력이 늘었다고 느끼고 있음을 밝혔다. 또, 그룹 학습을 함에 따라 동료의식이 싹터, 학습 의욕이 높아진다고도 하였다. 그러나 齊藤(2011)에서는 연극이 일본어의 어떤 영역에 효과가 있었는지에 관한 상세한 조사는 이루어지지 않았다.

中山(2012)는 중, 상급 이상의 일본어학습자를 대상으로 한 오리지널 무대극 작품을 제작하는 클래스에서의 수업 실천에 대해 기술하였으며, 학습자의 회고로부터 실천 의의에 대해서도 고찰하고 있다. 그리고 이러한 수업 실천이 「글로벌 인재육성」의 하나의 가능성이 된다고 말하고 있다.

野呂他(2012)는 野呂博子, 橋本愼吾, 川口義一, 平田オリザ 등에 의한 것으로 이론 편과 실천 편으로 이루어진다. 이론 편에서는 4명

의 필자에 의한 「연극적 어프로치로 생생한 커뮤니케이션」「연극을 활용한 일본어 음성교육」「일본어교육에 있어서『연기하는 것』의 의미」「-극작가가 본 일본어교육의 과제와 전망」에 대해서 논술하고 있다. 그리고 실천 편에서는 게임 집, 액티비티 예, 활동 예, 시나리오 등을 거론하고 있다.

상술한 선행 연구를 보면, 연극 활동을 통해 교과서에서는 배울 수 없는, 보다 자연스러운 일본어로 커뮤니케이션의 실현이나, 풍요로운 감정표현, 음성교육 등이 가능하다는 것을 알 수 있다.

3. 연극 활동 참가자와 순서

연극 활동 참가자는 2012년 1학기에 중급일본어회화를 수강한 한국인 대학생 21명, 네덜란드 유학생 2명, 자원봉사로 수업에 참가한 일본인 유학생 2명과 연구 보조원으로 수업에 참가한 한국인학생 1명, 총 26명이었다. 단, 일본인유학생 2명과 연구 보조원의 학생은 수업에는 참가했으나 연극 발표는 하지 않았다. 그리고 연극은 중간고사가 끝난 5월1일에 준비를 시작하여, 기말고사 1주일 전인 6월7일에 발표를 하였다. 연극 순서와 제목은 다음과 같으며, 시나리오는 모두 학생 창작물이었다.

(순서)
사전지도(교수)→연극을 위한 그룹 작성(교수와 연구 보조원)→대본작성(학생이 작성하여, 교수가 체크하고, 지도한다)→대본 맞춰

읽기(학생이 서로 맞춰 읽고, 교수가 발음 지도를 한다.)→서서 연습
(학생이 연습하고 교수가 지도한다.)→연극발표(학생)→평가(학생과
교수가 평가)

(제목)

「빨간 망토(赤いマント)」「불편한 진실(不都合な真実)」「신화(神
話)」「패션쇼(ファッションショー)」

4. 질문지와 조사 참가자

연극 발표가 끝난 후, 앙케트 조사를 실시하였다. 여기에서 사용
한 질문지는 齊藤(2011)의 질문지 30항목에 대폭적으로 수정을 가
하여, 50항목으로 하였다. 덧붙인 항목 대부분은 일본어학습 영역에
관한 것이었다. 조사는 2012년 6월12일 수업시간에 실시하였고, 그
자리에서 회수하였다.

질문지

다음 질문에 대한 대답을 1~5 중에서 하나를 골라서 ○표 하시오.

1. 정말 그렇다　　　2. 그렇다　　　　3. 어느 쪽도 아니다
4. 별로 그렇지 않다　5. 전혀 그렇지 않다.

1	연극은 재미있다고 생각한다.	1 2 3 4 5
2	연극 연습을 즐겁게 할 수 있었다.	1 2 3 4 5
3	연극을 통해 잘 몰랐던 친구와 친해질 수 있었다.	1 2 3 4 5

4	서로 협력하여 연극을 완성 시킬 수 있어 만족스러운 기분이다.	1 2 3 4 5
5	연극을 통해 모두 힘을 합쳐서 대본을 쓰거나 연습한 것이 좋았다.	1 2 3 4 5
6	함께 한 그룹 멤버에게 감사하고 있다	1 2 3 4 5
7	연극은 자신에게도 좋은 경험이 되었다고 생각한다.	1 2 3 4 5
8	그룹 멤버는 정말 열심히 했다고 생각한다.	1 2 3 4 5
9	열심히 하는 사람만 하고 협력하지 않은 사람도 있었다.	1 2 3 4 5
10	연극을 준비하면서 친구와 싸움을 하여 사이가 나빠졌다	1 2 3 4 5
11	연극 대본은 자연스러운 일본어로 쓸 수 있었다고 생각한다.	1 2 3 4 5
12	연극을 하여 일본어 실력이 늘었다고 생각한다.	1 2 3 4 5
13	평소 교실에서는 공부할 수 없는 일본어 표현을 배울 수 있었다.	1 2 3 4 5
14	연극을 통해 몰랐던 일본어 단어를 외웠다.	1 2 3 4 5
15	연극을 통해 언어와 맞장구와 같은 비언어와의 관련성을 알았다	1 2 3 4 5
16	연극을 통해 일본어와 일본문화와의 관계를 알았다.	1 2 3 4 5
17	연극을 하면서 대사에는 없는 행간에 있는 부분을 현재화할 수 있었다.	1 2 3 4 5
18	연극을 통해 실제 커뮤니케이션에 가까운 언어체험을 할 수 있었다.	1 2 3 4 5
19	연극을 통해 감정표현이 풍부해졌다고 생각한다.	1 2 3 4 5
20	연극을 통해 일본어 보통체를 공부할 수 있었다	1 2 3 4 5
21	연극을 통해 장면에 따른 일본어 사용법을 알았다.	1 2 3 4 5
22	연극에서 동작을 수반한 회화를 하는 것은 일본어학습에 도움이 된다고 생각한다.	1 2 3 4 5
23	연극 연습을 통해 일본어에 친근감을 느끼게 되었다.	1 2 3 4 5
24	연극을 통해 일본어로 이야기하는 것에 자신감을 가질 수 있게 되었다.	1 2 3 4 5

24	연극을 통해 일본어로 이야기하는 것에 자신감을 가질 수 있게 되었다.	1 2 3 4 5
25	연극을 하면서 일본어 공부를 더 열심히 하려고 생각했다.	1 2 3 4 5
26	연극은 일본어학습 전반에 도움이 된다고 생각한다.	1 2 3 4 5
27	연극 대본을 쓰는 것은 일본어작문에 공부가 되었다고 생각한다.	1 2 3 4 5
28	대본 맞춰 읽기는 일본어 발음에 공부가 되었다고 생각한다.	1 2 3 4 5
29	연극을 통해 대화, 혼잣말 등의 언어형식의 차이를 이해할 수 있었다.	1 2 3 4 5
30	연극을 통해 자연스러운 장면에서 일본어 문법을 학습할 수 있었다.	1 2 3 4 5
31	연극은 일본어회화에 공부가 된다고 생각한다.	1 2 3 4 5
32	연극을 통해 경어 공부를 할 수 있었다고 생각한다.	1 2 3 4 5
33	연극과 일본어 공부는 관계없다고 생각한다.	1 2 3 4 5
34	연극을 통해 한자 공부를 할 수 있었다고 생각한다.	1 2 3 4 5
35	연극을 통해 일본어의 의성어　의태어의 공부를 할 수 있었다.	1 2 3 4 5
36	연극 대사는 교과서의 일본어보다 어려웠다.	1 2 3 4 5
37	대본 맞춰 읽기는 일본어 청취에 공부가 되었다고 생각한다.	1 2 3 4 5
38	대사는 몇 번이나 소리를 내서 외웠다.	1 2 3 4 5
39	연극 대사를 외우는 것이 힘들었다.	1 2 3 4 5
40	대사는 종이에 써서 외우는 편이 외우기 쉽다고 생각한다.	1 2 3 4 5
41	대사는 몸을 움직이면서 외우는 편이 외우기 쉽다고 생각한다.	1 2 3 4 5
42	대사는 혼자서 외우는 편이 외우기 쉽다고 생각한다.	1 2 3 4 5
43	대사는 친구와 같이 외우는 편이 외우기 쉽다고 생각한다.	1 2 3 4 5
44	연극 대본을 쓰는 것이 어려웠다.	1 2 3 4 5

45	연극 발표를 할 때 긴장해서 연습 때 정도로 잘 할 수 없었다.	1 2 3 4 5
46	연습 때보다 실전 쪽이 잘 했다고 생각한다.	1 2 3 4 5
47	또 기회가 있으면 연극을 하고 싶다.	1 2 3 4 5
48	연극은 준비가 힘들기 때문에 이제 하고 싶지 않다.	1 2 3 4 5
49	다음에 연극을 할 때는 더 열심히 하고 싶다.	1 2 3 4 5
50	연극 경험은 대학 시절의 즐거운 추억이 되었다고 생각한다.	1 2 3 4 5

조사 참가자

<표1> 학과

	빈도	퍼센트	유효 퍼센트	누적 퍼센트
일본학과	19	90.5	90.5	90.5
타 학과	2	9.5	9.5	100.0
합계	21	100.0	100.0	−

<표2> 학년구분

	빈도	퍼센트	유효 퍼센트	누적 퍼센트
2학년	19	90.5	90.5	90.5
3학년	1	4.8	4.8	95.2
4학년	1	4.8	4.8	100.0
합계	21	100.0	100.0	−

<표3> 성별

	빈도	퍼센트	유효 퍼센트	누적 퍼센트
남	7	33.3	33.3	33.3
여	14	66.7	66.7	100.0
합계	21	100.0	100.0	−

5. 조사 결과

　「중급일본어회화」 수강생을 대상으로 실시한 연극에 관한 앙케트 조사의 각 항목에 대한 응답 분포와 t-검정 결과이다. 한편, 여기에서의 t-검정은 1~5 (1.정말 그렇다 2. 그렇다 3.어느 쪽도 아니다 4.별로 그렇지 않다 5. 전혀 그렇지 않다.) 가운데 3을 검정 값으로 설정하여, 학생이 선택한 각 항목의 평균치 3에 대한 유의차 유무에 대한 검정을 하였다. 그리고 조사 결과는 먼저, 연극을 하여 일본어 실력이 늘었는가에 대해 물은 후, 연극이 일본어학습의 어떤 영역과 관련이 있는가, 에 대해 구체적으로 알 수 있는 항목에 관한 것으로 하였다. 질문 번호는 「Q」로, Q12, Q13, Q14, Q15, Q20, Q26, Q27, Q28, Q29, Q30, Q31, Q32, Q33, Q34, Q35, Q37에 대해 언급하였다.

　다음은 항목별 조사 결과이다.

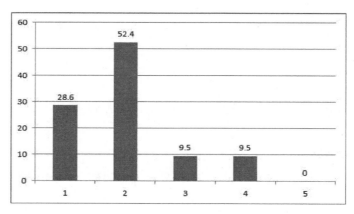

〈그림〉 [Q12] 연극을 하여 일본어 실력이 늘었다고 생각한다. (%)

<표4> [Q12] 연극을 하여 일본어 실력이 늘었다고 생각한다.

집단	N	평균	표준편차
중급일본어회화수강생	21	2.00	.894
t값 = −5.123 , df = 20 , P = .000 (p〈.001***)			

〈그림1〉을 보면「1.정말 그렇다」고 답한 학생이 28.6%, 「2.그렇다」고 답한 학생이 52.4%로, 1과 2의 합계는 81%나 된다. 이로써 수업에 연극을 도입함으로써, 학생들이 일본어 실력이 느는 것을 실감하고 있었다. 그리고 〈표4〉를 보면 통계적 유의차가 있음을 알 수 있다. 참고로, 이번 보고 항목 중에서 통계적으로 유의차가 없는 것은 Q32 뿐이었다.

- [Q13] 평소 교실에서는 공부할 수 없는 일본어 표현을 배울 수 있었다.

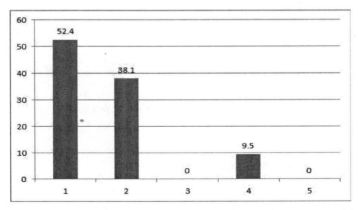

〈그림2〉 [Q13] 평소 교실에서는 공부할 수 없는 일본어 표현을 배울 수 있었다.(%)

〈표5〉 [Q13] 평소 교실에서는 공부할 수 없는 일본어 표현을 배울 수 있었다.

집단	N	평균	표준편차
중급일본어회화수강생	21	1.67	.913
t값 = −6.693 , df = 20 , P = .000 (p〈.001***)			

　　〈그림2〉를 보면 「1.정말 그렇다」고 답한 학생이 52.4%, 「2.그렇다」
고 답한 학생이 38.1%로, 1과 2의 합계는 90.5%가 됨을 알 수 있다.
이것은 학생들이 자유롭게 시나리오를 쓰는 과정에서, 평소 사용하
는 교과서에서는 학습할 수 없었던 일본어 표현을 배우고, 그러한
표현을 외워 연극을 실천한 결과라고 생각한다.

● [Q14] 연극을 통해 몰랐던 일본어 단어를 외웠다.

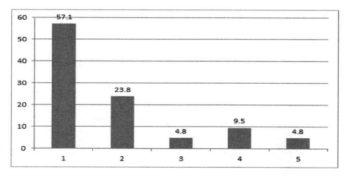

〈그림3〉 [Q13]평소 교실에서는 공부할 수 없는 일본어 표현을 배울 수 있었다.(%)

〈표6〉 [Q14] 연극을 통해 몰랐던 일본어 단어를 외웠다.

집단	N	평균	표준편차
중급일본어회화수강생	21	1.81	1.209
t값 = −4.512 , df = 20 , P = .000 (p〈.001***)			

〈그림3〉을 보면, 「1.정말 그렇다」고 답한 학생이 57.1%, 「2.그렇다」고 답한 학생이 23.8% 로 1과 2의 합계는 80.9%가 된다. 이것도 역시 학생이 자유롭게 시나리오를 준비하는 단계에서 새로운 단어를 사용하고, 그것들을 학습한 결과라고 생각한다.

● [Q15] 연극을 통해 언어와 맞장구와 같은 비언어와의 관련성을 알았다.

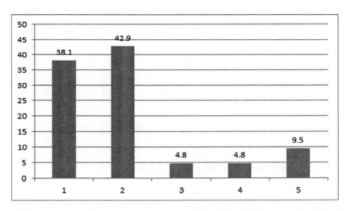

〈그림4〉 [Q15] 연극을 통해 언어와 맞장구와 같은 비언어와의 관련성을 알았다(%)

〈표7〉 [Q15] 연극을 통해 언어와 맞장구와 같은 비언어와의 관련성을 알았다

집단	N	평균	표준편차
중급일본어회화수강생	21	2.05	1.244
t값 = −3.508 , df = 20 , P = .002 (p<.01**)			

〈그림4〉를 보면 「1.정말 그렇다」고 답한 학생이 38.1%, 「2.그렇다」고 답한 학생이 42.9% 로 1과 2의 합계는 80.9%가 된다. 이에 따라, 많은 학생이 언어와 비언어와의 관련성을 알았다고 답하고 있음

을 알 수 있다. 이것은 연극이라는 동작을 수반한 언어학습을 통해, 언어와 비언어와의 관련성을 배웠다고 생각한다.

● [Q20] 연극을 통해 일본어 보통체를 공부할 수 있었다.

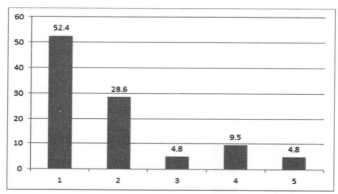

〈그림5〉[Q20] 연극을 통해 일본어 보통체를 공부할 수 있었다.(%)

〈표8〉[Q20] 연극을 통해 일본어 보통체를 공부할 수 있었다.

집단	N	평균	표준편차
중급일본어회화수강생	21	1.86	1.195
t값 = −4.382 , df = 20 , P = .000 (p<.001***)			

〈그림5〉를 보면 「1.정말 그렇다」고 답한 학생이 52.4%, 「2.그렇다」고 답한 학생이 28.6%이었다. 1과 2의 합계는 81.0%가 된다. 조사 결과에서, 약8할의 학생이 연극을 통해 일본어의 보통체를 배웠다고 답하고 있으나, 이것은 대사에 일본어 보통체가 많았기 때문이라고 생각한다.

● [Q26] 연극은 일본어학습 전반에 도움이 된다고 생각한다.

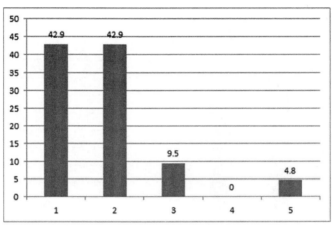

〈그림6〉 [Q26] 연극은 일본어학습 전반에 도움이 된다고 생각한다.(%)

〈표9〉 [Q26] 연극은 일본어학습 전반에 도움이 된다고 생각한다.

집단	N	평균	표준편차
중급일본어회화수강생	21	1.81	.981
t값 = −5.562 , df = 20 , P = .000 (p〈.001***)			

〈그림6〉을 보면 「1.정말 그렇다」고 답한 학생과 「2.그렇다」고 대답한 학생 모두 42.9%임을 알 수 있다. 1과 2의 합계는 85.8%가 된다. 조사 결과로부터, 학생들의 대다수가 연극은 일본어학습 전반에 도움이 된다고 생각한다는 것을 알 수 있다.

● [Q27] 연극 대본을 쓰는 것은 일본어작문에 공부가 되었다고 생각한다.

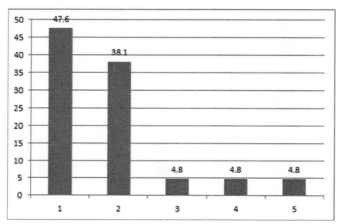

〈그림7〉 [Q27] 연극 대본을 쓰는 것은 일본어작문에 공부가 되었다고 생각한다.(%)

〈표10〉 [Q27] 연극 대본을 쓰는 것은 일본어작문에 공부가 되었다고 생각한다.

집단	N	평균	표준편차
중급일본어회화수강생	21	1.81	1.078
t값 = −5.061 , df = 20 , P = .000 (p〈.001***)			

〈그림7〉을 보면 「1.정말 그렇다」고 답한 학생이 47.6%, 「2.그렇다」고 답한 학생이 38.1%로 1과 2의 합계는 85.7%가 된다. 이상의 결과로부터, 많은 학생이 연극 대본을 쓰는 것이 일본어 작문 공부가 되었다고 생각하고 있음을 알 수 있다.

● [Q28] 대본 맞춰 읽기는 일본어 발음에 공부가 되었다고 생각한다.

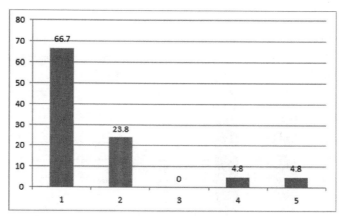

〈그림8〉 [Q28] 대본 맞춰 읽기는 일본어 발음에 공부가 되었다고 생각한다. (%)

〈표11〉 [Q28] 대본 맞춰 읽기는 일본어 발음에 공부가 되었다고 생각한다.

집단	N	평균	표준편차
중급일본어회화수강생	21	1.57	1.076
t값 = −6.086 , df = 20 , P = .000 (p<.001***)			

〈그림8〉을 보면 「1. 정말 그렇다」고 답한 학생이 66.7% 로 상당히 많음을 알 수 있다. 이 결과와 「2. 그렇다」고 답한 23.8%를 더하면 90.5%가 되어, 상당히 많은 학생이 대본 맞춰 읽기는 일본어 발음 공부가 되었다고 생각하고 있음이 밝혀졌다.

● [Q29] 연극을 통해 대화, 혼잣말 등의 언어형식의 차이를 이해할 수 있었다.

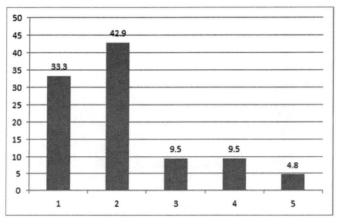

〈그림9〉[Q29] 연극을 통해 대화, 혼잣말 등의 언어 형식의 차이를 이해할 수 있었다.(%)

〈표12〉[Q29] 연극을 통해 대화, 혼잣말 등의 언어형식의 차이를 이해할 수 있었다.

집단	N	평균	표준편차
중급일본어회화수강생	21	2.10	1.136
t값 = −3.650 , df = 20 , P = .002 (p⟨.01**)			

〈그림9〉를 보면 「1. 정말 그렇다」고 답한 학생이 33.3%, 「2. 그렇다」고 답한 학생이 42.9%로 1과 2의 합계는 76.2%가 된다. 조사 결과로부터, 많은 학생이 연극을 통해 대화, 혼잣말 등의 언어형식의 차이를 이해 할 수 있었다고 보여 진다.

● [Q30] 연극을 통해 자연스러운 장면에서 일본어 문법을 학습할
수 있었다.

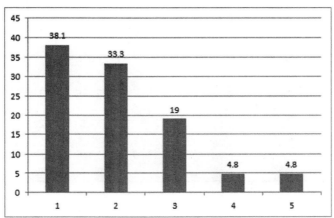

〈그림10〉 [Q30] 연극을 통해 자연스러운 장면에서 일본어 문법을 학습할 수 있었
다. (%)

〈표13〉 [Q30] 연극을 통해 자연스러운 장면에서 일본어 문법을 학습할 수 있었다.

집단	N	평균	표준편차
중급일본어회화수강생	21	2.05	1.117
t값 = −3.907 , df = 20 , P = .001 (p〈.01**)			

〈그림10〉을 보면 「1.정말 그렇다」고 답한 학생이 38.1%, 「2. 그렇
다」고 답한 학생이 33.3%로 1과 2의 합계는 71.4%가 된다. 마찬가
지로 연극을 통해 자연스러운 장면에서 일본어 문법을 학습할 수 있
었다고 생각하는 학생이 많다는 결과를 얻었다.

● [Q31] 연극은 일본어회화에 공부가 된다고 생각한다.

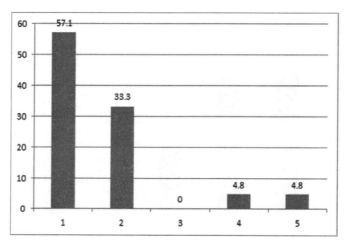

〈그림11〉 [Q31] 연극은 일본어회화에 공부가 된다고 생각한다(%)

〈표14〉 [Q31] 연극은 일본어회화에 공부가 된다고 생각한다.

집단	N	평균	표준편차
중급일본어회화수강생	21	1.67	1.065
t값 = -5.739 , df = 20 , P = .000 (p<.001***)			

　〈그림11〉을 보면 「1.정말 그렇다」고 답한 학생이 57.1%, 「2.그렇다」고 답한 학생이 33.3%로 1과 2의 합계는 90.4%가 된다. 이상의 결과로, 상당히 많은 학생이 연극은 일본어회화에 공부가 된다고 답하고 있음이 밝혀졌다. 이것은 연극을 일본어회화 수업으로 도입한 것이 효과적이었음을 나타내고 있다.

● [Q32] 연극을 통해 경어 공부를 할 수 있었다고 생각한다.

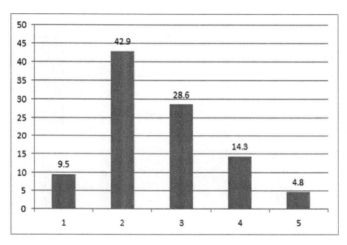

〈그림12〉 [Q32] 연극을 통해 경어 공부를 할 수 있었다고 생각한다.

〈표15〉 [Q32] 연극을 통해 경어 공부를 할 수 있었다고 생각한다.

집단	N	평균	표준편차
중급일본어회화수강생	21	2.62	1.024
t값 = −1.706 , df = 20 , P = .104 (p>.05)			

Q32 에서는 P = .104 (p>.05)로, 전술한 바와 같이 통계적인 유의
차가 보이지 않았다. 이것은 일본어 경어표현 학습에는 연극도입이
유용하지 않았다는 것을 의미하고 있다. 확실히 학생들의 대본을 보
면 경어를 사용한 대화보다 보통체 회화 쪽이 많았다.

● [Q33] 연극과 일본어 공부는 관계없다고 생각한다.

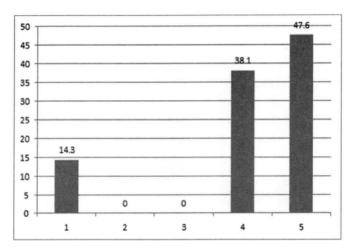

〈그림13〉 [Q33] 연극과 일본어 공부는 관계없다고 생각한다. (%)

〈표16〉 [Q33] 연극과 일본어 공부는 관계없다고 생각한다.

집단	N	평균	표준편차
중급일본어회화수강생	21	4.05	1.359
t값 = 3.532 , df = 20 , P = .002 (p〈.01**)			

〈그림13〉을 보면 「4. 별로 그렇지 않다」가 38.1%, 「5. 전혀 그렇지 않다」가 47.6%로 4와 5로 85.7% 임을 알 수 있다. 이로써, 학생들은 연극과 일본어의 공부는 관계가 있다고 생각하고 있는 것으로 보인다.

● [Q34] 연극을 통해 한자 공부를 할 수 있었다고 생각한다.

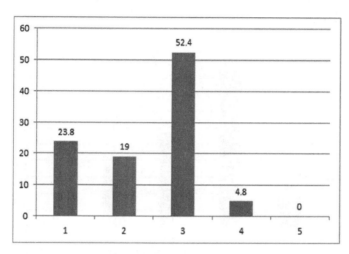

〈그림14〉[Q34] 연극을 통해 한자 공부를 할 수 있었다고 생각한다.(%)

〈표17〉[Q34] 연극을 통해 한자 공부를 할 수 있었다고 생각한다.

집단	N	평균	표준편차
중급일본어회화수강생	21	2.38	.921
t값 = −3.081 , df = 20 , P = .006 (p<.01**)			

〈그림14〉를 보면 「1.정말 그렇다」고 답한 학생이 23.8%, 「2..그렇다」고 답한 학생이 19.0%로 1과 2를 더해도, 42.8%로 「3.어느 쪽도 아니다」의 52.4%보다 적음을 알 수 있다. 이상의 조사 결과로서, 유의차는 있었으나, 연극을 통해 한자 공부를 할 수 있었다고 생각하는 학생은 그다지 많지 않았던 것으로 보인다.

● [Q35] 연극을 통해 일본어의 의성어 · 의태어의 공부를 할 수 있
  었다.

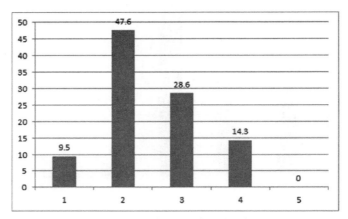

〈그림15〉 [Q35] 연극을 통해 일본어의 의성어 · 의태어의 공부를 할 수 있었다.(%)

〈표18〉 [Q35] 연극을 통해 일본어의 의성어 · 의태어의 공부를 할 수 있었다.

집단	N	평균	표준편차
중급일본어회화수강생	21	2.48	.873
t값 = −2.750 , df = 20 , P = .012 (p〈.05*)			

〈그림15〉를 보면 「1.정말 그렇다」고 답한 학생이 9.5%, 「2.그렇다」
고 답한 학생이 47.6%로 1과 2의 합계는 57.1%로, 반 이상의 학생
이 연극을 통해 일본어 의성어 · 의태어 공부를 할 수 있었다고 생각
하고 있었다.

● [Q37] 대본 맞춰 읽기는 일본어 청취에 공부가 되었다고 생각한다.

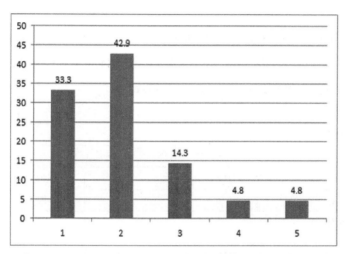

〈그림16〉 [Q37] 대본 맞춰 읽기는 일본어의 청취에 공부가 되었다고 생각한다. (%)

〈표19〉 [Q37] 대본 맞춰 읽기는 일본어 청취에 공부가 되었다고 생각한다.

집단	N	평균	표준편차
중급일본어회화수강생	21	2.05	1.071
t값 = −4.074 , df = 20 , P = .001 (p〈.01**)			

〈그림16〉을 보면 「1.정말 그렇다」고 답한 학생이 33.3%, 「2.그렇다」고 답한 학생이 42.9%로 1과 2의 합계는 76.2%로, 많은 학생이 대본 맞춰 읽기는 일본어 청취에 공부가 되었다고 생각하고 있었다.

6. 학생의 자유로운 기술에 관한 분석

연극을 하면서 좋았던 점과 힘들었던 점, 그리고 연극을 통해 학습할 수 있었던 일본어는 무엇이었는지에 대해 자유롭게 기술하게 한 결과를 분석하였으며, 그 결과는 다음과 같다.

〈표20〉 연극을 하여 좋았던 점

항 목(%)	
일본어 학습에 도움이 되었다	30.3
대인관계의 형성	42.4
연극자체의 재미, 신선함	18.2
그 외 (수업시간할애, 이 후 발표에 도움 등)	9.1
합계	100.0

〈표21〉 연극을 하여 힘들었던 점

항 목(%)	
연극을 준비하는 과정이 힘듦 (시간, 장소 부족, 팀워크, 모임의 어려움)	52.2
발표에 대한 긴장, 불안	13.0
연극의 어려움	30.4
그 외 (자신의 이미지가 나빠지는 등)	4.4
합계	100.0

〈표22〉 연극을 통해 학습 할 수 있었던 일본어

항 목 (%)	
한자	5.3
경어	5.3

항 목 (%)	
보통체	13.2
단어	10.4
악센트	13.2
억양	23.7
발음	5.3
회화	13.2
그 외 (표정,속어,대사가 별로 없었다 등)	10.4
합계	100.0

〈표20〉〈표21〉〈표22〉를 보면, 연극을 해서 좋았던 점이 대인관계의 형성(42.4%)이라고 답한 학생이 일본어학습에 도움이 되었다(30.3%)고 답한 학생보다 많은 점은 주목할 만하다. 그리고 힘들었던 점은 시간, 장소 부족, 모임의 어려움과 같은 연극을 준비하는 과정에서 힘들었던 것은 齋藤(2011) 결과와 같았다. 한편, 연극을 통해 배운 일본어 항목에 대해서는 「7.결론」에서 자세히 기술하고자 한다.

7. 결론

본장은 일본어학습에 관한 16항목에 대한 조사 결과이다. 여기에서는 결론적으로 학생들이 연극 활동을 통해 일본어의 어느 영역에 효과가 있었다고 생각하는지에 대하여, 그리고 수치가 높은 항목이 무엇인지에 대해 기술한다.

〈표23〉 연극은 일본어 학습의 어느 영역에 효과가 있는가?

질문항목	「1.정말 그렇다」와 「2.그렇다」의 합계 (%)
Q13 평소 교실에서는 공부할 수 없는 일본어 표현을 배울 수 있었다.	90.5
Q28 대본 맞춰 읽기는 일본어 발음에 공부가 되었다고 생각한다.	90.5
Q31 연극은 일본어회화에 공부가 된다고 생각한다	90.4
Q26 연극은 일본어학습 전반에 도움이 된다고 생각한다.	85.8
Q27 연극 대본을 쓰는 것은 일본어작문에 공부가 되었다고 생각한다.	85.7
Q20 연극을 통해 일본어 보통체를 공부할 수 있었다.	81.0
Q12 연극을 하여 일본어 실력이 늘었다고 생각한다.	81.0
Q14 연극을 통해 몰랐던 일본어 단어를 외웠다.	80.9
Q15 연극을 통해 언어와 맞장구와 같은 비언어와의 관련성을 알았다	80.9
Q29 연극을 통해 대화, 혼잣말 등의 언어형식의 차이를 이해할 수 있었다.	76.2
Q37 대본 맞춰 읽기는 일본어 청취에 공부가 되었다고 생각한다.	76.2
Q30 연극을 통해 자연스러운 장면에서 일본어 문법을 학습할 수 있었다.	71.4
Q35 연극을 통해 일본어의 의성어 의태어의 공부를 할 수 있었다.	57.1

질문항목	「1.정말 그렇다」와 「2.그렇다」의 합계 (%)
Q34 연극을 통해 한자 공부를 할 수 있었다고 생각한다.	42. 8
Q33 연극과 일본어 공부는 관계없다고 생각한다.	14.3
Q32 연극을 통해 경어 공부를 할 수 있었다고 생각한다.	(통계적인 유의차는 없음)

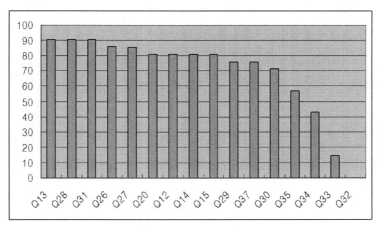

〈그림17〉 연극은 일본어 학습의 어느 영역에 효과가 있는가?

〈표23〉〈그림17〉을 보면, Q33, Q34 이 외에는 「1. 정말 그렇다」와 「2.그렇다」의 합계가 50%이상으로, 많은 학생이 연극 활동이 일본어학습에 도움이 된다고 생각하고 있다는 것을 알 수 있다. 「1.정말 그렇다」와 「2. 그렇다」의 합계가 90%이상인 항목은 「Q13.평소 교실에서는 공부할 수 없는 일본어 표현을 배울 수 있었다.(90.5%)」

「Q28. 대본 맞춰 읽기는 일본어 발음에 공부가 되었다고 생각한다. (90.5%)」「Q31. 연극은 일본어회화에 공부가 된다고 생각한다. (90.4%)」의 3항목이었다.

또, 80%이상인 항목은 「Q26. 연극은 일본어학습 전반에 도움이 된다고 생각한다. (85.8%)」「Q27. 연극 대본을 쓰는 것은 일본어작문에 공부가 되었다고 생각한다. (85.7%)」「Q20. 연극을 통해 일본어 보통체를 공부할 수 있었다. (81.0%)」「Q12. 연극을 하여 일본어 실력이 늘었다고 생각한다. (81.0%)」「Q14. 연극을 통해 몰랐던 일본어 단어를 외웠다. 80.9%)」「Q15연극을 통해 언어와 맞장구와 같은 비언어와의 관련성을 알았다. (80.9%)」이었다.

그리고 70%이상인 항목은 「Q29. 연극을 통해 대화, 혼잣말 등의 언어형식의 차이를 이해 할 수 있었다. (76.2%)」「Q37. 대본 맞춰 읽기는 일본어 청취에 공부가 되었다고 생각한다. (76.2%)」「Q30. 연극을 통해 자연스러운 장면에서 일본어 문법을 학습할 수 있었다. (71.4%)」이었다. 한편, 「Q33. 연극과 일본어 공부는 관계없다고 생각한다.」는 질문에 대해서는 14.3%의 학생이 「1. 정말 그렇다」고 대답했다. 「연극을 통해 학습할 수 있었던 일본어는 무엇인가」라는 질문에 대한 학생의 자유로운 기술은 다음과 같은 순서이다.

이것을 보면, 모든 항목이 전체의 25% 이하로, 억양이라고 답한 학생(23.7%)이 가장 많았던 것은 주목할 만하다. 그 다음으로 많았던 것은 회화와 악센트라고 쓴 학생(13.2%)이었다. 억양과 악센트는 앙케트 조사 질문지에는 없었던 항목으로 이 결과로부터, 이후 조사에서는 질문지에 억양이나 악센트 항목을 넣을 필요가 있다고 생각된다.

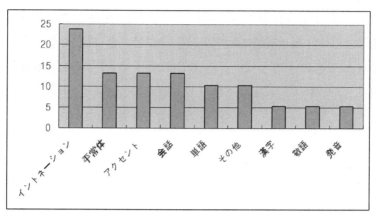

〈그림18〉 연극은 일본어의 어느 영역에 효과가 있는가?

　이번의 앙케트 조사 결과, 중급일본어회화 수업에서 연극을 도입하여, 평소 교실에서는 공부할 수 없었던 일본어 표현을 배울 수 있었다, 대본 맞춰 읽기는 일본어 발음에 공부가 되었다, 연극은 일본어회화에 공부가 된다고 답한 학생이 90%이상이며, 연극 대본을 쓰는 것은 일본어작문에 공부가 되었다, 연극을 통해 일본어 보통체를 공부할 수 있었다, 연극을 통해 몰랐던 일본어 단어를 외웠다, 연극을 통해 언어와 맞장구와 같은 비언어와의 관련성을 알 수 있었다, 고 답한 학생이 80%이상으로 밝혀졌다. 그리고 연극을 통해 대화, 혼잣말 등의 언어형식의 차이를 이해할 수 있었다, 대본 맞춰 읽기는 일본어 청취에 공부가 되었다, 연극을 통해 자연스러운 장면에서 일본어 문법을 학습할 수 있었다,고 답한 학생이 70%로, 연극은 일본어학습의 「듣기, 말하기, 읽기, 쓰기」의 4기능을 중심으로 한 다양한 영역에 있어서 효과적이라고 생각하는 학생이 많다는 것을 알았다. 이러한 결과를 근거로 하여 앞으로도 중급일본어회화의 수업에 있어서 연극 활동을 도입해 가고자 한다. 한편, 이 후 과제로서 초급 일본어회화나 상급일본어회화와 같은 수준이 다른 회화 수업이나 비즈니스 일본어 수업에서도 같은 결과를 얻을 수 있는지에 대해 조사하고, 분석해 나갈 필요가 있다고 생각한다.

제3장
비즈니스 일본어수업의 연극 활동

1. 서론

필자는 비즈니스 일본어(수업 정식명칭은 「실무 일본어연습」이며 수업 내용이 비즈니스 일본어에 관한 것이므로 여기에서는 「비즈니스 일본어」라 하겠다.) 수업에 자기주도 학습으로서 연극 활동을 도입해 왔다. 비즈니스 일본어 수업에서는 주로 회사에서 혹은 업무에 사용하는 비즈니스를 위해 필요한 일본어 지도를 하고 있다. 그러나 교실에서 배운 일본어를 학생이 실제로 사용하는 경우는 별로 없다. 그 중 에는 인턴십 등에서 사용하는 학생도 있겠으나, 비즈니스 일본어를 사용할 기회가 없는 학생이 많을 것이다. 따라서 여기에서는 교과서에서 배운 비즈니스 일본어를 학생 스스로가 주로 회사를 중심으로 한 직장에서의 장면을 설정하여 시나리오를 작성하고, 연기하는 연극 활동 속에서 사용함으로써 얻을 수 있는 달성감과 학습 효과에 관한 학생들의 인식에 대하여, 앙케트 조사 결과를 분석하여 기술해 가고자 한다. 이러한 연구 결과는 앞으로 비즈니스 일본어 교육에 도움이 될 것으로 생각한다.

2. 선행 연구

일본어교육에 연극 도입의 효과에 대해서는 지금까지 몇 가지 연구가 행해져 왔다. 선행 연구에 의해 문자의 세계만으로는 얻을 수 없는 교육 가치가 있다는 점(縫部1991)과 감정표현이 효과적으로 행해진다는 점(橋本 2002)이 밝혀졌다. 그리고 학습자가 연기하는 것으로 혹은 학습자를 연기시키는 것으로 학습해야 할 문법이나 어구를 문맥 화 시키는 것이 가능하다는 점(川口2009)이나 연극 활동을 하는 수업의 실천이 글로벌 인재육성의 가능성이 높다는 점(中山2012)등도 보고되어 있다. 그리고 연극을 일본어교육으로 도입하는 의의에 대한 논문(野呂2009), 이외에도 최근에는 연극 활동을 위한 게임집, 액티비티 예, 활동 예, 시나리오 등의 소개(野呂・平田・川口・橋本・2012)도 되어 있다. 필자는 10년 이상 전부터 중급일본어회화와 비즈니스 일본어 수업에 연극 활동을 도입하여, 그 성과를 齊藤(2012a, 2012b)에 발표하였고, 학생의 감상문과 앙케트 조사 결과에서, 학생들은 연극이라는 그룹 활동을 통하여 동료의식이 싹트고, 학습 의욕이 높아진다는 것, 교과서에서는 학습할 수 없는 일본어 단어나 표현을 배울 수 있고 일본어 실력이 늘었다고 느낀다는 것(齊藤2012a)과 학생들은 연극 활동이 일본어학습의 어떤 영역에 있어서 효과적이라고 인식하고 있는지(齊藤2012b) 등에 대해 언급해 왔다. 그러나 지금까지는 중급일본어회화 수업에 있어서 실천 보고만을 하였고, 비즈니스 일본어 수업에 있어서 연극 활동에 대해 보고한 적은 없었다. 따라서 본 장에서는 비즈니스 일본어 수업에 연극 활동을 도입하였을 경우의 학생들 인식에 대해 보고하고자 한다. 비즈니스 일본어 수업 수강자를 대상으로 한 조사를 실시한 이유로는 비즈니스 일본어는 주로 회사에서 사용하는 일본어를 다루므로, 일상생활에서의 커뮤니케이션을 중심으로 다루는 중급일본어회화의 조사 결과와는 다른 결과를 얻을 수 있는 가능성이 있을 것으로 생각하였기 때문이다.

3. 연구 방법

비즈니스 일본어 수업은 2012년 3월부터 시작하였으나, 4월 중순에 실시되는 중간고사까지는 교과서(堀內 · (2005) 『일본어표현과 비즈니스 매너 일본에서 비즈니스』 전문교육 출판)를 사용하여 통상적인 수업을 하였다. 그러나 학기 초, 강의 내용을 설명할 때에 6월 초에 비즈니스 일본어를 사용한 15분정도의 연극으로 그룹 발표를 할 것, 발표 후에 학생끼리 평가가 있다는 것 등에 관한 설명을 해 두었다. 그래서 학생들은 교과서에서 비즈니스 일본어를 학습하면서 각자가 회사를 중심으로 한 장면(입사를 위한 면접, 회사에서 전화 거는 방법 · 받는 법, 회사방문, 거래, 접대 등)을 설정하여, 시나리오를 작성하고, 어떻게 발표 할지에 대해서 생각하고 준비하고 있었다.

연극 발표를 할 때까지의 순서는 다음과 같으며, 아래 순서는 중급일본어회화 수업에 실시한 것과 거의 같다.

● 연극 발표의 순서

① 중간고사까지는 교과서로 비즈니스 일본어 기초를 학습한다.

② 중간고사 종료 후에 사전학습을 하고, 연극을 위한 5~6명의 그룹을 작성한다.

③ 그룹마다 상담, 장면설정, 연극 내용 등을 결정한다.

④ 학생이 시나리오를 작성하여, 수업 중에 서로 맞춰 읽기를 한다.

⑤ 시나리오를 암기해서 방과 후 연습을 한다.

⑥ 연극 발표를 한다.

⑦ 발표 후 그룹별 상호평가를 실시한다.

　(연극 준비를 하는 기간에도 교과서로 비즈니스 일본어 학습은 병행하였다.)

연극 발표 후, 필자가 작성한 질문지로 앙케트 조사를 실시하여 조사 결과를 분석하였다. 이러한 비즈니스 일본어 수업에 연극을 도입함으로써 얻을 수 있는 학생들의 자기주도 학습에 대한 생각이나 일본어학습에 대한 인식에 대해 밝힐 수 있다고 생각하였다.

〈표1〉은 비즈니스 일본어 강의 계획서이다.

〈표 1〉 비즈니스 일본어 강의계획서

주	교과서 학습내용	교과서	연극 활동
1	강의에 관한 설명 이력서 쓰는 법(일본어)		강의에 관한 설명
2	자기 소개서 쓰는 법(일본어) 기초지식 1,2,3,4	p12–16	
3	기초지식 5,6,7,8 제1과 명함교환	p17–20 p21–24	
4	제1과 명함교환 일본 노래 학습	p25–28	
5	제2과 손님의 응대	p29–36	
6	제3과 전화 받기	p37–44	
7	제4과 전화 걸기	p45–52	
8	중간고사		
9			연극에 관한 사전지도 그룹 결정 그룹 회의
10	제5과 방문 제6과 명령을 받기	p53–62	시나리오 작성
11	제6과 명령을 받기	p63–68	시나리오 제출 맞춰 읽기
12	제7과 보고하기	p69–76	연극연습(방과 후)
13	제8과 교제	p77–84	연극연습(방과 후)
14			연극발표(학생이 평가)
	보충수업		
15	기말고사		

4. 조사 개요와 질문지

앙케트 조사는 2012년 6월12일(연극 발표 직후 수업)에 교실에서 실시하였다. 조사 참가자는 비즈니스 일본어 수업을 수강하는 학생 33명이었다. 조사는 수업 시간에 실시하여, 그 자리에서 회수하였다.

〈표2〉〈표3〉〈표4〉는 조사 참가자의 학과, 학년구분, 성별이며, 중급일본어회화는 2학년 중심 수업이며, 비즈니스 일본어 수업은 일본학과 3, 4학년을 위한 수업으로, 조사 참가자는 일본학과 3, 4학년이 중심이었다.

〈표2〉 학과

	빈도	퍼센트
일본학과	25	96.2
타 학과	1	3.8
합 계	26	100.0

〈표3〉 학년 구분

	빈도	퍼센트
2학년	2	7.7
3학년	17	65.4
4학년	7	26.9
합계	26	100.0

〈표4〉 성별

	빈도	퍼센트
남	6	23.1
여	20	76.9
합계	26	100.0

질문지는 2012년 1학기에 중급일본어회화 수업에 사용한 것과 동일한 것으로, 각 항목의 질문에 대한 대답은 1~5 (1.정말 그렇다 2.그렇다 3.어느 쪽도 아니다 4.별로 그렇지 않다 5. 전혀 그렇지 않다) 중에서 하나를 선택하여 ○표를 하게 하였다. 질문 항목은 다음과 같으며, 이 질문 항목은 학생들이 지금까지 쓴 연극에 대한 감상문과 학생과의 인터뷰 결과 등을 참고로 하서 필자가 독자적으로 작성한 것으로, 본 조사에 앞서 예비조사를 실시하였다.

〈표5〉 질문지

다음 질문에 대한 답을 1~5 중에서 하나를 골라 ○표 하세요. 1. 정말 그렇다 2. 그렇다 3. 어느 쪽도 아니다 4. 별로 그렇지 않다 5. 전혀 그렇지 않다		
1	연극은 재미있다고 생각한다.	1 2 3 4 5
2	연극 연습을 즐겁게 할 수 있었다.	1 2 3 4 5
3	연극을 통해 잘 몰랐던 친구와 친해질 수 있었다.	1 2 3 4 5
4	서로 협력하여 연극을 완성 시킬 수 있어 만족스러운 기분이다.	1 2 3 4 5
5	연극을 통해 모두 힘을 합쳐서 대본을 쓰거나 연습한 것이 좋았다.	1 2 3 4 5
6	함께 한 그룹 멤버에게 감사하고 있다	1 2 3 4 5
7	연극은 자신에게도 좋은 경험이 되었다고 생각한다.	1 2 3 4 5
8	그룹 멤버는 정말 열심히 했다고 생각한다.	1 2 3 4 5
9	열심히 하는 사람만 하고 협력하지 않은 사람도 있었다.	1 2 3 4 5
10	연극을 준비하면서 친구와 싸움을 하여 사이가 나빠졌다	1 2 3 4 5
11	연극 대본은 자연스러운 일본어로 쓸 수 있었다고 생각한다.	1 2 3 4 5
12	연극을 하여 일본어 실력이 늘었다고 생각한다.	1 2 3 4 5

13	평소 교실에서는 공부할 수 없는 일본어 표현을 배울 수 있었다.	1 2 3 4 5
14	연극을 통해 몰랐던 일본어 단어를 외웠다.	1 2 3 4 5
15	연극을 통해 언어와 맞장구와 같은 비언어와의 관련성을 알았다	1 2 3 4 5
16	연극을 통해 일본어와 일본문화와의 관계를 알았다.	1 2 3 4 5
17	연극을 하면서 대사에는 없는 행간에 있는 부분을 현재화할 수 있었다.	1 2 3 4 5
18	연극을 통해 실제 커뮤니케이션에 가까운 언어체험을 할 수 있었다.	1 2 3 4 5
19	연극을 통해 감정표현이 풍부해졌다고 생각한다.	1 2 3 4 5
20	연극을 통해 일본어 보통체를 공부할 수 있었다	1 2 3 4 5
21	연극을 통해 장면에 따른 일본어 사용법을 알았다.	1 2 3 4 5
22	연극에서 동작을 수반한 회화를 하는 것은 일본어학습에 도움이 된다고 생각한다.	1 2 3 4 5
23	연극 연습을 통해 일본어에 친근감을 느끼게 되었다.	1 2 3 4 5
24	연극을 통해 일본어로 이야기하는 것에 자신감을 가질 수 있게 되었다.	1 2 3 4 5
25	연극을 하면서 일본어 공부를 더 열심히 하려고 생각했다.	1 2 3 4 5
26	연극은 일본어학습 전반에 도움이 된다고 생각한다.	1 2 3 4 5
27	연극 대본을 쓰는 것은 일본어작문에 공부가 되었다고 생각한다.	1 2 3 4 5
28	대본 맞춰 읽기는 일본어 발음에 공부가 되었다고 생각한다.	1 2 3 4 5
29	연극을 통해 대화, 혼잣말 등의 언어형식의 차이를 이해할 수 있었다.	1 2 3 4 5
30	연극을 통해 자연스러운 장면에서 일본어 문법을 학습할 수 있었다.	1 2 3 4 5
31	연극은 일본어회화에 공부가 된다고 생각한다.	1 2 3 4 5
32	연극을 통해 경어 공부를 할 수 있었다고 생각한다.	1 2 3 4 5

33	연극과 일본어 공부는 관계없다고 생각한다	1 2 3 4 5
34	연극을 통해 한자 공부를 할 수 있었다고 생각한다.	1 2 3 4 5
35	연극을 통해 일본어의 의성어 의태어의 공부를 할 수 있었다.	1 2 3 4 5
36	연극 대사는 교과서의 일본어보다 어려웠다.	1 2 3 4 5
37	대본 맞춰 읽기는 일본어 청취에 공부가 되었다고 생각한다.	1 2 3 4 5
38	대사는 몇 번이나 소리를 내서 외웠다.	1 2 3 4 5
39	연극 대사를 외우는 것이 힘들었다.	1 2 3 4 5
40	대사는 종이에 써서 외우는 편이 외우기 쉽다고 생각한다.	1 2 3 4 5
41	대사는 몸을 움직이면서 외우는 편이이 외우기 쉽다고 생각한다.	1 2 3 4 5
42	대사는 혼자서 외우는 편이 외우기 쉽다고 생각한다.	1 2 3 4 5
43	대사는 친구와 같이 외우는 편이 외우기 쉽다고 생각한다.	1 2 3 4 5
44	연극 대본을 쓰는 것이 어려웠다.	1 2 3 4 5
45	연극 발표를 할 때 긴장해서 연습 때 정도로 잘 할 수 없었다.	1 2 3 4 5
46	연습 때보다 실전 쪽이 잘 했다고 생각한다.	1 2 3 4 5
47	또 기회가 있으면 연극을 하고 싶다.	1 2 3 4 5
48	연극은 준비가 힘들기 때문에 이제 하고 싶지 않다.	1 2 3 4 5
49	다음에 연극을 할 때는 더 열심히 하고 싶다.	1 2 3 4 5
50	연극 경험은 대학 시절의 즐거운 추억이 되었다고 생각한다.	1 2 3 4 5

이상과 같이 질문지는 50항목으로, 이 항목들은 「감상(평가)영역」에 속하는 항목(Q1~Q2, Q45~Q50), 「인간관계영역」에 속하는 항목(Q3~Q10), 「학습인지영역」에 속하는 항목(Q11~Q23, Q26~Q37, Q39, Q44), 「자신감, 학습의욕영역」에 속하는 항목(Q24~Q25), 「학습방법영역」에 속하는 항목(Q38, Q40~Q43)으로 분류할 수 있다.

5. 조사 결과

본 연구 결과를 도출하기 위하여 수집한 자료는 SPSS를 이용하여 통계 처리하였다. 유의차의 유무를 알기 위한 t-검정을 실시하였으며, 여기에서는 앙케트 조사 각 항목에 대한 응답 분포와 t-검정 결과를 나타냈다. 한편 t-검정은 1~5 (1.정말 그렇다 2.그렇다 3.어느쪽도 아니다 4.별로 그렇지 않다 5.전혀 그렇지 않다) 가운데 3을 검정 값으로 설정하여, 학생이 선택한 각 항목의 평균치가 3에 대한 유의차 유무에 따라 검정을 하였다. 질문 번호는 「Q」로 표시하였으며, 유의차가 없는 항목은 Q20, Q34, Q35, Q39, Q44이고, 기타 항목에 있어서는 유의차가 보였다. 유의차가 없는 항목은 다음과 같다. (( ) 안은 1~5 로 답한 학생의 퍼센트이다.)

Q20 연극을 통해 일본어 보통체를 공부할 수 있었다
　　(1. 7.7%　2. 19.2%　3. 38.5%　4. 26.9%　5. 7.7%)
Q34 연극을 통해 한자 공부를 할 수 있었다고 생각한다.
　　(1. 7.7%　2. 15.4%　3. 61.5%　4. 11.5%　5. 3.8%)
Q35 연극을 통해 일본어의 의성어 · 의태어의 공부를 할 수 있었다.
　　(1. 11.5%　2. 26.9%　3. 46.2%　4. 11.5%　5. 3.8%)
Q39 연극 대사를 외우는 것이 힘들었다.
　　(1. 7.7%　2. 19.2%　3. 30.8%　4. 26.9%　5. 15.4%)
Q44 극 대본을 쓰는 것이 어려웠다.
　　(1. 0%　2. 15.4%　3. 57.7%　4. 11.5%　5. 15.4%)

이상의 항목은 모두 「학습인지영역」에 속하는 항목으로, Q20에 대해서는 경어를 많이 사용하는 비즈니스 일본어 성격상 이러한 결과를 보인 것으로 생각한다. 또한 Q34 는 연극은 회화 중심이므로 한자 공부를 할 수 있었다는 인식은 적었다고 생각된다. Q35에 대해서도 회사에서 사용하는 업무에 관한 일본어가 중심이기 때문에, 이러한 결과로 연결된 것으로 생각한다. 한편, Q39는 설문에 부정적인 4와 5의 수치를 더하면 42.3% 이며, Q44는 3.이라고 대답한 학생이 57.7% 로, 앞서 말한 바와 같이 비즈니스 일본어 수업은 3, 4학년을 대상으로 하는 수업이므로, 대사를 기억하거나 대본을 쓰거나 하는 것을, 그렇게 어렵다고는 생각하지 않는 학생이 적게나마 있었다고 생각한다.

이어서 1의 「정말 그렇다」와 2의 「그렇다」의 합계가 80%이상인 질문 항목의 번호순은 다음과 같다.

Q2 극 연습을 즐겁게 할 수 있었다.

Q3 연극을 통해 잘 몰랐던 친구와 친해질 수 있었다.

Q4 서로 협력하여 연극을 완성 시킬 수 있어 만족스러운 기분이다.

Q6 함께 한 그룹 멤버에게 감사하고 있다

Q7 연극은 자신에게도 좋은 경험이 되었다고 생각한다.

Q8 그룹 멤버는 정말 열심히 했다고 생각한다.

Q22 연극에서 동작을 수반한 회화를 하는 것은 일본어학습에 도움이 된다고 생각한다.

Q25 연극을 하면서 일본어 공부를 더 열심히 하려고 생각했다.

Q28 대본 맞춰 읽기는 일본어 발음에 공부가 되었다고 생각한다.

Q31 연극은 일본어회화에 공부가 된다고 생각한다.

Q32 연극을 통해 경어 공부를 할 수 있었다고 생각한다.

Q38 대사는 몇 번이나 소리를 내서 외웠다.

Q50 연극 경험은 대학 시절의 즐거운 추억이 되었다고 생각한다.

이 항목은 「감상(평가)영역」에 속하는 항목(Q2), 「인간관계영역」에 속하는 항목(Q3, Q4, Q6 Q7, Q8), 「학습인지영역」에 속하는 항목(Q22, Q28, Q31, Q32, Q50), 「자신감, 학습의욕영역」에 속하는 항목(Q25), 「학습방법영역」에 속하는 항목(Q38)이다.

항목 별 조사 결과는 그림1~13 과 같다.

〈그림1〉을 보면, 1로 답한 학생이 53.8%, 2로 답한 학생이 34.6%로 1과 2의 합계는 88.4%가 된다. 이것을 보면, 상당히 많은 학생이 「연극 연습을 즐겁게 할 수 있었다.」고 생각하고 있음을 알 수 있다.

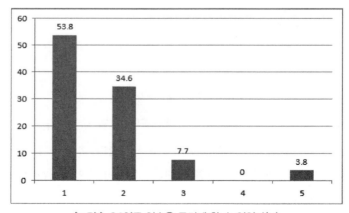

〈그림1〉 Q2연극 연습을 즐겁게 할 수 있었다(%)

〈표6〉 Q2연극 연습을 즐겁게 할 수 있었다.

집단	N	평균	표준편차
수업수강생	26	1.65	.936
t값 = −7.336 , df = 25 , P = .000 (p〈.001***)			

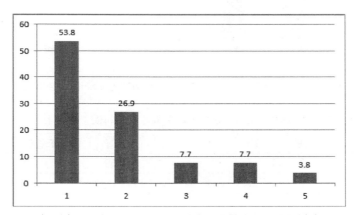

〈그림2〉 Q3 연극을 통해 잘 몰랐던 친구와 친해질 수 있었다.(%)

〈표7〉 Q3 연극을 통해 잘 몰랐던 친구와 친해질 수 있었다.

집단	N	평균	표준편차
수업수강생	26	1.81	1.132
t 값= −5.370 , df = 25 , P = .000 (p〈.001***)			

〈그림2〉를 보면, 1로 답한 학생이 53.8%, 2로 답한 학생이 26.9%로 1과 2의 합계는 80.7%가 된다. 소수이지만 3, 4, 5로 답한 학생도 있었으나, 「1정말 그렇다」「2그렇다」고 답한 학생이 많아 학생들은 「연극을 통해 잘 몰랐던 친구와 친해질 수 있었다.」고 생각하고 있음이 밝혀졌다.

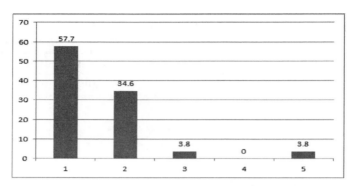

〈그림3〉 Q4.서로 협력하여 연극을 완성 시킬 수 있어 만족스러운 기분이다.(%)

〈표8〉 Q4. 서로 협력하여 연극을 완성 시킬 수 있어 만족스러운 기분이다.

집단	N	평균	표준편차
수업수강생	26	1.58	.902
t 값= −8.043 , df = 25 , P = .000 (p<.001***)			

　〈그림3〉을 보면,1로 답한 학생이 57.7%, 2로 답한 학생이 34.6%로 1과 2의 합계는 92.3%가 된다. 이로써, 상당히 많은 학생이 「서로 협력하여 연극을 완성 시킬 수 있어 만족스러운 기분이다」고 생각하고 있어서, 연극 활동을 통해 만족감을 얻고 있는 것을 알 수 있다.

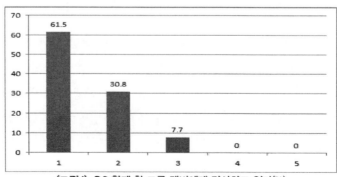

〈그림4〉 Q6 함께 한 그룹 멤버에게 감사하고 있다(%)

〈표9〉 Q6 함께 한 그룹 멤버에게 감사하고 있다.

집단	N	평균	표준편차
수업수강생	26	1.46	.647
t 값= −12.127 , df = 25 , P = .000 (p〈.001***)			

　〈그림 4〉를 보면,1로 답한 학생이 61.5%, 2로 답한 학생이 30.8%
로 1과 2의 합계는 92.3%가 된다. 이로써, 90%이상의 학생이 「함께
한 그룹 멤버에게 감사하고 있다」고 생각하고 있었다.

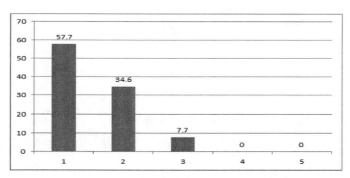

〈그림5〉 Q7연극은 자신에게도 좋은 경험이 되었다고 생각한다. (%)

〈표10〉 Q7 연극은 자신에게도 좋은 경험이 되었다고 생각한다.

집단	N	평균	표준편차
수업수강생	26	1.50	.648
t 값= −11.802 , df = 25 , P = .000 (p〈.001***)			

　〈그림 5〉를 보면, 1로 답한 학생이 57.7%, 2로 답한 학생이
34.6% 로 1과 2의 합계는 92.3%가 된다. 이로써, 90%이상의 학생
이 「연극은 자신에게도 좋은 경험이 되었다고 생각한다.」는 사실을
알 수 있다. 그리고 4.5로 답한 학생은 한사람도 없었던 것은 주목할

만하다.

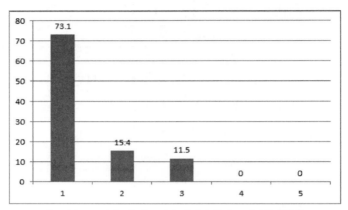

〈그림6〉 Q8 그룹 멤버는 정말 열심히 했다고 생각한다. (%)

〈표11〉 Q8 그룹 멤버는 정말 열심히 했다고 생각한다.

집단	N	평균	표준편차
수업수강생	26	1.38	.697
t 값= −11.813 , df = 25 , P = .000 (p<.001***)			

　〈그림 6〉을 보면,1로 답한 학생이 73.1%, 2로 답한 학생이 15.4%로 1과 2의 합계는 88.5%가 된다. 이로써, 많은 학생이 「그룹 멤버는 정말 열심히 했다고 생각한다.」고 답하고 있다. 또, Q7과 마찬가지로, 4, 5로 답한 학생이 한사람도 없었던 것은 주목할 만하다.

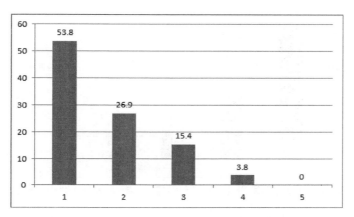

〈그림7〉 Q22 (%)연극에서 동작을 수반한 회화를 하는 것은 일본어학습에 도움이 된다
고 생각한다.

〈표12〉 Q22 연극에서 동작을 수반한 회화를 하는 것은 일본어학습에 도움이 된다고
생각한다.

집단	N	평균	표준편차
수업수강생	26	1.69	.884
t 값= −7.543 , df = 25 , P = .000 (p〈.001***)			

　　〈그림 7〉을 보면, 1로 답한 학생이 53.8%, 2로 답한 학생이
26.9%로 1과 2의 합계는 80.7%가 된다. 이로써, 「연극에서 동작을
수반한 회화를 하는 것은 일본어학습에 도움이 된다고 생각한다.」고
답한 학생이 80%이상 이었다. 동작을 수반한 회화는 연극의 특색이
라고 말할 수 있다.

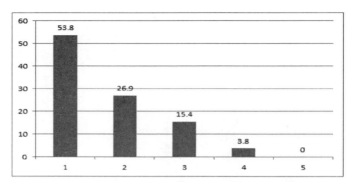

〈그림8〉 Q25 연극을 하면서 일본어 공부를 더 열심히 하려고 생각했다.(%)

〈표13〉 Q25 연극을 하면서 일본어 공부를 더 열심히 하려고 생각했다

집단	N	평균	표준편차
수업수강생	26	1.69	.884
t 값= −7.543 , df = 25 , P = .000 (p〈.001***)			

〈그림 8〉을 보면,1로 답한 학생이 53.8%, 2로 답한 학생이 26.9%
로 1과 2의 합계는 80.7%가 된다. 이로써, 「 연극을 하면서 일본어
공부를 더 열심히 하려고 생각했다」고 답한 학생이 80%이상 있었다.

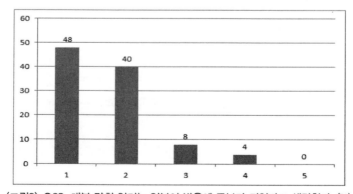

〈그림9〉 Q28 대본 맞춰 읽기는 일본어 발음에 공부가 되었다고 생각한다. (%)

〈표14〉 Q28 대본 맞춰 읽기는 일본어 발음에 공부가 되었다고 생각한다.(%)

집단	N	평균	표준편차
수업수강생	25	1.68	.802
t 値= −8.229 , df = 24 , P = .000 (p〈.001***)			

〈그림 9〉를 보면, 1로 답한 학생이 48.0%, 2로 답한 학생이
40.0%로 1과 2의 합계는 88.0%가 된다. 이로써, 「대본 맞춰 읽기는
일본어 발음에 공부가 되었다고 생각한다.」고 답한 학생이 상당히
있었다.

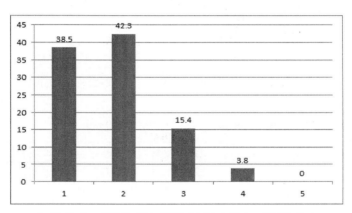

〈그림10〉 Q31 연극은 일본어회화에 공부가 된다고 생각한다(%)

〈표15〉 Q31 연극은 일본어회화에 공부가 된다고 생각한다.

집단	N	평균	표준편차
수업수강생	26	1.85	.834
t 값= −7.055 , df = 25 , P = .000 (p〈.001***)			

〈그림 10〉을 보면, 1로 답한 학생이 38.5%, 2로 답한 학생이 42.3% 로 1과 2의 합계는 80.8%가 된다. 조사 결과에서 「연극은 일본어회화에 공부가 된다고 생각한다.」는 학생이 80%이상 이었다.

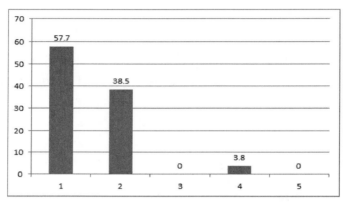

〈그림11〉 Q32 연극을 통해 경어 공부를 할 수 있었다고 생각한다. (%)

〈표16〉 Q32 연극을 통해 경어 공부를 할 수 있었다고 생각한다

집단	N	평균	표준편차
수업수강생	26	1.50	.707
t 값= −10.817 , df = 25 , P = .000 (p〈.001***)			

〈그림 11〉을 보면, 1로 답한 학생이 57.7%, 2로 답한 학생이 38.5% 로 1과 2의 합계는 96.2%가 된다. 조사 결과에서 거의 대부분의 학생이 「연극을 통해 경어 공부를 할 수 있었다고 생각한다.」는 것이 밝혀졌으며, 일본어의 경어는 한국어를 모국어로 하는 학생에게는 어려운 분야 중 하나로 생각되었으나, 연극을 통해 효율적으로 학습할 수 있었을 것으로 생각된다.

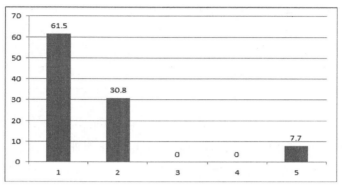

〈그림12〉 Q38 대사는 몇 번이나 소리를 내서 외웠다.(%)

〈표17〉 Q38 대사는 몇 번이나 소리를 내서 외웠다.

집단	N	평균	표준편차
수업수강생	26	1.62	1.098
t 값= −6.429 , df = 25 , P = .000 (p〈.001***)			

〈그림 12〉를 보면, 1로 답한 학생이 61.5%, 2로 답한 학생이 30.8%로 1과 2의 합계는 92.3%가 된다. 조사 결과에서 많은 학생이 「대사는 몇 번이나 소리를 내서 외웠다.」고 답하고 있었다.

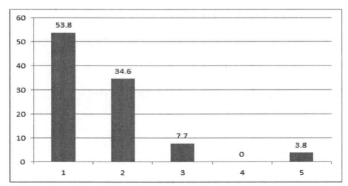

〈그림13〉 Q50 연극 경험은 대학 시절의 즐거운 추억이 되었다고 생각한다. (%)

〈표18〉 Q50 연극 경험은 대학 시절의 즐거운 추억이 되었다고 생각한다. (%)

집단	N	평균	표준편차
수업수강생	26	1.65	.936
t 값= −7.336 , df = 25 , P = .000 (p<.001***)			

〈그림 13〉을 보면, 1로 답한 학생이 53.8%, 2로 답한 학생이 34.6% 로 1과 2의 합계는 88.4%가 된다. 조사 결과에서 많은 학생이 「연극 경험은 대학 시절의 즐거운 추억이 되었다고 생각한다.」고 답하고 있다.

이상의 결과로부터, 「감상(평가)영역」에 속하는 항목(Q2), 「인간관계영역」에 속하는 항목(Q3, Q4, Q6 Q7, Q8), 「학습인지영역」에 속하는 항목(Q22, Q28, Q31, Q32, Q50), 「자신감, 학습의욕영역」에 속하는 항목(Q25), 「학습방법영역」에 속하는 항목(Q38)에 있어서, 1 또는 2로 답한 학생이 80%이상 이었다. 학생들은 연극이 일본어 회화나 읽기, 경어 학습 등에 도움이 된다고 생각하고 있다는 것과 더불어, 연극 활동이 일본어학습의 동기가 되며, 협동 학습을 함으로써, 만족감이나 달성감을 얻을 수 있었다고 인식하고 있다는 것이 밝혀졌다. 그리고 여기에서는 질문 항목을 번호순으로 조사 결과를 나타냈으나, 조사 결과를 평균점수순으로 나열하면, Q8(1.38), Q6(1.46), Q7Q32(1.50), Q4(1.58), Q38(1.62), Q2Q50(1.65), Q28(1.68), Q22Q25(1.69), Q3(1.81), Q31(1.85)의 순서가 된다.

6. 결론

본장에서는 2012년 1학기에 필자가 담당한 비즈니스 일본어 수업에서 연극도입에 관한 앙케트 조사 결과를 보고하였다. 조사 결과에서 보면, 연극 활동을 통하여 학생들은 많은 것을 배울 수 있었다고 생각하고 있으며, 연극은 일본어학습에 도움이 된다고 인식하고 있었다. 1의 「정말 그렇다」와 2의 「그렇다」의 합계가 80%이상인 항목은 다음과 같으며 퍼센트가 높은 순서는 〈표19〉와 같다.

〈표19〉 1과2가 80% 이상인 항목

순위	Q	질문내용	%
1	32	연극을 통해 경어 공부를 할 수 있었다고 생각한다	96.2
2	4	서로 협력하여 연극을 완성 시킬 수 있어 만족스러운 기분이다.	92.3
3	6	함께 한 그룹 멤버에게 감사하고 있다	92.3
4	7	연극은 자신에게도 좋은 경험이 되었다고 생각한다.	92.3
5	38	대사는 몇 번이나 소리를 내서 외웠다.	92.3
6	8	그룹 멤버는 정말 열심히 했다고 생각한다.	88.5
7	2	연극 연습을 즐겁게 할 수 있었다	88.4
8	50	연극 경험은 대학 시절의 즐거운 추억이 되었다고 생각한다.	88.4
9	28	대본 맞춰 읽기는 일본어 발음에 공부가 되었다고 생각한다.	88.0
10	31	연극은 일본어회화에 공부가 된다고 생각한다	80.8
11	3	연극을 통해 잘 몰랐던 친구와 친해질 수 있었다.	80.7
12	22	연극에서 동작을 수반한 회화를 하는 것은 일본어학습에 도움이 된다고 생각한다.	80.7
13	25	연극을 하면서 일본어 공부를 더 열심히 하려고 생각했다.	80.7

　〈표19〉를 보면, 「연극을 통해 경어 공부를 할 수 있었다고 생각한다.」가 96.2% 1위로 거의 대부분의 학생이 비즈니스 일본어의 특색이며 한국 학생으로서는 습득하기 어려운 일본어의 경어 학습을 할 수 있었다고 답하고 있다는 것은, 연극 활동의 성과 중 하나였다고 생각한다.

　이어서 「서로 협력하여 연극을 완성 시킬 수 있어 만족스러운 기분이다.」「함께 한 그룹 멤버에게 감사하고 있다」「연극은 자신에게도 좋은 경험이 되었다고 생각한다.」「대사는 몇 번이나 소리를 내서 외웠다.」가 92.3%로 수치가 높은 항목으로 그룹의 멤버와 같이 하나의 과제를 완수한 것에 대한 만족감과 감사의 기분이 포함되어 있다는 것은 주목할 만하다. 이어 「그룹의 멤버는 정말 열심히 했다고 생각한다.」가 88.5%, 「연극 연습을 즐겁게 할 수 있었다.」「연극의 경험은 대학 시절의 즐거운 추억이 되었다고 생각한다.」가 88.4%이었다. 이들 항목 또한 멤버를 인정하는 기분이나 즐거움을 나타내는 항목이다. 다음으로, 「대본 맞춰 읽기는 일본어 발음에 공부가 되었다고 생각한다.」가 88.0%, 「연극은 일본어회화에 공부가 된다고 생각한다.」가 80.8%이었다. 이상이 1위~10위까지의 항목이다. 그리고 「연극을 통해 잘 몰랐던 친구와 친해질 수 있었다.」「연극에서 동작을 수반한 회화를 하는 것은 일본어학습에 도움이 된다고 생각한다.」「연극을 하면서 일본어 공부를 더 열심히 하려고 생각했다.」가 80.7%로, 연극이 일본어학습에 대한 동기가 되고 있는 것으로 보인다.

　이어서, 1과 2의 합계가 80%이상인 항목을 평균점수순에 배열한 결과는 〈표20〉과 같다.

〈표20〉 1과2가 80%이상인 항목을 평균점수 순으로 배열한 결과

순위	Q	질문내용	평균점
1	8	그룹 멤버는 정말 열심히 했다고 생각한다.	1.38
2	6	함께 한 그룹 멤버에게 감사하고 있다	1.46
3	7	연극은 자신에게도 좋은 경험이 되었다고 생각한다.	1.50
3	32	연극을 통해 경어 공부를 할 수 있었다고 생각한다	1.50
5	4	서로 협력하여 연극을 완성 시킬 수 있어 만족스러운 기분이다.	1.58
6	38	대사는 몇 번이나 소리를 내서 외웠다.	1.62
7	2	연극 연습을 즐겁게 할 수 있었다	1.65
7	50	연극 경험은 대학 시절의 즐거운 추억이 되었다고 생각한다.	1.65
9	28	대본 맞춰 읽기는 일본어 발음에 공부가 되었다고 생각한다.	1.68
10	22	연극에서 동작을 수반한 회화를 하는 것은 일본어학습에 도움이 된다고 생각한다.	1.69
10	25	연극을 하면서 일본어 공부를 더 열심히 하려고 생각했다.	1.69
12	3	연극을 통해 잘 몰랐던 친구와 친해질 수 있었다.	1.81
13	31	연극은 일본어회화에 공부가 된다고 생각한다	1.85

〈표20〉를 보면, Q8(1.38) Q6(1.46) Q7 Q32(1.50) Q4(1.58) Q38(1.62) Q2 Q50(1.65) Q28(1.68) Q22 Q25(1.69) Q3(1.81) Q31(1.85)의 순서임을 알 수 있다.

여기에서는 앙케트 조사 결과를 바탕으로 비즈니스 일본어 수업에 연극을 도입한 경우, 수강생의 인식에 대해 기술하였으며, 조사 결

과는 중급일본어회화 수업에서 연극을 도입했을 때의 조사 결과와
유사한 점이 많으나, 지면상, 비즈니스 일본어에 있어서 연극도입
에 관한 앙케트 조사 결과 분석으로 마무리하며, 중급일본어회화에
연극을 도입했을 경우의 조사 결과와 비즈니스 일본어 수업에 연극
을 도입했을 경우의 조사 결과를 항목마다 비교하여, 조사 결과에서
볼 수 있는 유사점과 차이에 대한 상세 내용은 언급하지 않았다. 따
라서 이후, 두 경우의 조사 결과를 항목마다 비교하여, t검정을 실시
함으로써 유의차가 있는 항목을 나타내고, 객관적인 통계 처리를 한
결과에 대해 보고해 가고자 한다.

제4장
「일본어 회화」와 「비즈니스 일본어」
수업의 연극도입

1. 서론

　필자는 「중급일본어회화」와 「비즈니스 일본어」 수업에 연극을 도입
해 왔다. 두 수업 모두 학기 초에 연극 활동에 대한 설명을 하고, 중
간고사까지는 교과서를 이용한 학습을 하며, 중간고사 종료 후, 수
강생을 5~6명의 그룹으로 나누어[1] 그룹마다 학생 스스로 시나리오
를 작성하여, 대사를 암기하고 연습한다. 그리고 기말고사 1주일 쯤
전에 15분정도의 연극 발표를 하고, 교수는 물론 학생 자체 평가도
실시한다. 이러한 그룹에 의한 연극 활동을 통하여, 학생들은 많은

---

1 그룹 나눔에 대해서는 여러 가지 방법이 있겠으나, 여기에서는 번호를 쓴 종이를
　봉투에 넣어, 학생이 1개씩 뽑는 방법으로 5~6명의 그룹으로 나누었다. 이렇게
　한 이유는 친한 친구끼리 그룹을 만들지 않고 우연히 같은 그룹이 되어, 잘 모르
　는 친구와도 협력하여 연극이라는 하나의 작품을 만드는 작업을 완성하는 것이 인
　간관계 형성에도 도움이 될 것으로 생각했기 때문이다.

것을 배울 것으로 생각하여 여기에서는 「중급일본어회화」와 「비즈니스 일본어」수강생을 대상으로 실시한 50항목으로 이루어진 앙케트 조사 결과를 전 항목에 걸쳐 비교, 검토한 결과에 대해 보고하고자 한다. 이렇게 함으로써 성격이 다른 두 일본어 수업[2]에 연극을 도입한 것에 대한 학생들의 인식을 밝힐 수 있을 것으로 생각한다.

2. 선행연구

일본어교육에 연극을 도입하는 것에 관한 선행 연구[3]로는 縫部義憲(1991), 橋本愼吾(2002, 2006), 川口義一(2009), 野呂博子(2009), 中山由佳(2012), 齊藤明美(2012a, 2012b, 2012c)등이 있으며, 선행 연구의 내용에 대해서는 제2장과 제3장에서 이미 기술 한 바 있으므로, 이곳에서는 생략하기로 하고, 지금까지의 선행 연구에서는 일본어 수업에 연극 · 드라마적 요소를 도입하는 것에 대한 의의에 관하여 기술하거나 교육적인 가치, 적절한 문맥화, 효과적인 감정표현 등에 대해 언급한 것, 혹은 수업의 실천 보고 등이 있으며, 각각 일본어교육에 있어서 연극도입이 효과적임을 실증하고 있다. 그러나 지금까

---

2 「중급일본어회화」는 주로 일상생활에 필요한 중급 수준의 일본어회화를 학습하는
　수업으로, 수강생은 2학년이 많다. 한편, 「비즈니스 일본어」는 주로 회사나 업무
　에서 사용하는 비즈니스 일본어를 학습하는 수업으로, 수강생은 3, 4학년이 많다.
3 연극에 관한 선행 연구로는 일본어교육 이외에도 이중 언어교육이나 유아교육에
　관한 것 등이 있다. 한규용(2010)은 이중 언어교육을 위한 교육연극에 대해 논하
　였으며, 정유진(2009)은 연극놀이가 유아의 언어표현력에 미치는 영향에 대해 언
　급하고 있다.

지의 연구에서는 성격의 다른 수업에 연극을 도입한 결과를 비교한 논문은 없었던 것으로 생각한다.

따라서 본장에서는 「중급일본어회화」와 「비즈니스 일본어」 클래스에서 각각 실시한 50항목으로 이루어진 앙케트 조사 결과에 대하여 모든 항목별 비교, 검토함으로써, 같은 일본어 수업일지라도, 과목의 성격이나 수강자의 학년이 다르다면 학생들의 연극 활동에 대한 인식에도 차이가 있을 것인가, 혹은 두 수업의 수강자에게 공통으로 볼 수 있는 인식은 무엇인가, 에 대해 언급하고자 한다. 이러한 연구를 함으로써, 일본어 수업에 연극 활동을 도입하는 것에 대한 학생들의 인식을 보다 객관적으로 파악할 수 있다고 본다.

3. 연극의 순서와 조사 개요

3.1. 연극을 위한 발표순서

연극[4] 순서에 대해서는 이미 앞 장에서도 언급한 바와 같이, 중간고사까지는 「중급일본어회화」, 「비즈니스 일본어」수업 모두 교과서로 수업을 진행한다. 그리고 중간고사가 끝나는 대로 연극 준비를 시작하며, 연극 준비를 하면서 교과서 학습도 병행하였다. 연극에 관한 구체적인 순서는 다음과 같다.

---

4 이 수업에서 다루는 「연극」은 학생 스스로 일본어 대본을 쓰고 15분 정도 연기하는 촌극을 말한다. 그룹 규모는 5~6명으로 수업 중에 발표한다. 평가자는 교수와 학생이다.

① 사전지도(작년에 했던 연극 사진 등을 보며 연극 활동의 개요를 설명한다.)

② 그룹 작성

③ 그룹 회의를 통해 시나리오[5] 작성

   (시나리오 작성 후, 교수가 오자 · 탈자 등을 체크하며 지도한다.)

④ 대본 맞춰 읽기(교수와 일본인 유학생이 발음을 체크한다.)

⑤ 실전 연습

⑥ 15분정도 연극 발표.

⑦ 교수 평가와 학생 자체 상호평가

⑧ 학생 평가[6]와 결과발표

3.2. 조사 개요

파일럿 조사[7]를 실시한 후, 「중급일본어회화」 수강생에 대한 조사는 2012년 6월 7일에, 「비즈니스 일본어」 수강생에 대한 조사는 2012년 6월 12일에 행하였다. 조사는 수업시간에 실시하여 그 자리에서 회수하였다. 먼저 조사 참가자에 대하여 기술한 후, 이어서 조사지에 대해 언급하고자 한다.

---

5 시나리오는 그룹별 회의를 통해 제목과 내용을 결정하였다. 시나리오 작성 기간은 2주일정도이다. 「중급일본어회화」의 시나리오는 모두 학생들이 쓴 것으로, 유머가 섞인 창작극이었다. 「비즈니스 일본어」의 5개의 그룹은 모두 회사에서 생긴 일(회사방문, 영업, 손님 응대 등)을 표현한 것이었다.

6 평가 항목은 내용을 이해하기 쉬운 정도, 발표 시간, 멤버의 협력도, 학생의 반응 등이었다.

7 파일럿 조사는 본 조사를 실시하기 전에 실시하여, 질문지에 문제는 없는지 확인하였다. 또한 학생에게 인터뷰를 하여 연극에 관한 학생의 의견 등도 들었다.

3.2.1. 조사 참가자

조사 참가자의 학과, 학년구분, 성별은 〈표1〉~〈표3〉과 같으며, 이 표에서 보면 「중급일본어회화」 「비즈니스 일본어」 모두 일본학과 학생이 90% 이상임을 알 수 있다. 학년은 「중급일본어회화」는 2학년이 중심이며, 「비즈니스 일본어」는 3학년이 중심이다. 그리고 성별은 두 쪽 모두 여학생이 많다. 수강생 수는 「중급일본어」가 23명, 「비즈니스 일본어」가 33명이나, 조사 당일에 결석을 하였거나 답으로 부적절한 것도 있어서, 통계 처리로 가능한 것은 「중급일본어회화」수강생 21명과 「비즈니스 일본어」 수강생 26명이었다.

● 학과

〈표1〉 조사 참가자의 학과

	중급일본어회화		비즈니스일본어	
	빈도	%	빈도	%
일본학과	19	90.5	25	96.2
타 학과	2	9.5	1	3.8
합계	21	100.0	26	100.0

● 학년구분

〈표2〉 조사 참가자의 학년 구분

	중급일본어회화		비즈니스일본어	
	빈도	%	빈도	%
2학년	19	90.5	2	7.7
3학년	1	4.8	17	65.4
4학년	1	4.8	7	26.9
합계	21	100.0	26	100.0

● 성별

〈표3〉 조사 참가자의 성별

	중급일본어회화		비즈니스일본어	
	빈도	%	빈도	%
남	7	33.3	6	23.1
여	14	66.7	20	76.9
합계	21	100.0	26	100.0

3.2.2. 질문지

질문지는 「중급일본어회화」 「비즈니스 일본어」 모두 동일한 것을 사용하였다. 실제 사용한 질문지에는 각 항목의 오른쪽에 1~5까지 숫자가 있으며 항목마다 1~5 (1.정말 그렇다 2. 그렇다 3.어느 쪽도 아니다 4.별로 그렇지 않다 5. 전혀 그렇지 않다) 중에서 하나를 선택하게 하였다.

〈표4〉 질문지

다음 질문에 대한 답을 1~5 중에서 하나를 골라서 ○표 하세요. 1. 정말 그렇다 2. 그렇다 3. 어느 쪽도 아니다 4. 별로 그렇지 않다 5. 전혀 그렇지 않다.	
1	연극은 재미있다고 생각한다.
2	연극 연습을 즐겁게 할 수 있었다
3	연극을 통해 잘 몰랐던 친구와 친해질 수 있었다.
4	서로 협력하여 연극을 완성 시킬 수 있어 만족스러운 기분이다.
5	연극을 통해 모두 힘을 합쳐서 대본을 쓰거나 연습한 것이 좋았다.
6	함께 한 그룹 멤버에게 감사하고 있다

7	연극은 자신에게도 좋은 경험이 되었다고 생각한다.
8	그룹 멤버는 정말 열심히 했다고 생각한다.
9	열심히 하는 사람만 하고 협력하지 않은 사람도 있었다.
10	연극을 준비하면서 친구와 싸움을 하여 사이가 나빠졌다
11	연극 대본은 자연스러운 일본어로 쓸 수 있었다고 생각한다.
12	연극을 하여 일본어 실력이 늘었다고 생각한다.
13	평소 교실에서는 공부할 수 없는 일본어 표현을 배울 수 있었다.
14	연극을 통해 몰랐던 일본어 단어를 외웠다.
15	연극을 통해 언어와 맞장구와 같은 비언어와의 관련성을 알았다
16	연극을 통해 일본어와 일본문화와의 관계를 알았다.
17	연극을 하면서 대사에는 없는 행간에 있는 부분을 현재화할 수 있었다.
18	연극을 통해 실제 커뮤니케이션에 가까운 언어체험을 할 수 있었다.
19	연극을 통해 감정표현이 풍부해졌다고 생각한다.
20	연극을 통해 일본어 보통체를 공부할 수 있었다
21	연극을 통해 장면에 따른 일본어 사용법을 알았다.
22	연극에서 동작을 수반한 회화를 하는 것은 일본어학습에 도움이 된다고 생각한다.
23	연극 연습을 통해 일본어에 친근감을 느끼게 되었다.
24	연극을 통해 일본어로 이야기하는 것에 자신감을 가질 수 있게 되었다.
25	연극을 하면서 일본어 공부를 더 열심히 하려고 생각했다.
26	연극은 일본어학습 전반에 도움이 된다고 생각한다.
27	연극 대본을 쓰는 것은 일본어작문에 공부가 되었다고 생각한다.
28	대본 맞춰 읽기는 일본어 발음에 공부가 되었다고 생각한다.
29	연극을 통해 대화, 혼잣말 등의 언어형식의 차이를 이해할 수 있었다.
30	연극을 통해 자연스러운 장면에서 일본어 문법을 학습할 수 있었다.
31	연극은 일본어회화에 공부가 된다고 생각한다
32	연극을 통해 경어 공부를 할 수 있었다고 생각한다
33	연극과 일본어 공부는 관계없다고 생각한다
34	연극을 통해 한자 공부를 할 수 있었다고 생각한다.

35	연극을 통해 일본어의 의성어 의태어의 공부를 할 수 있었다.
36	연극 대사는 교과서의 일본어보다 어려웠다.
37	대본 맞춰 읽기는 일본어 청취에 공부가 되었다고 생각한다.
38	대사는 몇 번이나 소리를 내서 외웠다.
39	연극 대사를 외우는 것이 힘들었다.
40	대사는 종이에 써서 외우는 편이 외우기 쉽다고 생각한다.
41	대사는 몸을 움직이면서 외우는 편이이 외우기 쉽다고 생각한다.
42	대사는 혼자서 외우는 편이 외우기 쉽다고 생각한다.
43	대사는 친구와 같이 외우는 편이 외우기 쉽다고 생각한다.
44	연극 대본을 쓰는 것이 어려웠다.
45	연극 발표를 할 때 긴장해서 연습 때 정도로 잘 할 수 없었다.
46	연습 때보다 실전 쪽이 잘 했다고 생각한다.
47	또 기회가 있으면 연극을 하고 싶다.
48	연극은 준비가 힘들기 때문에 이제 하고 싶지 않다
49	다음에 연극을 할 때는 더 열심히 하고 싶다.
50	연극 경험은 대학 시절의 즐거운 추억이 되었다고 생각한다.

이상과 같이 질문지는 50항목으로 되어있으며, 항목은 각각 「감상
(평가)영역」에 속하는 항목(Q1.~Q2.Q7.Q45.~Q50.), 「인간관계 영
역」에 속하는 항목(Q3.~Q6. Q8.~Q10.), 「학습인지영역」에 속하는
항목(Q11.~Q23.Q26.~Q37.Q39.Q44.), 「자신감, 학습의욕영역」
에 속하는 항목(Q24.~Q25.), 「학습방법영역」에 속하는 항목(Q38.
Q40.~Q43.)으로 분류할 수 있다.

4. 조사 결과

본 장의 통계적 분석 방법은 「중급일본어회화」와 「비즈니스 일본어」조사 항목의 평균치와 표준편차를 산출하여, 평균치의 차의 검정(t검정)[8]을 행하여, 5% 이하 수준으로 통계적 유의차가 있었다. 다음은 유의차가 있는 항목의 조사 결과이다.

4.1. 통계적으로 유의차가 있는 항목

「중급일본어회화」수강생과 「비즈니스 일본어」수강생 사이에 통계적인 유의차를 보인 항목은 Q9. Q10. Q20. Q32. Q36.이었다. Q9. Q10.은 「인간관계영역」에 속하는 항목이며, Q20. Q32. Q36.은 「학습인지영역」에 관한 영역이다.

Q9. Q10. Q20. Q32. Q36.에 대한 조사 결과는 〈그림1〉~〈그림5〉과 같으며 구체적인 질문 내용은 다음과 같다.

Q9. 열심히 하는 사람만 하고 협력하지 않은 사람도 있었다.
Q10. 연극을 준비하면서 친구와 싸움을 하여 사이가 나빠졌다
Q20. 연극을 통해 일본어 보통체를 공부할 수 있었다
Q32. 연극을 통해 경어 공부를 할 수 있었다고 생각한다.
Q36. 연극 대사는 교과서의 일본어보다 어려웠다.

---

8 t-검정은 2개의 평균치 검정을 할 때에 가장 많이 사용되는 통계 방법으로, N은 인원수를, $p < .001$***은 0.1% 수준으로 유의차가 있음을 나타내고 있다.

● 「인간관계영역」에 속하는 항목(Q9. Q10.)

〈표5〉 [Q9]열심히 하는 사람만 하고 협력하지 않은 사람도 있었다.

Q9	집단				합계	
	중급일본어회화		비즈니스일본어			
	빈도	%	빈도	%	빈도	%
1	5	23.8	0	0.0	5	10.6
2	0	0.0	3	11.5	3	6.4
3	3	14.3	2	7.7	5	10.6
4	6	28.6	5	19.2	11	23.4
5	7	33.3	16	61.5	23	48.9
합계	21	100.0	26	100.0	47	100.0

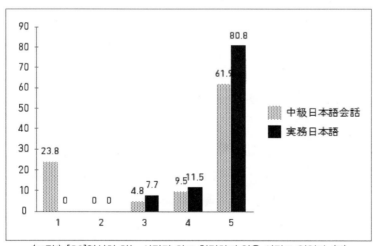

〈그림1〉 [Q9]열심히 하는 사람만 하고 협력하지 않은 사람도 있었다. (%)

〈표6〉 [Q9] 열심히 하는 사람만 하고 협력하지 않은 사람도 있었다.

집단	N	평균	표준편차
중급일본어회화	21	3.48	1.569
비즈니스일본어	26	4.31	1.050
t값 = −2.081 , df = 33.561 , P = .045 (p⟨.05*)			

〈그림1〉에서 보면 「중급일본어회화」에서는 1로 답한 학생이
23.8% 있었으나, 「비즈니스 일본어」에서는 1로 답한 학생은 없었다.
그리고 5로 답한 학생의 비율에도 차가 있었다. 「중급일본어회화」
에서는 33.3%의 학생이 5로 답하였으나, 「비즈니스 일본어」에서는
61.5%의 학생이 5를 선택하였다. 평균치에서도 「중급일본어회화」는
3.48, 「비즈니스 일본어」는 4.31로, 「중급일본어회화」 쪽이 협력하지
않는 학생이 있었다고 생각하는 경우가 많았다.

〈표7〉 [Q10]연극을 준비하면서 친구와 싸움을 하여 사이가 나빠졌다.

Q10	집단				합계	
	중급일본어회화		비즈니스일본어			
	빈도	%	빈도	%	빈도	%
1	5	23.8	0	0.0	5	10.6
2	0	0.0	0	0.0	0	0.0
3	1	4.8	2	7.7	3	6.4
4	2	9.5	3	11.5	5	10.6
5	13	61.9	21	80.8	34	72.3
합계	21	100.0	26	100.0	47	100.0

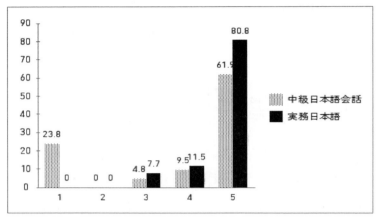

〈그림2〉 [Q10]연극을 준비하면서 친구와 싸움을 하여 사이가 나빠졌다(%)

〈그림5〉에서 보면 「중급일본어회화」에서는 1을 선택한 사람이 14.3% 이나, 「비즈니스 일본어」는 없음을 알 수 있다. 그리고 2를 선택한 사람에서도 큰 차이가 있다. 이것은 「중급일본어회화」는 창작극으로, 교과서에 나오지 않은 단어를 많이 사용했으나, 「비즈니스 일본어」 연극에서는 교과서에서 배운 비즈니스 일본어를 많이 사용한 것을 그 원인으로 들 수 있다.

〈표8〉 [Q10]연극을 준비하면서 친구와 싸움을 하여 사이가 나빠졌다.

집단	N	평균	표준편차
중급일본어회화	21	3.86	1.711
비즈니스일본어	26	4.73	.604
t값= −2.230 , df = 24.030 , P = .035 (p<.05*)			

<그림2>에서 보면 「중급일본어회화」에서는 23.8% 학생이 1로 답한 것에 비해, 「비즈니스 일본어」에서는 1로 답한 학생은 없었다.

그리고 「중급일본어회화」에서는 61.9% 학생이 5를 선택하였으나,
「비즈니스 일본어」에서는 80.8% 학생이 5를 선택하였다.

● 「학습인지영역」에 속하는 영역(Q20. Q32. Q36)

〈표9〉 [Q20]연극을 통해 일본어 보통체를 공부할 수 있었다.

Q20	집단				합계	
	중급일본어회화		비즈니스일본어			
	빈도	%	빈도	%	빈도	%
1	11	52.4	2	7.7	13	27.7
2	6	28.6	5	19.2	11	23.4
3	1	4.8	10	38.5	11	23.4
4	2	9.5	7	26.9	9	19.1
5	1	4.8	2	7.7	3	6.4
합계	21	100.0	26	100.0	47	100.0

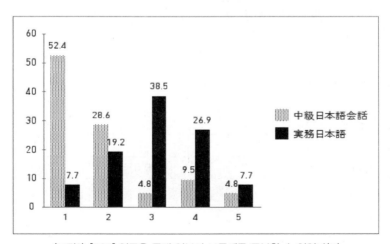

〈그림3〉 [Q20] 연극을 통해 일본어 보통체를 공부할 수 있었다(%)

〈표10〉[Q20] 연극을 통해 일본어 보통체를 공부할 수 있었다.

집단	N	평균	표준편차
중급일본어회화	21	1.86	1.195
비즈니스일본어	26	3.08	1.055
t값 = -3.713 , df = 45 , P = .001 (p〈.01**)			

〈그림3〉에서 보면 「중급일본어회화」에서는 1과 2로 답한 학생의 합계가 81%이었으며, 「비즈니스 일본어」에서는 26.9%로, 큰 차이가 있었다. 이것은 「비즈니스 일본어」의 연극이 회사에서 사용하는 일본어를 중심으로 하여, 보통체를 사용하는 장면이 적었던 점에 비해, 「중급일본어회화」의 연극은 장면 설정도 자유로운 창작극이라, 보통체를 많이 사용하였다는 점에 따른 차이라고 생각한다.

〈표11〉[Q32]연극을 통해 경어 공부를 할 수 있었다고 생각한다.

Q20	집단				합계	
	중급일본어회화		비즈니스일본어			
	빈도	%	빈도	%	빈도	%
1	2	9.5	15	57.7	17	36.2
2	9	42.9	10	38.5	19	40.4
3	6	28.6	0	0.0	6	12.8
4	3	14.3	1	3.8	4	8.5
5	1	4.8	0	0.0	1	2.1
합계	21	100.0	26	100.0	47	100.0

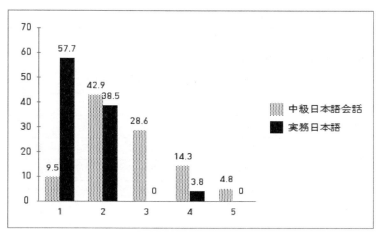

〈그림4〉 [Q32] 연극을 통해 경어 공부를 할 수 있었다고 생각한다(%)

〈표12〉 [Q32] 연극을 통해 경어 공부를 할 수 있었다고 생각한다.

집단	N	평균	표준편차
중급일본어회화	21	2.62	1.024
비즈니스일본어	26	1.50	.707
t값 = 4.424 , df = 45 , P = .000 (p〈.001***)			

〈그림4〉에서 보면 1을 선택한 학생에 있어서 큰 차이가 있음을 알수 있다. 「중급일본어회화」에서는 9.5%이었으나, 「비즈니스 일본어」에서는 57.7%이었다. 그리고 1과 2를 선택한 학생의 합계를 보면 「중급일본어회화」에서는 52.4%, 「비즈니스 일본어」에서는 96.2%로 큰 차이가 있다. 이것은 Q20의 경우와 마찬가지로 과목에 따른 성격 차이로 파악된다. 일상생활에 필요한 회화 중심으로 학습하는 「중급 일본어회화」와 비즈니스에 관한 일본어를 중심으로 학습하는 「비즈니스 일본어」의 차이라고 생각한다.

〈표13〉 [Q36]연극 대사는 교과서 일본어보다 어려웠다.

Q36	집단				합계	
	중급일본어회화		비즈니스일본어			
	빈도	%	빈도	%	빈도	%
1	3	14.3	0	0.0	3	6.4
2	8	38.1	5	19.2	13	27.7
3	7	33.3	8	30.8	15	31.9
4	2	9.5	7	26.9	9	19.1
5	1	4.8	6	23.1	7	14.9
합계	21	100.0	26	100.0	47	100.0

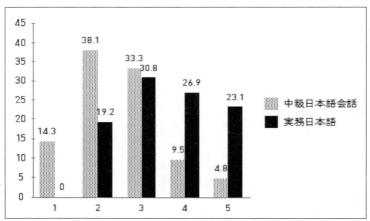

〈그림5〉 [Q36] 연극 대사는 교과서 일본어보다 어려웠다. (%)

〈표14〉 [Q36] 연극 대사는 교과서 일본어보다 어려웠다.

집단	N	평균	표준편차
중급일본어회화	21	2.52	1.030
비즈니스일본어	26	3.54	1.067
t값 = −3.291 , df = 45 , P = .002 (p<.01**)			

〈그림5〉에서 보면 「중급일본어회화」에서는 1을 선택한 사람이 14.3% 이나, 「비즈니스 일본어」는 없음을 알 수 있다. 그리고 2를 선택한 사람에서도 큰 차이가 있다. 이것은 「중급일본어회화」는 창작극으로, 교과서에 나오지 않은 단어를 많이 사용했으나, 「비즈니스 일본어」 연극에서는 교과서에서 배운 비즈니스 일본어를 많이 사용한 것을 그 원인으로 들 수 있다.

4.2. 「중급회화」 「비즈니스일본어」두 수업에 있어서 1과 2를 합한 수치가 80%이상인 항목

〈표15〉는 Q1~Q50의 「1.정말 그렇다」와 「2.그렇다」의 수치(%)의 합계이며, ( ) 안은 평균치이다 [9].

〈표15〉 「중급일본어회화」와 「비즈니스 일본어」의 1과 2의 합계와 평균치

항목	중급회화	비즈니스 일본어	항목	중급회화	비즈니스 일본어
Q1	85.7 (1.57)	76.9 (1.69)	Q26	85.8 (1.81)	77.0 (2.00)
Q2	85.7 (1.76)	88.4 (1.65)	Q27	85.7 (1.81)	69.2 (2.12)
Q3	75.0 (2.20)	80.7 (1.81)	Q28	90.5 (1.57)	88.0 (1.68)
Q4	85.8 (2.00)	92.3 (1.58)	Q29	76.2 (2.10)	69.2 (2.19)
Q5	71.5 (2.14)	61.5 (1.96)	Q30	71.4 (2.05)	50.0 (2.31)
Q6	80.9 (1.71)	92.3 (1.46)	Q31	90.4 (1.67)	80.8 (1.85)
Q7	85.7 (1.62)	92.3 (1.50)	Q32	52.4 (2.62)	96.2 (1.50)
Q8	76.2 (2.05)	88.5 (1.38)	Q33	14.3 (4.05)	7.6 (4.23)

---

9 〈표15〉에서는 지면 상, 「중급일본어회화」를 「중급회화」라 하였다.

항목	중급회화	비즈니스 일본어	항목	중급회화	비즈니스 일본어
Q9	23.8 (3.48)	11.5 (4.38)	Q34	42.8 (2.38)	23.1 (2.88)
Q10	23.8 (3.86)	0.0 (4.73)	Q35	57.1 (2.48)	38.4 (2.69)
Q11	40.0 (2.60)	50.0 (2.46)	Q36	52.4 (2.52)	19.2 (3.54)
Q12	81.0 (2.00)	53.8 (2.42)	Q37	76.2 (2.05)	53.8 (2.31)
Q13	90.5 (1.67)	76.0 (1.92)	Q38	85.7 (1.57)	92.3 (1.62)
Q14	80.9 (1.81)	73.1 (1.92)	Q39	33.3 (2.76)	26.9 (3.23)
Q15	81.0 (2.05)	69.2 (2.12)	Q40	19.1 (3.33)	11.5 (3.46)
Q16	33.4 (2.62)	46.2 (2.46)	Q41	81.0 (2.00)	69.3 (2.27)
Q17	71.4 (2.19)	69.2 (2.15)	Q42	28.6 (3.48)	19.2 (3.62)
Q18	85.7 (1.81)	73.1 (2.04)	Q43	81.0 (2.00)	73.1 (1.88)
Q19	76.2 (2.00)	57.7 (2.27)	Q44	19.0 (3.00)	15.4 (3.27)
Q20	81.0 (1.86)	26.9 (3.08)	Q45	57.1 (2.43)	76.9 (2.08)
Q21	66.7 (2.10)	61.6 (2.19)	Q46	33.4 (3.38)	11.5 (3.88)
Q22	80.9 (1.81)	80.7 (1.69)	Q47	57.1 (2.38)	38.5 (2.46)
Q23	76.2 (2.14)	73.1 (2.00)	Q48	23.8 (3.67)	11.5 (3.85)
Q24	61.9 (2.48)	50.0 (2.38)	Q49	85.7 (1.86)	69.3 (1.96)
Q25	76.2 (1.90)	80.7 (1.69)	Q50	85.7 (1.76)	88.4 (1.65)

이어서 〈표16〉은 「중급일본어회화」에서 1과 2의 합계가 80%이상인 항목을 수치가 높은 순으로 배열하였다.

〈표16〉 「중급일본어회화」에서 1과 2의 합계가 80% 이상인 항목

순위	Q	질문내용	%	평균
1	13	평소 교실에서는 공부할 수 없는 일본어 표현을 배울 수 있었다.	90.5	1.67

순위	Q	질문내용	%	평균
2	28	대본 맞춰 읽기는 일본어 발음에 공부가 되었다고 생각한다.	90.4	1.57
2	31	연극은 일본어회화에 공부가 된다고 생각한다.	90.4	1.67
4	26	연극은 일본어학습 전반에 도움이 된다고 생각한다.	85.8	1.81
4	4	서로 협력하여 연극을 완성 시킬 수 있어 만족스러운 기분이다.	85.8	2.00
6	1	연극은 재미있다고 생각한다.	85.7	1.57
6	2	연극 연습을 즐겁게 할 수 있었다.	85.7	1.76
6	7	연극은 자신에게도 좋은 경험이 되었다고 생각한다.	85.7	1.62
6	18	연극을 통해 실제 커뮤니케이션에 가까운 언어체험을 할 수 있었다.	85.7	1.81
6	27	연극 대본을 쓰는 것은 일본어작문에 공부가 되었다고 생각한다.	85.7	1.81
6	38	대사는 몇 번이나 소리를 내서 외웠다.	85.7	1.57
6	49	다음에 연극을 할 때는 더 열심히 하고 싶다.	85.7	1.86
6	50	연극 경험은 대학 시절의 즐거운 추억이 되었다고 생각한다.	85.7	1.76
14	12	연극을 하여 일본어 실력이 늘었다고 생각한다.	81.0	2.00
14	15	연극을 통해 언어와 맞장구와 같은 비언어와의 관련성을 알았다	81.0	2.05
14	20	연극을 통해 일본어 보통체를 공부할 수 있었다	81.0	1.86
14	41	대사는 몸을 움직이면서 외우는 편이이 외우기 쉽다고 생각한다.	81.0	2.00
14	43	대사는 친구와 같이 외우는 편이 외우기 쉽다고 생각한다.	81.0	2.00
19	6	함께 한 그룹 멤버에게 감사하고 있다	80.9	1.71
19	22	연극에서 동작을 수반한 회화를 하는 것은 일본어학습에 도움이 된다고 생각한다.	80.9	1.81

〈표16〉에서 보면 Q13. Q28. Q31. Q26. Q4. Q1. Q2. Q7. Q18. Q27. Q38. Q49 Q50. Q12. Q15. Q20. Q41. Q43. Q6. Q22.의 순으로 수치가 높음을 알 수 있다. 이들 항목은 다음과 같은 영역으로 분류할 수 있다.

- 「감상(평가)영역」에 속하는 항목(Q1. Q2. Q7. Q49. Q50.)
- 「인간관계영역」에 속하는 항목(Q4. Q6.)
- 「학습인지영역」에 속하는 항목(Q12. Q13. Q15. Q18. Q20. Q22. Q26. Q27. Q28. Q31.)
- 「학습방법영역」에 속하는 항목(Q38. Q41. Q43.)

이어서 〈표17〉에 「비즈니스 일본어」에서 1과 2의 합계가 80%이상인 항목을 수치가 높은 순으로 배열하였다 .

〈표17〉「비즈니스 일본어」에서 1과 2의 합계가 80%이상인 항목

순위	Q	질문내용	%	평균
1	32	연극을 통해 경어 공부를 할 수 있었다고 생각한다.	96.2	1.50
2	4	서로 협력하여 연극을 완성 시킬 수 있어 만족스러운 기분이다.	92.3	1.58
2	6	함께 한 그룹 멤버에게 감사하고 있다	92.3	1.46
2	7	연극은 자신에게도 좋은 경험이 되었다고 생각한다.	92.3	1.50
2	38	대사는 몇 번이나 소리를 내서 외웠다.	92.3	1.62
6	8	그룹 멤버는 정말 열심히 했다고 생각한다.	88.5	1.38
6	2	연극 연습을 즐겁게 할 수 있었다.	88.4	1.65
8	50	연극 경험은 대학 시절의 즐거운 추억이 되었다고 생각한다.	88.4	1.65

순위	Q	질문내용	%	평균
9	28	대본 맞춰 읽기는 일본어 발음에 공부가 되었다고 생각한다.	88.0	1.68
10	31	연극은 일본어회화에 공부가 된다고 생각한다.	80.8	1.85
10	3	연극을 통해 잘 몰랐던 친구와 친해질 수 있었다.	80.7	1.81
10	22	연극에서 동작을 수반한 회화를 하는 것은 일본어학습에 도움이 된다고 생각한다.	80.7	1.69
10	25	연극을 하면서 일본어 공부를 더 열심히 하려고 생각했다.	80.7	1.69

〈표17〉에서 보면, Q32. Q4. Q6. Q7. Q38. Q8. Q2. Q50. Q28. Q31. Q3. Q22. Q25.의 순으로 수치가 높음을 알 수 있다. 이들 항목은 다음 영역으로 분류할 수 있다.

- 「감상(평가)영역」에 속하는 항목(Q2. Q7. Q50.)
- 「인간관계영역」에 속하는 항목(Q3. Q4. Q6. Q8.)
- 「학습인지영역」에 속하는 항목(Q22. Q28. Q31. Q32.)
- 「자신, 학습의욕영역」에 속하는 항목(Q25.)
- 「학습방법영역」에 속하는 항목(Q38.)

그리고 〈표16〉〈표17〉에서, 「중급일본어회화」와 「비즈니스 일본어」모두 1과 2의 합계가 80%이상인 항목은, Q2. Q4. Q6. Q7. Q22. Q28. Q31. Q38. Q50에 9항목임이 밝혀졌다. 이들 항목을 영역별로 분류하면 다음과 같다.

- 「감상(평가)영역」에 속하는 항목(Q2. Q7. Q50.)
- 「인간관계영역」에 속하는 항목(Q4. Q6.)
- 「학습인지영역」에 속하는 항목(Q22. Q28. Q31.)

• 「학습방법영역」에 속하는 항목(Q38.)

이어서, 이들 9항목에 대한 조사 결과는 〈그림6〉~〈그림14〉과 같다.

● 「감상(평가)영역」에 속하는 항목 (Q2. Q7. Q50.)

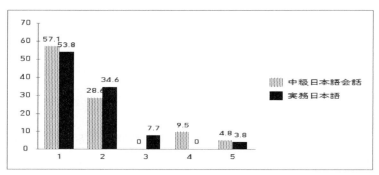

〈그림6〉 [Q2]연극 연습을 즐겁게 할 수 있었다.(%)

〈그림6〉에서 보면 「중급일본어회화」에서 1과 2로 답한 학생의 합계는 85.7%, 「비즈니스 일본어」에서는 88.4%이었다. 조사 결과로부터, 이수한 과목, 학생의 학년, 성별과 관계없이 많은 학생이 연극 연습을 즐겁게 할 수 있었다고 느끼고 있는 것 같다.

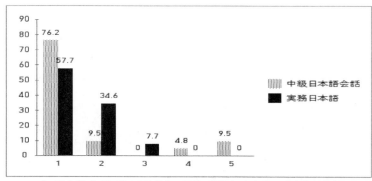

〈그림7〉 [Q7] 연극은 자신에게도 좋은 경험이 되었다고 생각한다. (%)

〈그림7〉에서 보면 「중급일본어회화」에서 1과 2로 답한 학생의 합계는 85.7%, 「비즈니스 일본어」에서는 92.3%이었다. 이로써 많은 학생이 연극 수업은 좋은 경험이 되었다고 생각하고 있는 것을 알 수 있었다.

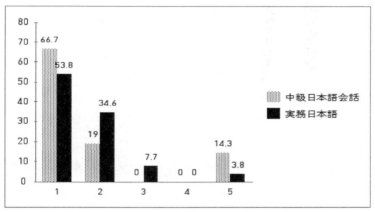

〈그림8〉 [Q50]연극 경험은 대학 시절의 즐거운 추억이 되었다고 생각한다. (%)

〈그림8〉에서 보면 「중급일본어회화」에서 1과 2로 답한 학생의 합계는 85.7%, 「비즈니스 일본어」에서는 88.4%이었다. 이로써 많은 학생이 연극 경험은 대학 시절의 즐거운 추억이 되었다고 생각하고 있었다.

이상의 조사 결과로부터, 많은 학생이 학년이나 과목의 성격과는 관계없이, 연극 활동에 대해 긍정적으로 느끼고 있음이 밝혀졌다.

● 「인간관계영역」에 속하는 항목 (Q4. Q6.)

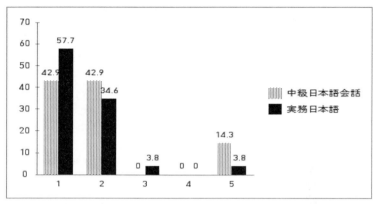

〈그림9〉 [Q4] 서로 협력하여 연극을 완성 시킬 수 있어 만족스러운 기분이다.(%)

〈그림9〉에서 보면 「중급일본어회화」에서 1과 2로 답한 학생의 합계는 85.8%, 「비즈니스 일본어」에서는 92.3%로, 많은 학생이 서로 협력하여 연극을 완성 시킬 수 있어서 만족감을 느끼고 있었다.

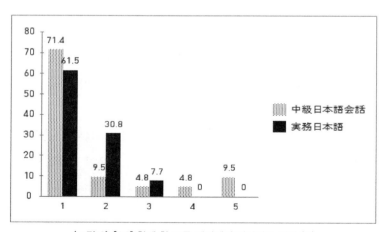

〈그림10〉 [Q6] 함께 한 그룹 멤버에게 감사하고 있다 (%)

〈그림10〉에서 보면 「중급일본어회화」에서 1과 2로 답한 학생의 합계는 80.9%, 「비즈니스일본어」에서는 92.3%로, 상당히 많은 학생이 함께 한 그룹의 멤버에게 감사하고 있었으나, 「중급회화」 수강자 중에는 5를 선택한 학생이 9.5% 있었던 것은 주목할 만하다.

이로써, 「인간관계영역」에 속하는 항목에 관해서는 「중급일본어회화」보다 「비즈니스 일본어」 수강자 쪽이 만족도가 높다는 결과를 얻었다.

● 「학습인지영역」에 속하는 항목(Q22. Q28. Q31.)

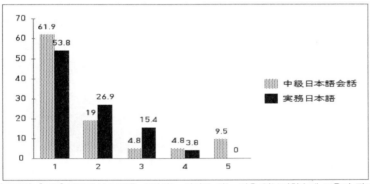

〈그림11〉 [Q22] 연극에서 동작을 수반하는 회화를 하는 것은 일본어학습에 도움이 된다
고 생각한다. (%)

〈그림11〉에서 보면 「중급일본어회화」에서 1과 2로 답한 학생의 합계는 80.9%, 「비즈니스 일본어」에서는 80.7%로, 많은 학생이 연극에서 동작을 수반하는 회화를 하는 것은 일본어학습에 도움이 된다고 생각하고 있으며, 「중급회화」 학생 중에는 5를 선택한 학생도 있는 것을 알 수 있다.

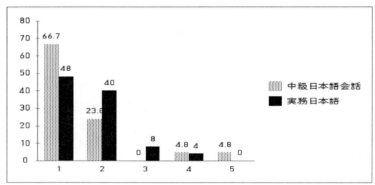

〈그림12〉 [Q28] 대본 맞춰 읽기는 일본어 발음에 공부가 되었다고 생각한다. (%)

〈그림12〉에서 보면 많은 학생이 대본 맞춰 읽기는 일본어 발음에 공부가 되었다고 생각하고 있다. 「중급일본어회화」에서 1과 2를 선택한 사람의 합계는 90.4%이며, 「비즈니스 일본어」에서는 88.0%이었다.

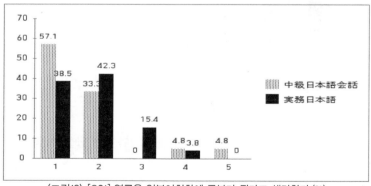

〈그림13〉 [Q31] 연극은 일본어회화에 공부가 된다고 생각한다.(%)

〈그림13〉에서 보면 많은 학생이 연극은 일본어회화공부에 유용하

다고 생각하고 있으며, 「중급일본어회화」에서 1과 2를 선택한 사람의 합계는 90.4%, 「비즈니스 일본어」에서는 80.8%이었다.

　이상과 같이, 「학습인지영역」에 속하는 항목(Q22. Q28. Q31.)에 있어서는 학년, 과목의 성격과는 관계없이 연극은 일본어학습에 도움이 되며, 회화와 읽기 공부가 된다고 생각하고 있다는 결과를 얻을 수 있었다.

● 「학습방법영역」에 속하는 항목(Q38.)

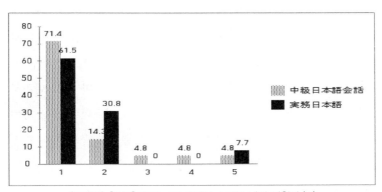

〈그림14〉 [Q38] 대사는 몇 번이나 소리를 내서 외웠다.(%)

　〈그림14〉에서 보면 많은 학생이 대사는 몇 번이나 소리를 내서 외웠다고 답하고 있다. 「중급일본어회화」에서 1과 2의 합계는 85.7%이며, 「비즈니스 일본어」에서는 92.3%이었다.

　이로써, 「감상(평가)영역」에 속하는 항목(Q2. Q7. Q50.), 「인간관계영역」에 속하는 항목(Q4. Q6.), 「학습인지영역」에 속하는 항목(Q22. Q28. Q31.), 「학습방법영역」에 속하는 항목(Q38.)에서는 과목의 성격, 수강자의 학년 등과는 관계없이, 연극 활동이 많은 학생

264 제Ⅲ부 일본어 교육의 그룹학습의 도입

들에게 좋은 영향을 주고 있었다. 많은 학생들이 즐겁게 연극을 연습하며, 연습을 하면서 인간관계를 형성하는 동시에, 연극 활동이 일본어학습에도 도움이 된다고 느끼고 있었으며, 이 결과에 따라, 일본어 수업에서의 연극 활동의 도입은 의의가 있었다고 생각한다.

5. 결론

본 장은 「중급일본어회화」와 「비즈니스 일본어」 수업에 연극을 도입하여, 두 수업의 수강자를 대상으로 앙케트 조사를 한 결과를 보고한 것이다. 조사 결과, 「중급일본어회화」와 「비즈니스 일본어」에서 통계적 유의차가 있는 항목은 「Q9. 열심히 하는 사람만 하고 협력하지 않는 사람도 있었다. Q10.연극을 준비하면서 친구와 싸움을 하여 사이가 나빠졌다. Q20.연극을 통해 일본어 보통체를 공부할 수 있었다. Q32.연극을 통해 경어 공부를 할 수 있었다고 생각한다. Q36. 연극 대사는 교과서 일본어보다 어려웠다.」의 5항목이었다. 이것은 이 항목 이외에는 통계적 유의차가 없었다는 점이다. 통계적 유의차가 있는 항목은 「중급일본어회화」의 연극에서는 일본어 보통체를, 「비즈니스 일본어」에서는 경어를 공부할 수 있었다고 생각하는 학생이 많았으나, 이것은 각각의 수업에서 평소 학습하고 있는 일본어 과목의 특색이 연극에서도 나타났다고 생각한다.[10] 그리고 「중급일본

---

10 본장에서는 지면상, 각각의 시나리오를 올릴 수는 없으나, 각주 5)에서 말한 바와 같이, 「중급일본어회화」의 연극은 유머가 섞인 창작극이며, 「비즈니스 일본어」의 연극은 모두 회사에서 생기는 일(회사방문, 영업, 손님의 응대 등)을 표현한

어회화」수강자는 연극의 일본어는 교과서 일본어보다 어렵다고 느끼고 있다는 결과도 얻었다. 단, Q9.와 Q10.의 조사 결과에 대해서는 구성 멤버에 따라 좌우되는 것으로 생각된다.

한편, 「중급일본어회화」와 「비즈니스 일본어」 클래스에서 1과 2를 선택한 학생이 80%이상인 항목은 「Q2.연극 연습을 즐겁게 할 수 있었다. Q4.서로 협력하여 연극을 완성 시킬 수 있어 만족스러운 기분이다. Q6.함께 한 그룹 멤버에게 감사하고 있다. Q7.연극은 자신에게 있어서 좋은 경험이 되었다고 생각한다. Q22.연극에서 동작을 수반하는 회화를 하는 것은 일본어학습에 도움이 된다고 생각한다. Q28.대본 맞춰 읽기는 일본어 발음에 공부가 되었다고 생각한다. Q31.연극은 일본어회화에 공부가 된다고 생각한다. Q38.대사는 몇 번이나 소리에 내어 외웠다. Q50.연극 경험은 대학 시절의 즐거운 추억이 되었다고 생각한다.」의 9항목이었다. 이들 항목에 대해서는 과목의 성격, 학년 등과 관계없이, 학생들에게 긍정적으로 받아들여진 것이다.

이상의 조사 결과로부터, 일본어 수업에 연극을 도입하는 것에 대하여 「중급일본어회화」와 「비즈니스 일본어」를 이수하고 있는 학생들은 일본어학습에 도움이 된다고 생각하고 있다는 결론을 얻었다. 「중급일본어회화」와 「비즈니스 일본어」 클래스에서 80%이상의 학생이 연극에서 동작을 수반하는 회화를 하는 것은 일본어학습에 도움이 된다고 답하였고, 연극은 일본어회화나 읽기(예측)에 공부가 된

것이었으므로, 「중급일본어회화」의 시나리오는 일상 회화가 중심이며, 「비즈니스 일본어」의 시나리오는 회사에서 사용하는 경어를 많이 사용한 회화가 중심이 되었다.

다고 답한 것이다. 그리고 학생들은 이러한 그룹 학습을 통해 같은 그룹 멤버와 협력하여 하나의 작품을 완성시킬 수 있었고, 만족감을 얻을 수 있었다고 답하고 있다. 그리고 이러한 경험이 즐거운 추억이 될 것으로 생각하고 있다는 것도 알 수 있었다. 그러나 앞으로의 과제로서는 앙케트 조사의 숫자만으로는 알기 어려운 시나리오에서 볼 수 있는 일본어 분석이나 수업 방법에 관한 연구, 학생들의 감상문이나 인터뷰 등의 분석과 고찰을 할 필요가 있다는 것이다. 이러한 분석이나 고찰을 함으로써, 일본어교육에 연극을 도입하는 것에 대한 의의를 보다 명확히 할 수 있는 것이 아닐까 한다. 또한 학생들이 모여서 연습하는 시간에 대한 확보가 어려우며, 연극발표를 큰 교실에서 하고자 하는, 시간적, 공간적인 문제도 앞으로의 과제로서 그 해결책에 대한 방안 논의의 필요성도 있다고 생각한다.

제 **IV** 부

외국어 기숙사의 일본어교육

제1장
일본어 기숙사의 일본어학습

1. 서론

본장은 한국의 A 대학교에서 2004년 3월부터 시작한 외국어 기숙사의 일본어 기숙사에서 실시한 일본어교육 방안과 효과에 대해 언급한 것이다. 일본어 기숙사생을 보면, 초기에는 그다지 이야기를 하지 못했던 학생의 회화 실력이 놀랍게 향상되는 경우가 자주 있었다. 그런 학생들을 만날 때마다, 그 이유를 알고 싶었다. 본장에서는 필자가 일본어기숙사의 「생활 일본어」를 담당하여, 일본어기숙사의 모든 행사에 참가한 2007년 프로그램을 소개하고, 2011년 일본어 기숙사에서 생활하고 있는 학생과, 예전에 일본어 기숙사에서 생활한 경험이 있는 학생과의 인터뷰를 통해, 일본어 기숙사의 방안이 기숙사생의 일본어학습과 문화 이해에 주는 영향 및 효과에 대해 언급하였다.

2. 선행 연구

대학의 기숙사에 있어서 일본어교육 프로그램에 관한 선행 연구는 별로 없으며, 일본어교육에 관한 연구, 일본어교재 및 일본어회화 지도에 관한 선행 연구는 많이 있다. 일본어교육에 관한 것으로는 佐々木倫子(1999), 川口義一(2004)등이 있으며, 佐々木倫子(1999 p.13)는 「일본어교육은 실천적인 수단으로서의 수준에 머무르지 말고, 사고의 프로세스에서도 『말하는 것(話すこと)』이 관계되어 있음을 생각해야하는 것이 아닐까요? 도대체, 사고의 수단으로서의 『말하는 법(話し方)』 수업은 어떤 것이 될까요?」라고 말하며, 「말하는 것(話すこと)」은 사고의 프로세스와도 크게 관계되어 있다고 하였다. 川口義一(2004)는 「5.『학습자를 위한 표현 문법』확립을 위해」에 있어서, 어학 교육은 개인의 표현 교육이다 는 입장에 서서, 초급에서 중급 초기에 걸친 기본적인 문법사항이 「적극적으로 작용하는 표현(働きかける表現)」과 「이야기하는 표현(語る表現)」의 어느 쪽으로 향하고 있는지를 확인하여, 적절한 「문맥 화 (누가, 누구를 향해, 무엇 때문에 하는 것인가)」의 기술을 해야 한다고 기술하고 있다.

일본어교재에 관한 연구로는 関恒雄(2003), 川口義一(2005b),齊藤明美(2008),古賀千世子·藤島殉子·水野マリ子(2002),檢校裕朗·奧山洋子·安容柱(2005) 등이 있다. 関恒雄(2003)는 담화 분석의 관점에서 한국의 고등학교에 있어서의 일본어 교과서에서 볼 수 있는 부자연스러운 회화 문장에 대한 분석을 하였다. 또, 川口義一(2005b p.1)는 어느 일본어 교과서에서 제시되고 있는 부자연스러운 회화를 분석하고 그 부자연스러움은 문형·문법교육의 입장에서 보아도 용인

할 수 있는 것이 아니다 고 기술하였다. 齊藤明美(2008 p.45)는 이후 필요로 하는 일본어회화 교과서 조건으로서 「①학습자의 의사가 충분히 표현 가능 할 것. ②회화가 자연스러운 일본어로 쓰여 있을 것. ③회화 내용이 학습자의 흥미를 가질 수 있을 것. ④ 우수한 문형교재 일 것. ⑤ 적극적으로 작용하는 표현(働きかける表現)」과 「이야기하는 표현(語る表現)」을 학습할 수 있을 것. ⑥정확함과 유창함을 모두 요구할 것. ⑦말의 배경에 있는 문화, 언어행동의 이해와 결부될 것.」이라는 7개를 들고 있으며, 「적극적으로 작용하는 표현(働きかける表現)」과 「이야기하는 표현(語る表現)」은 川口義一(2005a)가 사용한 단어로, 「적극적으로 작용하는 표현(働きかける表現)」이란 「특정한 표현 의도를 실현하기 위해, 상대에게 적극적으로 작용해가는 타입의 표현 류 川口義一 .2005a .3. 「働きかける表現」)」이라 하며, 「이야기하는 표현(語る表現)」이란, 「자가에 대해 이야기하고, 타인을 이해하기 위한 표현을 (川口義一.2005a .4. 「이야기하는 표현(語る表現)」)」이라 설명하였다. 또, 古賀千世子・藤島殉子・水野マリ子(2002 p.71)는 학습자의 상황과 지역성에 적합한 회화 교재 작성을 시도하였다. 그리고 檢校裕朗・奧山洋子・安容柱((2005 p.30)는 「『종합적 일본어교육』에서 필요로 하는 회화 교재는 『커뮤니케이션을 중시하는 요구에 부응하고, 종합적인 인지를 토대로 하며, 학습자 중심의 교수법에 근거하고 이문화 커뮤니케이션의 입장에서, 이문화에 대한 이해뿐만 아니라, 자(自)문화에 대한 〈인지(氣づき)〉도 함께 생각하게 할 것. 』이라며 구체적인 예를 제시하고 있다.

일본어회화의 지도에 관한 것으로서는 佐藤揚子(2003), 川口義一(2005a)等 등이 있다. 佐藤揚子(2003 p.299)는 「커뮤니케이션 능

력에 중점을 두는 교수법에서는 『정확함』 보다 『매끄러움』을 중시하
지만, 한국에서는 모국어간섭이 『화석화』 하는 것을 막기 위해, 회화
수업에서도 초급부터 철저한 「정확함」에 대한 교육이 필요하다.」고
하였다. 또, 川口義一(2005a p.110)는 「회화를 배우기 위해서는 문
법의 도움이 필요하며, 문법을 배우는 것이 그대로 자연스러운 회화
표현을 보증한다.」고 하여 회화 학습에는 문법 학습이 없어서는 안
된다고 언급하고 있다. 이들 선행 연구를 보면, 일본어회화 학습에
는 올바른 문법 학습도 필요하며, 「커뮤니커티브 어프로치」를 주로
하는 교수법을 이용한다 하더라도, 「유창함」과 함께 「정확함」을 중요
시하는 것이 중요하다고 생각한다. 그리고 일본어와 한국어 문법의
유사성을 생각하면, 한국의 대학생 회화 교육에 있어서는 「정확함」
도 중요하다고 생각한다. 적절한 교재를 사용하여 수업에서 학습한
후, 현실에서 「개인의 의사」를 표현할 수 있는 환경이 있다면, 학생
의 일본어 회화력에 있어서 신장을 꾀할 수 있을 것이다. 그에 대한
방안으로서 일본어 기숙사에 있어서의 일본어학습 프로그램을 들 수
있다.

3. 한국의 대학생의 일본어 학습의 목적

(국제교류기금 2009)을 보면, 한국의 일본어 학습자의 학습 목적
은 초등교육 · 중등교육에 있어서는 「기관의 방침 (배우도록 정해져
있다)」이라고 답한 사람이 많으며, 고등교육에 있어서는 「일본어로
커뮤니케이션」이라고 답한 사람이 가장 많았다. 그리고 한국을 포함

한 모든 일본어 학습자의 목적을 보면 「일본 문화(역사·문학 등)에 관한 지식·정보를 얻기 위해서」, 「일본 문화(애니메이션·만화·J-POP 등)에 관한 지식·정보를 얻기 위해서」, 「일본어라는 언어 그 자체에 흥미가 있어서」, 「일본어로 커뮤니케이션을 할 수 있기 위해서」의 네 가지가 각 교육 단계에서 공통적으로 중요한 학습 목적으로 되어 있다. 佐々木倫子 (1999 p.11)에서도 「지구적 규모에서의 교통·통신 기관의 발달이 『말하는 것(話すこと)』의 중요성을 높였습니다. 따라서 문제는 커뮤니케이션의 수단으로서 일본어 회화교육을 하면 좋겠다는 학습자의 희망에 따라, 지금까지 잘 대응해 온 것인가, 그리고 이후 어떻게 부응해 나가야 할 것 인가? 입니다.」라고 되어 있어서, 학습자의 희망은 커뮤니케이션의 수단으로서 일본어 회화 습득임을 알 수 있다. 그리고 齊藤明美(2004 p.162)는 한국의 대학생에게 「무엇을 가르치면 좋겠는가?」라고 질문한 결과, 「회화 중심 수업을 하면 좋겠다.」고 답한 학생이 가장 많았다 고 보고하고 있다. 이들에 따라, 한국 대학생의 일본어학습의 주목적은 원활한 커뮤니케이션을 하기 위한 일본어 학습임을 알 수 있다.

4. 외국어 기숙사의 목적

외국어 기숙사에서 생활하기 위해서는 먼저 희망자(기본적으로는 2학년이상)가 영어, 일본어, 중국어, 러시아어 중에서 한 가지 언어를 선택하여, 기숙사 입실을 위한 신청서를 제출한다. 그 후 면접을 보고, 서류심사와 면접에 합격한 학생이 기숙사 입실을 하게 된다.

그러나 기숙사 입실 희망자가 많을 경우에는 기숙사에 들어갈 수 없는 학생이 있는 경우도 있고, 희망자가 적을 경우에는 추가 모집을 하기 때문에 기숙사생의 일본어 실력에는 차이가 있는 경우도 많다. 그리고 외국어 기숙사 건물은 한 동으로, 선택한 언어, 남녀 구분에 따라 생활하는 층을 나누고 있다.

「**외국어 기숙사의 목표**」

1. A대학교의 재학생과 외국인 유학생이 동일공간을 사용함으로써, 다국적 문화 경험을 통해 글로벌한 정신을 기른다.
2. 글로벌한 경쟁력을 익히기 위해, A대학교 재학생과 외국인 유학생 간의 토론 수업을 통해 어학 실력의 신장을 도모한다.
3. 다양한 학습 프로그램을 통해 얻은 공동체의식을 기르고, 학생간이 적극적인 교류를 실현한다.
4. 공동생활을 통해 의사소통 능력을 기르고, 상호협동, 협력을 증진하여 자기계발을 한다.
   (「외국어기숙사의 목표」에 대해서는 외국어 기숙사의 장윤희(張允熙) 사감이 학내 자료로서 작성한 자료이다.)

이것을 보면, 글로벌 시대에 경쟁력이 있는 인재 육성을 위해서는 외국어능력이 필수적이며, 어학능력 신장을 도모할 필요가 있다는 것을 알 수 있다. 그리고 한국의 대학생이 외국인 유학생과의 공동생활을 통해 다문화를 이해하며, 상호협동, 협력을 증진하여 자기계발을 한다고 되어 있다.

5. 외국어 기숙사 프로그램 참가학생

다음은 2007년 외국어 기숙사 프로그램 참가 학생의 내역이다.

〈표1〉 2007년1학기 외국어 기숙사 프로그램 참가 학생

외국어	남학생	여학생	계
	한국인학생(외국인학생)	한국인학생(외국인학생)	
영어	30(0)	47(4)	81
일본어	11(1)	24(0)	36
중국어	5(1)	15(6)	27
러시아어	5(0)	6(1)	12
	53	103	156

〈표1〉에서 2007년 1학기 일본어 기숙사생은 36명이며, 일본 유학생은 1명이었다. 기타 외국인유학생으로는 미국, 필리핀, 중국, 홍콩, 러시아에서 온 유학생이었다. 이 중에서, 미국, 필리핀, 홍콩의 유학생은 영어 층에서, 일본에서 온 유학생은 일본어 층에서, 중국 유학생은 중국어 층에서 , 러시아 유학생은 러시아어의 층에서 생활하였다.

〈표2〉 2007년2학기 외국어 기숙사 프로그램 참가 학생

외국어	남학생	여학생	계
	한국인학생(외국인학생)	한국인학생(외국인학생)	
영어	26(2)	44(3)	75
일본어	10(2)	23(0)	35
중국어	5(1)	17(4)	27
러시아어	5(0)	6(2)	13
	51	99	150

서 2007년 2학기 일본어 기숙사생은 35명으로, 일본 유학생은 2
명이었다. 기타 외국인유학생은 필리핀, 중국, 몽골, 러시아 유학생
이었다. 이 중, 필리핀과 몽골 유학생은 영어 층에서, 일본 유학생은
일본어 층에서, 중국 유학생은 중국어 층에서, 러시아 유학생은 러
시아어 층에서 생활하였다. 다음은 2007년도 일본어 기숙사생의 내
역이다.

● 2007년1학기 외국어 기숙사생

〈표3〉 2007년1학기일본어 기숙사생(남)

학과	학년	성별	인원
일본학과	2	남	1
일본학과	3	남	1
일본학과	4	남	1
의학과	2	남	1
광고홍보과	3	남	1
경제학과	4	남	1
철학과	4	남	1
정치행정학과	4	남	2
언론정보학과	4	남	2
일본인교환유학생	3	남	1
합계			12명

〈표4〉 2007년1학기 일본어 기숙사생(여)

학과	학년	성별	인원
일본학과	2	여	11
일본학과	3	여	4
일본학과	4	여	5
심리학과	2	여	1
간호학과	2	여	1
정보통신학과	3	여	1
정치행정학과	3	여	1
합계			24명

● 2007년2학기 일본어 기숙사생

〈표5〉 2007년2학기 일본어 기숙사생(남)

학과	학년	성별	인원
일본학과	1	남	1
일본학과	2	남	1
일본학과	3	남	1
광고홍보학과	3	남	1
광고홍보학과	4	남	1
경제학과	4	남	2
철학과	4	남	1
정치행정학과	4	남	1
언어정보학과	4	남	1
일본인교환유학생	1 4	남	2
합계			12명

〈표6〉 2007년2학기 일본어 기숙사생(여)

학과	학년	성별	인원
일본학과	2	여	12
일본학과	3	여	6
일본학과	4	여	2
정보통신학과	3	여	1
정치행정학과	3	여	1
광고홍보학과	4	여	1
합계			**23명**

〈표3〉~〈표6〉을 보면 일본학과뿐만 아니라, 많은 학과 학생이 함께 생활을 하고 있는 것을 알 수 있다. 특히 남학생의 경우는 1학기, 2학기 모두 일본학과 학생보다 일본학과 이외의 학생이 많았다.

6. 일본어 기숙사의 일본어 교육프로그램의 개요

여기에서는 외국어 기숙사 중에서 일본어 기숙사에 있어서 일본어 관련 프로그램에 대해 기술하고자 한다. 먼저, 일본어 기숙사생을 위한 특별과목으로는 네이티브 교수가 담당하는 필수과목인 「생활 일본어」가 있다. 그리고 일본인 유학생이 튜터로 회화 중심 학습을 하는 「튜터 수업」도 있어서, 「생활 일본어」와 「튜터 수업」의 연계가 특색이라고 할 수 있겠다. 「생활 일본어」에서 일상생활에 필요한 회화를 학습하고, 「튜터 수업」에서는 같은 기숙사에서 생활을 함께 하고 있는 연령이 비슷한 유학생과의 토론 형식의 수업에 참가함으로

써 자유롭게 회화를 할 수 있는 많은 기회를 얻을 수 있다. 기타, 일본어 노래자랑, 워크숍 (「언어와 문화의 밤」) 등의 언어 관련 프로그램이 준비되어 있다. 그리고 스포츠대회, 「인터내셔널 푸드데이」, 한국 문화체험 등의 행사도 있으나, 여기에서는 이 프로그램 가운데, 2007년 일본어학습 관련된 것을 중심으로 기술하고자 한다.

① 「생활 일본어」

「생활 일본어」는 네이티브 교수가 담당하는 필수과목으로 1주일에 3시간 (50분 수업 3회) 수업으로, 일상생활에 필요한 일본어회화를 중심으로 학습한다.

● 2007년 1학기, 2학기 「생활 일본어」

2명의 일본인 교수가 담당하며, 1학기에는 「생활 일본어3A」 (저학년을 중심으로 한 수업)와, 「생활 일본어3B」 (고학년을 중심으로 한 수업)가 있으며, 「생활 일본어3A」에서는 일상생활에 필요한 회화 수업을 「기능」 중심으로, 「생활 일본어3B」 (고학년을 중심으로 한 수업)에서는 화제를 정하여, 토론 중심의 회화 수업을 하였다. 2학기에는 「생활 일본어4A」 (저학년을 중심으로 한 수업)와 「생활 일본어4B」 (고학년을 중심으로 한 수업)가 있으며, 1학기에 이어서 일상생활에 필요한 실용적인 일본어회화 중심의 수업을 하였다.

② 「튜터 수업」

일본인 유학생이 튜터로 회화(토론)중심의 수업을 한다. 일본어 기숙사생을 5~6명의 소그룹으로 나누어, 수업을 한다. 수업 분반은 기숙사 입실 때 실시한 OPI 면접시험 결과와 대학 성적 등을 참고로 하여 정하지만, 학생의 희망도 고려한다. 그리고 수업 내용은 기본적으로는 유학생에게 맡기나, 「생활 일본어」 담당 교수와 연계하여 진행한다.

● 2007년 1학기 튜터 수업

〈표7〉 2007년 1학기 튜터 수업

19:00~20:30	월(학생 수)	화(학생 수)	수	목
강독(신문 소설 등)	○(9명)		○	
기초문법	○(5명)		○	
일본문화		○(13명)		○
일본어능력시험 준비		○(9명)		○

● 2007년 2학기 튜터 수업

〈표8〉2007년 2학기 튜터 수업

18:30~20:00	월(학생 수)	화(학생 수)	수	목
기초문법	○(4명)		○	
일본어능력시험 준비	○(14명)		○	
회화(중급)		○(9명)		○
회화(상급)		○(6명)		○

2007년 1학기에는 강독(신문·소설 등), 기초문법, 일본문화, 일본어능력시험 준비 등의 네 개 수업이 있었으며, 2학기에는 기초문법, 일본어능력시험 준비, 회화(중급), 회화(상급)의 네 개 수업이

었다. 수업 내용은 「강독」에서는 일본의 신문이나 소설 등을 독해하고 토론하였다. 「기초문법」은 회화를 위한 기본적인 문법 사항에 대해 학습하였다. 「일본문화」는 일본 연중행사와 노래, 드라마 등에 대하여 한국과 비교하면서 토론하였다. 그리고 「일본어능력시험 준비」 수업에서는 문제집을 풀면서 학습하였다. 2학기의 「기초 문법」은 회화에 필요한 기초적인 문법을 학습하면서 회화를 하였고 「회화(중급)」 「회화(상급)」은 테마를 정하여 하는 토론 중심의 수업이었다. 「일본어능력시험 준비」 수업에서는 문제집을 풀면서 학습하였다. 「튜터 수업」은 기본적으로는 회화중심 수업이나, 2007년에는 기숙사생으로부터의 요청도 있어서, 일본어능력시험 준비 클래스를 마련하였다. 하지만 튜터의 신분이 대학생인지라, 문법적인 설명이 곤란한 적이 많아, 학습 성과는 별로 없었던 것 같다. 그래서 2008년부터는 전부 회화 중심 수업으로 진행하기로 하였다.

③ 노래자랑(일본노래)

2학기에는 영어, 일본어, 중국어, 러시아어 등의 노래자랑 대회가 있다. 일본어 기숙사생은 기본적으로는 일본어 노래를 부르며 (일본인유학생이 한국의 노래를 부른 적도 있다.) 「생활 일본어」 담당 교수 등이 심사한다. 이 때, 노래뿐만 아니라 각국의 민족의상 등도 선보이며, 다문화를 체험할 수 있는 좋은 기회가 된다.

④ 워크숍 (언어와 문화의 밤)

각 학기가 마무리 될 무렵에, 워크숍 (언어와 문화의 밤)이 행해진다. 일본어 기숙사생의 「문화의 밤」은 일본어 기숙사에서 배운 일본어학습의 마무리로, 일본어로 발표가 진행된다. 「튜터 수업」 그룹마다, 튜터 지도하에 준비하고, 발표한다. 발표의 내용은 2008년까지는 애니메이션 더빙, 일본어 연극, 손가락 인형, 일본 노래 등이 많았으나, 2009년 이후에는 일본문화, 일본어 등에 대해 조사하고, 발표하고 있다.

2007년 「언어와 문화의 밤」

2007년 「언어와 문화의 밤」에서는 연극, 인형극, 마술, 노래, 애니메이션의 더빙, 영화 작성과 상영 등의 발표가 있었다.

⑤ 그 외

데코레이션 콘테스트, 스포츠대회, 【인터내셔널 푸드데이】, 한국 문화체험 등의 행사가 있다.

7. 일본어 기숙사의 일본어 학습이 학생에게 미치는 영향과 효과

여기에서는 2011년 1학기에 일본어 기숙사에서 생활한 한국인학생과 일본인유학생, 이전 (2007, 2008, 2009, 2010년) 일본어 기숙사에서 생활한 경험이 있는 학생과의 인터뷰를 통해, 일본어 기숙사에 있어서의 방안이 학생에게 미치는 영향 및 효과에 대해서 언급하고자 한다.

조사 개요

필자가 「생활 일본어」를 담당하며, 일본어 기숙사의 모든 프로그램에 참가한 2007년 일본어 기숙사에서의 방안에 대해 소개하였으나, 인터뷰는 2004년~2011년 현재까지 프로그램의 내용이 거의 같았던 점, 그리고 2007년에는 일본의 교환유학생이 1학기에 1명, 2학기에 2명 뿐 이었던 점, 2007년 일본어 기숙사생이 대부분이 이미 졸업하여, 연락이 곤란했던 점 등의 이유로부터, 여기에서는 2011년 1학기에 4명의 일본인 교환 유학생(여학생)과 생활을 함께 한 한국인유학생 8명, 2011년 1학기에 유학생과 동실은 아니었으나, 일본어 기숙사에서 생활하고 있었던 학생 4명 (이 중에는 2007, 2008, 2009년에도 일본어 기숙사에서 생활한 경험이 있는 학생이 있었다.) 2008년에 일본인유학생(남학생)과 생활을 함께 한 학생 1명, 유학생과 동실은 아니었으나, 2008년, 2009년, 2010년에 일본어 기숙사에서 생활한 경험이 있는 학생 3명을 인터뷰 하였다. 그리고 마지막으로 일본인유학생 4명에게도 인터뷰를 하였다.

그리고 인터뷰 회답은 ①2011년 1학기에 일본어 기숙사에서 생활하며 유학생(여학생)과 같은 방에서 생활한 학생의 회답, ②2008년에 일본인유학생(남학생)과 같은 방에서 생활한 경험이 있는 학생의 회답, ③2011년 1학기에 유학생과 동실은 아니었으나 일본어 기숙사에서 생활한 학생의 회답(그들 중에는 2007년, 2008년, 2009년에도 일본어 기숙사에서 생활한 경험이 있는 학생이 있었다.) ④ 유학생과 동실은 아니었으나, 2008, 2009, 2010년에 일본어 기숙사에서 생활한 학생의 회답, ⑤2011년 1학기에 일본어기숙사에서 생활하고 있었던 일본인 교환유학생의 회답, 순으로 보고하겠다. 조사 시기는 2011년 5월말~6월 초순이며, 방법은 ①②③⑤는 연구실에서 인터뷰하였으며, ④는 전화 인터뷰를 실시하였다. 인터뷰에 답한 학생의 언어는 대부분 일본어이었고, 한국어로 답한 학생도 있었다. 여기에서는 학생의 회답을 필자가 요약한 것을 표로 정리하였다.

질문 내용

일본어 기숙사에서 생활해 보고 어떻습니까? (어땠습니까). 당신의 생각을 들려주세요.

학생의 회답

학생의 회답은 표9. 표10. 표11. 표12. 표13.와 같다.

① 2011년 1학기에 일본어 기숙사에서 생활한 유학생(여학생)과 같은 방에서 생활한 한국인학생의 회답

2011년 1학기에 일본인유학생과 같은 방에서 생활한 학생의 회답은 다음과 같다.

〈표9〉 2011년 1학기에 일본인유학생과 같은 방에서 생활한 학생의 회답

	한국인 대학생의 회답
1	일본어 기숙사에는 일본이나 일본어에 흥미가 있는 학생이 있으므로 가족적인 분위기로 즐겁다.
2	일본에 1년 반 정도 있었으나, 그 때는 모르는 것이 있어도 아는 척하고 있었다. 그러나 지금은 일본인 친구가 같이 있어서, 모르는 것은 솔직히 묻고 있다.
3	튜터가 자신과 동갑으로, 대학 수업에서는 물을 수 없는 것을 물을 수 있다.

	한국인 대학생의 회답
4	일본인과 같은 방이 되어 정말로 기쁘다. 일본어와 한국어를 서로 서로 가르칠 수 있다면, 더욱 즐거울 것이다.
5	일본인과 같은 방이어서 모르는 것을 물을 수 있어서 기쁘다. 유학생은 언제나 상냥하여 수업에 갈 때, 외출 할 때, 말하고 외출한다. 일본인유학생과 같이 생활함으로써, 일본어로 이야기하는 것에 익숙해져, 무섭지 않게 되었다.
6	일본어가 그다지 자신 없으므로, 열심히 듣고 이야기하거나 하고 있다. 그러나 일본어로 이야기하면 잘 모르는 것도 있어서, 그럴 때는 답답하다.
7	TV나 인터넷으로는 모르는 것을 일본인 친구에게 직접 들을 수 있어서 기쁘다. 일본어 숙제를 가르쳐 주는 것도 좋으나, 한글을 가르쳐 줄 때는 선생님이 된 기분이여서 즐겁다. 일본어 공부를 더 열심히 하고 싶다.
8	일본어 기숙사에 들어간 이유가 일본인과 같이 생활하여 일본어와 문화를 배우는 것이었으므로, 유학생과 생활을 함께하여 자신이 성장했다고 생각한다. 그러나 자신이 단어를 모르면 일본인 친구가 곤란할 것으로 생각한다.

〈표9〉에서 보면, 일본인 유학생과 같은 방에서 생활한 한국 학생의 회답에서, 수업이나 행사에 관한 것보다, 「즐겁다」「기쁘다」「답답하다」「무섭지 않게 되었다」 등과 같은 감성적인 면에서의 코멘트가 많이 있음을 알 수 있다. 그리고 일본어 공부를 더 열심히 하고 싶다고 답한 학생도 있어, 일본어 기숙사에서의 생활이 학습 의욕에도 영향을 주고 있는 것을 알 수 있다. 인터뷰를 통해 한국인 학생과 일본인 유학생이 생활을 함께 함으로써, 서로의 언어와 문화를 서로 배울 수 있는 계기가 되었다고 보여 진다. 무엇보다도 연령이 비슷

한 유학생에게 모르는 것을 마음 편히 물을 수 있어 좋다고 답한 한
국 학생이 많았다.

② 2008년 일본인 유학생(남학생)과 같은 방에서 생활한 경험이 있
는 학생의 회답

2008년에 일본인유학생(남학생)과 같은 방에서 생활한 경험이 있
는 한국인 학생의 회답은 다음과 같다.

〈표10〉 2008년에 일본인 유학생(남학생)과 같은 방에서 생활한 경험이 있는 한국인
학생의 회답

한국인 대학생의 회답	
1	2008년에 일본인 남자 유학생과 같은 방에서, 매일 일본어로 회화를 했으므로 일본어로 이야기하는 것에 익숙해져, 스스로도 일본어회화를 잘 할 수 있게 된 것을 실감할 수 있었다. 그리고 일본문화도 알 수 있어서 즐거웠다. 이번 학기 (2011년1학기)는 남자 유학생이 없어서 유감스럽다.

〈표10〉을 보면, 한국 학생이 「스스로도 일본어회화를 잘 할 수 있
게 된 것을 실감할 수 있었다.」고 답하고 있어서, 일본어기숙사에서
의 생활이 일본어 회화실력 향상에 도움이 되었음을 알 수 있다. 그
리고 일본문화를 알 수 있었다고도 답하고 있다.

③ 2011년 1학기에 유학생과 동실은 아니지만 일본어 기숙사에서
생활한 학생의 회답

2011년 1학기에 유학생과 동실은 아니었으나 일본어 기숙사에서

생활한 한국인 학생의 회답은 다음과 같다.

〈표11〉2011년 1학기에 유학생과 동실은 아니었으나 일본어 기숙사에서 생활한 한국인 학생의 회답

한국인 대학생의 회답	
1	2007년, 2008년에도 일본어 기숙사에서 생활했으며, 일본인 친구와 사이가 좋아져 일본어로 이야기할 수 있었던 것이 좋았다. 「언어와 문화의 밤」「스포츠 대회」등의 행사도 일본인과 친구가 되는 계기가 되어 좋았다. 「튜터 수업」은 1주일에 한번, 혹은 두 번이라도 좋다. 튜터는 대학생이므로, 2007년 「튜터 수업」으로 진행한 능력시험 설명에는 무리가 있었던 것 같은 생각이 든다.
2	2007년, 2009년에도 일본어 기숙사에서 생활했으며, 일본인과 교류할 수 있어 좋았다. 일본인이 없는 곳에서도 가능한 한 일본어로 이야기하도록 하고 있다. 기숙사생은 모두 상냥해서 즐겁다. 그러나 몇 번씩 생활 일본어 수업을 듣는 것은 재미없다.
3	2008년에도 일본어 기숙사에서 생활했으며, 이전에는 유학생이 남학생이었으나, 지금은 여학생이 있어서 자주 이야기한다. 「생활 일본어」 시간이 전공과목과 겹치지 않게 하면 좋겠다.
4	일본학과 학생이 많으므로 교류를 할 수 있어서 좋다. 그러나 수업 발표 준비 등이 바빠서 튜터 수업에 참가 할 수 없을 때가 있었다.

〈표11〉을 보면 「생활 일본어」「튜터 수업」「언어와 문화의 밤」「스포츠 대회」등의 수업이나 행사에 관한 회답이 많음을 알 수 있다. 이것은 일본인 유학생과 같은 방에서 생활한 학생의 회답과는 다르다. 그리고 좋았던 점으로는 일본인과의 교류나 일본학과 친구와의 교류라고 답한 학생이 있었다.

④ 유학생과 동실은 아니지만, 2008, 2009, 2010년에 일본어 기숙
   사에서 생활한 한국인 학생의 회답

2008, 2009, 2010년에 일본어기숙사에서 생활한 학생의 회답은
다음과 같다.

〈표12〉 유학생과 동실은 아니지만, 2008, 2009, 2010년에 일본어 기숙사에서 생활한
       한국인 학생의 회답

1	일본어 기숙사에서 생활한 1년간은 즐거웠다. 좋았던 점은 방은 같지 않았지만 일본인 유학생과 자주 이야기하고, 일상적으로 일본어로 이야기하는 습관을 익힌 것이다. 여름방학에 같이 한국을 여행하며 한국을 소개하기도 하여 일본어 공부도 되었다. 일본인 친구에게 모르는 것을 바로 물을 수 있었던 것이 좋았다. 그리고 틀린 일본어를 고쳐 준 것도 공부가 되었다. 한국인 친구와 이야기할 때도, 될 수 있는 한 일본어로 이야기하도록 유의하였다. 그러나 저녁 때 튜터 수업이 부담스러운 적도 있었다. 튜터 수업의 클래스를 분반하여 수준별로 하면, 클래스에 따라서는 아무도 이야기하지 않는 경우가 있어서 클래스의 분반 방법을 생각하는 것이 좋겠다. (2008년에 일본어기숙사에서 생활한 학생)
2	다른 기숙사보다 기숙사생들의 교류가 많다. 유학생과 이야기하는 것이 좋았다. 튜터 수업은 튜터의 준비 방법에 따라 재미있기도 하고, 없기도 하다. 스포츠 데이는 다양한 나라의 사람과 교류 할 수 있어서 좋다. 「언어와 문화의 밤」은 프레젠테이션으로 된 후, 재미없어졌다고 생각한다. (2009년에 일본어 기숙사에서 생활한 학생)
3	일본과 일본어라는 동일한 것에 관심이 있는 타 학과 학생과 일본학과 학생과의 교류를 할 수 있는 것은 좋다. 기숙사에 있어도 일본어를 별로 사용하지 않았다. 일본인이 있어도 친구가 되는 것이 어려웠다. (2009년, 2010년에 일본어 기숙사에서 생활한 학생)

〈표12〉를 보면,이전 일본어 기숙사에서 생활한 것을 되돌아보며, 일본인 친구와 일상적으로 이야기함에 따라, 일본어로 이야기하는 습관을 들일 수 있어서 좋았다고 답한 학생이 있었다. 이 학생은 한국인 학생과 이야기할 때에도 될 수 있는 한 일본어로 이야기하도록 유의한다고 답하고 있다. 이러한 회답을 보면, 일본어 기숙사에서의 생활이 일본어회화 학습에 영향을 주고 있음을 알 수 있다. 그러나 한편으로는 일본인이 있어도 친구가 되는 것이 어려웠다, 일본어를 별로 사용하지 않았다, 고 답한 학생도 있었다. 같은 기숙사생이라도 일본인 교환 유학생과 동실인지, 아닌지에 따라 큰 차이가 있음을 알 수 있다.

이번의 인터뷰는 2011년 5월말~6월 초순에 실시하였으므로 2011년 1학기부터 일본어 기숙사에서 생활을 시작한 학생은 아직 경험하지 않은 행사도 있었으며, 이전 일본어 기숙사에서 생활하여, 모든 프로그램에 참가한 경험이 있는 학생의 답을 보아도 행사에 관한 회답보다 일상생활에 관한 것이 많았던 점은 주목할 만하다.

⑤ 2011년 1학기에 일본어 기숙사에서 생활한 일본인 교환유학생의 회답

일본인 교환유학생의 인터뷰 결과는 표14.과 같다. 인터뷰의 내용은 한국인 대학생에 대한 것과 동일하다.

질문내용

일본어기숙사에서 생활해 보니 어떻습니까? 당신의 생각을 들려주세요.

〈표13〉 2011년1학기에 일본어 기숙사에서 생활한 일본인 교환유학생의 회답

	일본인 유학생의 회답
1	대학에서 한국어를 공부한 것을 계기로, 한국에 흥미를 가져, 교환 유학생으로 한국에 왔다. 한국어 공부를 할 때, 바로 옆에서 일본어로 가르쳐 주는 친구가 있으므로 든든하다.
2	한국 드라마를 좋아해서 고교 때부터 혼자 한국어를 공부하였으므로, 어학실력을 시험해 보고 싶어서 유학하였다. 불편한 것은 아무 것도 없으나, 거의 일본어로 이야기하므로 한국어가 늘고 있는지 아닌지 모르겠다는 불안감이 있다.
3	글로벌 사회에 살고 있는데도 해외에 나간 적이 없었으므로 유학하였다. 대학에서 한국어를 학습하였으므로, 한국의 대학에서 한국어를 배워, 졸업 후 도움이 되고 싶었다. 일본어 기숙사는 일본어와 한국어를 서로 가르쳐주고 배워서 좋다.
4	많은 학생과 교류할 수 있는 것이 좋다.

〈표13〉을 보면, 일본인유학생이 한국어를 배우는 환경으로, 일본어로 가르쳐 주는 친구가 바로 옆에 있는 것이 마음이 든든하다고 답하고 있다. 그러나 동시에 일본어로 이야기하는 시간이 길어서, 한국어 실력 성장에 대한 불안도 함께 느끼고 있음을 알 수 있다. 그리고 많은 학생과 교류할 수 있는 점이 좋다는 회답도 있었다.

8. 결론

본 장은 2004년부터 한국의 A대학교에서 실시하고 있는 일본어 기숙사의 방안 가운데, 필자가 기숙사생의 일본어과목인 「생활 일

본어」(필수)를 담당하며, 일본어 기숙사의 모든 프로그램에 참가한
2007년의 방안에 대해, 일본어학습에 관련이 있는 것을 중심으로
소개하고, 2011년 1학기에 일본어 기숙사에서 생활한 학생과, 이전
에 일본어 기숙사에서 생활한 경험이 있는 학생에게 인터뷰를 하여
얻은 회답을 정리 한 것이다. 이러한 조사를 함으로써 한국의 대학
생 기숙사에 있어서 일본어 교육 지원 방안을 소개하고자 한다. 동
시에, 일본어 기숙사의 방안이 기숙사생들의 회화 중심의 일본어 학
습에 미치는 영향과 효과에 대해 언급하였다.

　방안에 대해서는 2007년도 방안을 소개하였으나, 인터뷰는 2004
년~2011년까지 프로그램 내용이 거의 같았던 점, 2007년에는 일본
에서의 교환 유학생이 1학기에 1명, 2학기에 2명 뿐이었던 점, 2007
년 일본어 기숙사생이 졸업하여 연락이 곤란했던 점 등의 이유로 인
해, ①2011년 1학기에 일본어 기숙사에서 생활하며 유학생(여학생)
과 같은 방에서 생활한 학생 4명, ②2008년에 일본인 유학생(남학
생)과 같은 방에서 생활한 경험이 있는 학생 1명, ③2011년 1학기에
유학생과 동실은 아니지만 일본어 기숙사에서 생활한 학생 4명 (그
들 중에는 2007년, 2008년, 2009년에도 일본어 기숙사에서 생활
한 학생이 있었다) ④유학생과 동실은 아니지만, 2008, 2009, 2010
년에 일본어 기숙사에서 생활한 학생 3명, ⑤2011년 1학기에 일본어
기숙사에서 생활한 일본인 교환유학생 4명, 총20명을 대상으로 실
시하였다.

　질문 내용은「일본어 기숙사에서 생활해보고 어떻습니까? (어땠습
니까?) 당신의 생각을 들려주세요.」로, 인터뷰 시기는 2011년 5월말
~6월 초순이었다. 인터뷰 형식은 대부분 필자의 연구실에서 진행하

였으나, 이전에 일본어 기숙사에서 생활한 학생에 대해서는 전화 인터뷰로 실시하였다. 그리고 학생의 회답 내용은 필자가 요약하여, 표로 정리하였다.

학생의 회답에서 일본어 기숙사에서 생활하고 있는 한국인 대학생은 일본인 교환유학생과의 교류와 기숙사생을 위한 일본어 교육 지원 프로그램에 참가함으로써, 회화를 중심으로 하는 일본어학습에 대해 의욕적으로 되었고, 이 문화에 대한 이해를 깊게 하고 있는 것으로 생각된다.

인터뷰의 결과, 얻을 수 있었던 일본어 기숙사의 방안이 기숙사생에게 주는 영향과 효과, 및 문제점에 대해 정리해보면 다음과 같다.

● 일본어 기숙사의 방안이 기숙사생의 일본어학습에 주는 영향과 효과

〈한국인 대학생의 회답에서 볼 수 있는 영향과 효과〉

1. 일본인 유학생과 생활을 함께함으로써 일본어로 이야기하는 것에 익숙해져서 이야기하는 것이 무섭지 않게 되었다.
2. 일상적으로 일본어로 이야기하는 습관이 들었다.
3. 동세대인 일본인에게 여러 가지 물을 수 있는 점이 좋다.
4. 일본어에 대한 학습 의욕이 늘었다.
5. 서로의 언어를 서로 가르칠 수 있어서 즐겁다.
6. 연령이 비슷한 일본인 친구에게 일본 문화에 대해서 들을 수 있는 것이 좋다.
7. 일본어 회화를 잘 할 수 있게 된 것을 실감할 수 있었다.

〈일본인 교환유학생의 회답에서 볼 수 있는 영향과 효과〉

1. 일본어가 통하므로 안심하고 생활할 수 있다.

2. 한국어를 일본어로 가르쳐 주는 친구가 옆에 있는 것은 기쁘다.

3. 많은 학생과 교류할 수 있는 것이 좋다.

문제점

〈한국인 대학생 회답에서 볼 수 있는 문제점〉

1. 튜터도 대학생이라 문법 설명은 어렵다.

2. 「튜터 수업」은 클래스의 분반 방법에 따라, 회화가 무르익지 않는 경우가 있어서, 모두가 즐겁게 이야기할 수 있도록 유의 할 필요가 있다.

3. 일본어 기숙사에 있어도 일본어를 별로 사용하지 않는 학생이 있었다.

〈일본인 대학생 회답에서 볼 수 있는 문제점〉

1. 일본어로 이야기하는 시간이 길어서, 한국어가 늘고 있는지 어쩐지 불안해진다.

이상으로 인터뷰 결과를 보면, 학생들은 일본인 교환유학생과 함께 생활을 함으로써 일본어로 이야기하는 것에 익숙해져 이야기하는 것이 무섭지 않게 되었고, 일상적으로 일본어로 이야기하는 습관이 들었다고 답하고 있다. 그리고 동세대 일본인에게 다양하게 물을 수 있다는 점이 좋다, 일본어에 대한 학습 의욕이 늘었다 고 답한 학생도 있었다. 또한 일본어 회화를 잘 할 수 있게 된 것을 실감할 수

있었다 고 답한 학생도 있으며, 일본어 기숙사에서 일본인 교환유학
생과 생활을 함께 하면서, 「생활 일본어」 수업에서 생활에 필요한 회
화를 중심으로 하는 일본어를 배우고, 「튜터 수업」에서 나이가 비슷
한 일본인 유학생과 토론을 중심으로 한 학습을 하면서, 일상적으로
일본어를 사용함으로써, 일본어학습에 대한 의욕이 더해가고 있는
것 같다. 그러나 앞으로의 과제도 몇 가지 있다. 문제점으로서는 「튜
터 수업」이 반드시 원활히 진행되지 않는 경우도 있거나, 일본어 기
숙사에 있어도 일본어를 별로 사용하지 않는 학생이 있었던 것 등이
다. 일본 유학생과 동실에서 생활한 학생은 매일 일본어로 이야기할
기회가 많지만, 룸메이트가 한국인 학생인 경우는 한국인 친구와 일
상적으로 일본어로 사용하는 것은 그리 간단치 않은 것 같다. 한편,
일본인 교환유학생의 회답을 보면, 일본어가 통하므로 안심하고 생
활할 수 있고, 한국어를 일본어로 가르쳐 주는 친구가 옆에 있다는
점은 기쁘며, 많은 학생과 교류할 수 있는 것이 좋다 고 회답하였다.
그리고 문제점으로서는 일본어로 이야기하는 시간이 길어 한국어가
늘고 있는지에 대해 불안해진다는 회답도 있었다.

　이번 조사에서는 학생과의 인터뷰로 진행하였으나, 이번 조사 결
과를 바탕으로 이후 앙케트 조사를 실시하고자 한다. 이렇게 함으로
써, 일본어 기숙사의 방안에 따른 효과의 유무를 보다 객관적으로
증명할 수 있을 것으로 생각한다.

제2장
일본어 기숙사의 일본어학습에 관한 의식조사

1.서론

본장은 한국의 대학에 있는 일본어 기숙사에서의 일본어학습에 관한 연구이다. A대학의 외국어 기숙사에서는 한국의 대학생이 네이티브 스피커인 유학생과 함께 생활하면서, 일본어, 영어, 중국어, 러시아어 등의 외국어를 일상적으로 사용함으로써 어학실력을 키우고, 상대 나라에 대한 문화를 이해하며, 글로벌 정신을 익혀, 국제사회에서 활약할 수 있는 인재를 육성하고자 하는 방안이 행해지고 있다. 구체적으로는 네이티브 교수의 회화 수업(필수과목)인「생활 외국어」와 유학생이 튜터가 되어 회화를 배우는「튜터 수업」등이 있다. 이 수업 이외에도 문화에 관한 그룹 학습을 하고, 그 결과를 목표언어로 발표하는「문화의 밤」과, 유학생과 함께 목표언어로 노래를 부르는「노래자랑」, 유학생과 한국 학생이 함께 즐기는「스포츠대회」

등도 있다. 본 연구에서는 이러한 방안 중에서 한국의 일본어 기숙 사생의 일본어학습에 대한 학습인지, 학습노력, 학습흥미, 자신감, 및 사회성 등에 관한 의식이 그들이 함께 생활하는 일본인유학생 수 의 증가에 따른 변화가 보일 것인가에 대해 조사한 결과를 보고한 것이다. 한편 일본어 기숙사생은 기숙사 희망자가 신청서를 제출한 뒤 면접을 통해 선발되므로, 어느 정도 일본어회화가 가능한 학생이 많으나, 간혹 일본어 회화 능력에 문제가 있는 학생이 있는 경우도 있다. 여기에서는 일본어 기숙사생과 그렇지 않은 학생을 대상으로 앙케트 조사를 실시하여, 결과를 분석하였다. 이는 통계적인 증명을 함으로써 보다 객관적으로 데이터화 할 수 있을 것으로 생각했기 때 문이다.

2. 선행연구

대학의 학생기숙사에 관한 선행 연구로는 鈴木(2010), 鈴木 · 元 岡 · 桂(2011), 大野(2012), 加納(2012), 瀧口 · 前田 · 吉廣 · 梶 原 · 池田 · 德田(2012), 中田(2012) 등이 있다. 鈴木(2010)는 일본 의 국립대학, 사립대학 등의 유학생 기숙사를 방문하여, 청취 조사 를 함으로써, 유학생 기숙사는 「이문화 이해 교육에 도움이 되는 주 거환경을 제공해 나가야 한다. (p.1522)」 그리고 동시에 「개인실 설 비가 완비되어 있는 기숙사 일수록 기숙사생 간의 교류는 적어져, 유학생의 일본어 습득 등에도 시간이 걸리는 것 같다. (p.1521)」고 하였다. 또, 鈴木 · 元岡 · 桂(2011)는 여자대학 학생기숙사의 기숙사실과 공용 공간의 구성에 대해 기술하며, 「대학의 학생기숙사란, 학생들이 개성을 살리면서도, 공동생활을 통해 풍요로운 인간관계를 형성할 수 있는 장소가 아닐까? (p.14)」라고 하였다. 그리고 大野 (2012)는 기숙사생활을 하는 학생 43명과 인터뷰를 하여 기숙사생의 의식에 대해 정리하며, 기숙사생활은 인간관계를 학습하는 좋은 기회이다. 라고 기술하고 있다. 加納 (2012)는 기숙사생이 쓴 문장을 분석함으로써, 여자대학의 교육기숙사는 「명확한 목적의식과 확고한 방침으로 기숙사 운영에 임하면, 학생기숙사는 인격교육 및 그리스도교 교육의 장소로서 충분히 기능할 수 있음을 시사하고 있다. (p.125)」고 하였다. 瀧口 · 前田 · 吉廣 · 梶原 · 池田 · 德田(2012)는 학교기숙사 운영의 현상과 과제에 대해 언급하며, 「기숙사내에서 학습회나 문화 동아리 같은 것을 만들어 기숙사생끼리 서로 배워 절차탁마(切磋琢磨) 할 수 있는 환경을 만드는 것도 중요하여, 사람이 많은 것을 능숙하게 이용하는 발상도 필요하다. (p.16)」고 하였다. 또, 中田(2012)는 독일의 기숙사가 있는 학교를 조사하여, 「기숙사가 있는 학교는 젊은이의 친구관계를 연구하기 위해서는 조사 결과의 보편성이 제한되어있다 하더라도, 최적의 장소라고 할 수 있다. (p.57)」고 하였다.

이들 선행 연구를 보면, 학생 기숙사 및 유학생 기숙사가 인간관계의 학습, 인격교육, 국제 이해교육의 장소로 성립할 수 있음을 알 수 있다. 동시에 기숙사생의 절차탁마 할 수 있는 환경이 필요하다는 것도 알 수 있다. 하지만 이들 선행 연구에는 일본어기숙사를 대상으로 한 것은 없고, 일본어교육에 관한 분석을 한 것도 없다. 다만, 소수이기는 하나, 외국어 기숙사에 관한 선행 연구로, 齊

藤(2011), 齊藤 · 黃 · 小城(2011)가 있다. 齊藤((2011)는 2007년 일
본어 기숙사의 방안을 소개하며, 일본어 기숙사에서 생활한 경험이
있는 학생과의 인터뷰를 통해, 일본어 기숙사에 있어서 일본어학습
에 관한 지원이, 학생의 일본어 회화학습에 대한 동기와 일본문화의
이해에 영향을 미치고 있는 것을 밝혔다. 또, 齊藤 · 黃 · 小城(2011)
는 2011년 1학기에 일본어 기숙사생과 그렇지 않은 학생을 대상으로
앙케트 조사를 실시한 결과를 분석하여, 齊藤(2011)의 결론을 통계
적으로 증명하고 있다. 따라서 본장에서는 2011년 2학기에 유학생의
수가 늘어나서, 1실을 제외한 모든 방에서 한국인 학생과 일본인유
학생이 생활을 함께 하게 된 것을 계기로 하여, 유학생 수의 증가가
한국인 대학생의 일본어학습에 대한 학습인지, 학습노력, 학습흥미,
자신감 및 사회성에 관한 의식에 영향을 미치는가에 대해 조사하기
로 하였다.

3. 조사 개요

2011년 1학기말(2011년6월)에 일본어 기숙사생 33명과, 일본어를
학습하고는 있으나 일본어 기숙사생이 아닌 학생 61명, 총 94명을
대상으로 앙케트 조사를 실시하였다. 그리고 2011년 2학기말 (2011
년 12월)에 일본어 기숙사생 29명과 일본어 기숙사생이 아닌 학생
58명, 총87명을 대상으로 같은 앙케트 조사를 실시하여, 한국인 대
학생의 일본어학습에 관한 학습인지, 학습노력, 학습흥미, 자신감 및
사회성에 대한 의식 변화의 유무에 대한 고찰을 하였다. 조사지는 齊

藤 · 黃 · 小城(2011)에서 작성한 것을 사용하였다. 조사 시에는 한국어 조사지를 사용하였다. 조사는 수업시간에 실시하여 그 자리에서 회수하였다. 조사 결과 분석은 SPSS를 이용하여 t검정을 행하였다.[1]

3.1. 2011년 1학기와 2학기의 일본어 기숙사생의 수

2011년 1학기와 2학기 일본어 기숙사생의 수는 다음과 같다. 〈표1〉, 〈표2〉의 일본어기숙사생의 수를 보면 1학기 33명, 2학기 30명임을 알 수 있다. 그리고 1학기에 4명이었던 일본인유학생이 2학기에는 9명으로 증가하였다. 일본어 기숙사생의 방은 3인실로, 1학기는 11실 가운데 4실에 일본인유학생이 있었으며, 2학기에는 10실중 9실에 일본인유학생이 있게 되었다. 한편 1학기와 2학기 일본어 기숙사생은 학생의 사정에 따라 다소의 이동이 있는 경우도 있었으나, 1학기에 기숙사생활을 한 대부분의 학생이 2학기에도 남아있었다.

〈표1〉 2011년 1학기 일본어 기숙사생의 수

외국어	남학생	여학생	계
	한국인학생(외국인학생)	한국인학생(외국인학생)	
영어	28(5)	40(11)	84
일본어	9(0)	20(4)	33
중국어	5(4)	14(7)	30
러시아어	2(0)	7(1)	10
	53	104	157

---

1 t-검정은 2개의 평균치에 대한 검정 시, 가장 많이 사용되는 통계 방법으로 N은 인원수를, 그리고 p 〈.001***은 0.1% 수준으로 유의차가 있음을 나타낸다.

〈표2〉 2011년 2학기 일본어 기숙사생의 수

외국어	남학생	여학생	계
	한국인학생(외국인학생)	한국인학생(외국인학생)	
영어	23(8)	44(7)	82
일본어	7(2)	14(7)	30
중국어	8(1)	10(8)	27
러시아어	0(5)	7(1)	13
	53	104	153

3.2. 2011년 2학기 조사 참가자[2]

조사 참가자는 아래와 같으며, 〈표3〉에서 〈표6〉을 보면, 일본어 기숙사생 29명, 일본어 기숙사생이 아닌 학생 58명으로, 총 87명이다. 그리고 학생의 국적은 일본인 8명, 한국인 79명이며, 조사 참가자의 학년구분을 보면 1학년 0명, 2학년 22명, 3학년 36명, 4학년 29명으로, 3학년, 4학년, 2학년 순으로 많았다. 한편, 조사 참가자의 성별은 남성 32명, 여성 55명으로, 여성이 63, 2%를 차지하였다. 단, 조사 시, 회답으로 부적절한 것도 있어서, 통계 처리를 할 수 있었던 수는 일본어 기숙사 생 21명과 일본어기숙사생이 아닌 학생 58명, 총79명이었다.

---

2 본고는 2011년 2학기 조사결과를 중심으로 하였으므로, 여기에서는 2011년 2학기 조사 참가자를 나타냈다. 2011년 1학기 조사 참가자에 대해서는 齊藤·黃·小城 (2011 p.121)를 참조하길 바란다.

〈표3〉일본어기숙사 학생과 일본어기숙사가 아닌 학생의 수

집단	빈도	퍼센트	유효 퍼센트
일본어기숙사 학생	29	33.3	33.3
일본어기숙사가 아닌 학생	58	66.7	66.7
합계	87	100.0	100.0

〈표4〉조사 참가자의 국적

	빈도	퍼센트	유효 퍼센트
한국인 학생	79	90.8	90.8
유학생(일본인)	8	9.2	9.2
합계	87	100.0	100.0

〈표5〉유학생(일본인)

	빈도	퍼센트	유효 퍼센트
2학년	22	25.3	25.3
3학년	36	41.4	41.4
4학년	29	33.3	33.3
합계	87	100.0	100.0

〈표6〉조사 참가자의 성별

	빈도	퍼센트	유효 퍼센트
남	32	36.8	36.8
여	55	63.2	63.2
합계	87	100.0	100.0

3.3. 조사지

이어서 2011년 1학기 및 2학기에 사용한 조사지는 다음과 같다. 조사는 조사지에 있는 각 항목에 대해 1~5 중에서 하나를 선택하는 방법으로 실시하였다. 조사지의 1~5 는 「1.정말 그렇다 2. 그렇다 3. 어느 쪽도 아니다. 4. 별로 그렇지 않다 5 전혀 그렇지 않다」이다.

〈표7〉 조사지

	질문내용	
1	교과서 이외의 일본어 서적이나 신문을 읽었다.	1 2 3 4 5
2	일본어 억양이 정확해졌다고 생각한다.	1 2 3 4 5
3	일본어 회화가 능숙해졌다고 생각한다.	1 2 3 4 5
4	일본어로 이야기할 때 무섭지 않게 되었다.	1 2 3 4 5
5	일본문화에 대해 이해가 되었다고 생각한다.	1 2 3 4 5
6	일본인 학생과 자주 일본어로 이야기하였다.	1 2 3 4 5
7	일본인 친구에게 한국어를 가르쳐 줄 수 있었다.	1 2 3 4 5
8	일본인 친구에게 일본어를 배웠다.	1 2 3 4 5
9	다양한 나라의 유학생과 친구가 되었다.	1 2 3 4 5
10	유학생에게 한국 문화를 가르쳐 줄 수 있었다.	1 2 3 4 5
11	매일 일본어 공부를 했다.	1 2 3 4 5
12	일본어 수업의 예습 복습은 반드시 하였다.	1 2 3 4 5
13	일본어 단어를 많이 공부하였다.	1 2 3 4 5
14	일본어 한자를 많이 공부하였다.	1 2 3 4 5
15	한국인 친구와도 일본어로 이야기하도록 하였다.	1 2 3 4 5
16	매일 가능한 한 일본어로 이야기하도록 하였다.	1 2 3 4 5
17	일본어 문법을 잘 알 수 있게 되었다.	1 2 3 4 5
18	일본어 공부는 즐겁다.	1 2 3 4 5

	질문내용	
19	수업 이외의 일본어 공부모임이 있으면 참가하고 싶다.	1 2 3 4 5
20	이후 일본어 공부를 더 열심히 하려고 한다.	1 2 3 4 5
21	일본어 공부는 앞으로도 계속하려고 한다.	1 2 3 4 5
22	일본어 공부는 장래 도움이 된다고 생각한다.	1 2 3 4 5
23	일본어 작문이 능숙해졌다고 생각한다.	1 2 3 4 5
24	일본어 청취를 잘 할 수 있게 되었다고 생각한다.	1 2 3 4 5
25	일본어 악센트가 정확해졌다고 생각한다.	1 2 3 4 5
26	졸업 후에는 일본어를 사용하는 일을 하고 싶다.	1 2 3 4 5
27	일본인학생과의 교류회가 있으면 참가하고 싶다.	1 2 3 4 5
28	자신의 학과 이외의 친구와도 사이가 좋아졌다.	1 2 3 4 5
29	일본 드라마나 애니메이션을 많이 보았다.	1 2 3 4 5
30	동일본대지진의 영향으로 일본어학습자가 감소할 것으로 생각한다.	1 2 3 4 5

齊藤・黃・小城(2011 pp.122-123)

4. 조사 결과

조사 결과 가운데, 학생이 일본어 기숙사생인지 아닌지에 따라 유의차를 보인 항목과, 일본어 기숙사생 가운데, 학생이 일본학과 학생인지 아닌지에 따라 유의차를 보인 항목에 대해 기술하고자 한다.[3]

---

3 2011년1학기 조사결과는 齊藤・黃・小城(2011)와 같다. 여기에서는 2011년 2학기 조사 결과를 중심으로 기술하며, 유의차를 보인 항목으로 1학기와 공통인 항목이 있는 경우에는 1학기와 2학기 조사 결과를 나타냈다.

그리고 질문은 「Q」이며, Q1~Q10을 「학습인지」, Q11~Q17은 「학습 노력」, Q18~Q22는 「학습흥미」, Q23~Q25는 「자신감」, Q26~Q30 은 「사회성」으로, 각각의 항목을 5개의 카테고리로 분류하였다.

4.1. 학생이 일본어 기숙사생인지 아닌지에 따라 유의차를 보인 항목

- 2011년 1학기에 일본어 기숙사생인지 아닌지에 따라 유의차를 보인 항목.
  Q6. 일본인 학생과 자주 일본어로 이야기하였다.
  Q7. 일본인 친구에게 한국어를 가르쳐 줄 수 있었다.
  Q8. 일본인 친구에게 일본어를 배웠다.
  Q9. 다양한 나라의 유학생과 친구가 되었다.
  Q10. 유학생에게 한국 문화를 가르쳐 줄 수 있었다.
  Q16. 매일 가능한 한 일본어로 이야기하도록 하였다.
  Q28. 자신의 학과 이외의 친구와도 사이가 좋아졌다

2011년 1학기에 일본어 기숙사생인지 아닌지에 따라 유의차를 보인 항목을 보면, 「학습 인지」(Q6.Q7.Q8.Q9.Q10.), 「학습노력」 (Q16.), 「사회성」(Q28.)의 카테고리에 있어서 유의차를 보였음을 알 수 있다.

- 2011년 2학기에 일본어 기숙사생인지 아닌지에 따라 유의차를 보인 항목

Q3. 일본어 회화가 능숙해졌다고 생각한다.

Q4. 일본어로 이야기할 때 무섭지 않게 되었다.

Q6. 일본인 학생과 자주 일본어로 이야기하였다.

Q7. 일본인 친구에게 한국어를 가르쳐 줄 수 있었다.

Q8. 일본인 친구에게 일본어를 배웠다.

Q9. 다양한 나라의 유학생과 친구가 되었다.

Q10. 유학생에게 한국 문화를 가르쳐 줄 수 있었다.

Q13. 일본어 단어를 많이 공부하였다.

Q16. 매일 가능한 한 일본어로 이야기하도록 하였다.

Q21. 일본어 공부는 앞으로도 계속하려고 한다.

2011년 2학기에 일본어 기숙사생인지 아닌지에 따라 유의차를 보인 항목을 보면, 「학습인지」(Q3.Q4.Q6.Q7.Q8.Q9.Q10.), 「학습노력」(Q13.Q16.), 「학습흥미」(Q21.)의 카테고리에 있어서 유의차를 보였음을 알 수 있다.

그리고 1학기와 2학기 결과를 비교해 보면, 2학기가 1학기에 비해, 보다 많은 항목에서 유의차를 보였음을 알 수 있다. 1학기에 유의차를 보인 항목 가운데 Q28.이외는 모두 유의차를 보였으며, 1학기에는 유의차가 없었던, Q3.Q4.(「학습인지」), Q13.(학습노력), Q21.(「학습흥미」)의 4항목에 있어서도 유의차를 보였다. Q28.(「사회성」)은 1학기에는 유의차가 있었으나, 2학기에는 유의차가 없는 항목으로, 그 이유는 명확치 않으나, 1학기 일본어 기숙사생이 2학기의 일본어 기숙사생보다, 학과에 구애받지 않고 폭넓게 친구교제를 하려고 노력한 것으로 보인다.

이어서, 2011년 2학기 조사에서 유의차가 있는 항목에 대한 그래 프이다. 조사 결과는 카테고리별로 정리하였다.

「학습인지」 카테고리에 있어서 유의차를 보인 항목

● [Q3] 일본어 회화가 능숙해졌다고 생각한다.

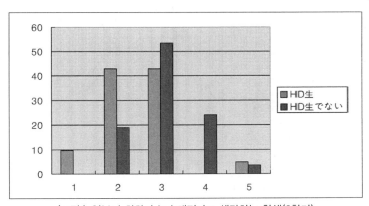

〈그림1〉 일본어 회화가 능숙해졌다고 생각하는 학생(2학기)

〈표8〉 일본어 회화가 능숙해졌다고 생각하는 학생(2학기)

집단	N	평균	표준편차
일본어 기숙사가 아닌 학생	58	3.12	.751
일본어 기숙사학생	21	2.48	.873
t값 = 3.226 , df = 77 , P = .002 (p<.01**)			

Q3.은 1학기 조사에서는 일본어 기숙사생과 일본어 기숙사생이 아닌 학생의 조사 결과에서 유의차가 없었으나, 2학기에는 유의차를

보인 항목이다. 조사 결과로부터 일본어기숙사에서 생활하는 학생
이 일본어 기숙사생이 아닌 학생과 비교하여, 일본어 회화가 능숙해
졌다고 생각한다고 답한 학생이 많았다. 1로 답한 학생은 9.5%, 2로
답한 학생은 42.9%였다.

● [Q4] 일본어로 이야기할 때 무섭지 않게 되었다.

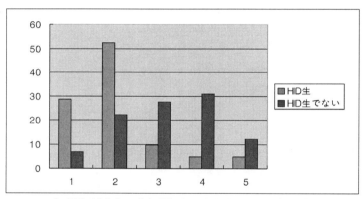

〈그림2〉 일본어로 이야기할 때 무섭지 않게 된 학생(2학기)

〈표9〉 일본어로 이야기할 때 무섭지 않게 된 학생(2学期)

집단	N	평균	표준편차
일본어 기숙사가 아닌 학생	58	3.19	1.131
일본어 기숙사학생	21	2.05	1.024
t값 = 4.061 , df = 77 , P = .000 (p<.001***)			

Q4.도 1학기 조사에서는 일본어 기숙사생과 그렇지 않은 학생의
조사 결과에서 유의차가 없었으나, 2학기 조사 결과에서는 유의차
를 보인 항목이다. 일본어 기숙사생은 그렇지 않은 학생과 비교하

여, 일본어로 이야기할 때 겁내지 않게 되었다고 답한 것이다. 이것
은 10실중 9실 학생이 일본인학생과 생활을 함께 함으로써 일본어로
이야기하는 것에 익숙해져, 두려움이 없어졌다고 생각한다. 1로 답
한 학생이 28.6%, 2로 답한 학생이 52.4%이었다.

● [Q6] 일본인 학생과 자주 일본어로 이야기하였다.

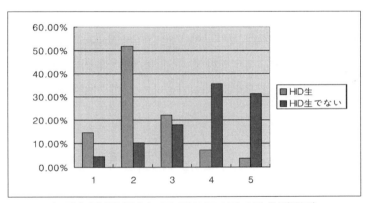

〈그림3〉 일본인 학생과 자주 일본어로 이야기 한 학생(1학기)

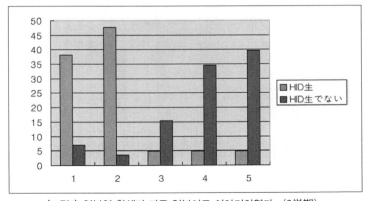

〈그림4〉 일본인 학생과 자주 일본어로 이야기하였다. (2学期)

〈표10〉일본인 학생과 자주 일본어로 이야기한 학생(2학기)

집단	N	평균	표준편차
일본어 기숙사가 아닌 학생	58	3.97	1.154
일본어 기숙사학생	21	1.90	1.044
t값 = 7.182 , df = 77 , P = .000 (p<.001***)			

Q6.의 1학기와 2학기 결과를 비교해 보면, 일본어 기숙사생 가운데 1학기에 1로 답한 학생은 14.8%, 2로 답한 학생이 51.9%이었던 것에 비해, 2학기에 1로 답한 학생은 38.1%, 2로 답한 학생은 47.6%였다. 이로써, 일본인학생 수가 늘어난 2학기가 1학기에 비해, 일본인과 자주 일본어로 이야기했다고 답한 학생이 증가하였음을 알 수 있다.

● [Q7] 일본인 친구에게 한국어를 가르쳐 줄 수 있었다.

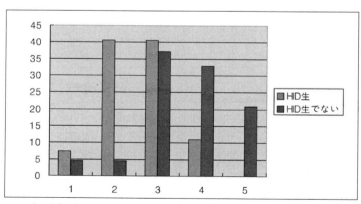

〈그림5〉일본인 친구에게 한국어를 가르쳐 줄 수 있었던 학생(1학기)

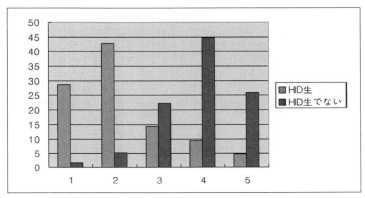

〈그림6〉 일본인 친구에게 한국어를 가르쳐 줄 수 있었던 학생(2학기)

〈표11〉 일본인 친구에게 한국어를 가르쳐 줄 수 있게 된 학생 (2학기)

집단	N	평균	표준편차
일본어 기숙사가 아닌 학생	58	3.88	.919
일본어 기숙사학생	21	2.19	1.123
t값 = 6.792 , df = 77 , P = .000 (p〈.001***)			

　　Q7.은 일본어 기숙사생 가운데 1학기에 1로 답한 학생은 7.4%, 2로 답한 학생은 40.7%로, 1과 2의 합계는 48.1%이었다. 이에 비해, 2학기에 1로 답한 학생은 28.6%, 2로 답한 학생은 42.9%로, 1과 2의 합계는 71.5%가 된다. 그림5, 그림6을 보면 2학기에 1로 답한 학생이 상당히 증가하였다.

● [Q8] 일본인 친구에게 일본어를 배웠다.

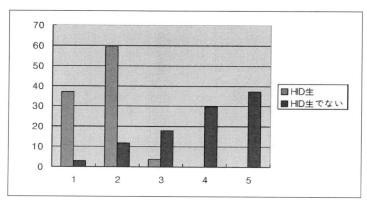

〈그림7〉 일본인 친구에게 일본어를 배운 학생(1학기)

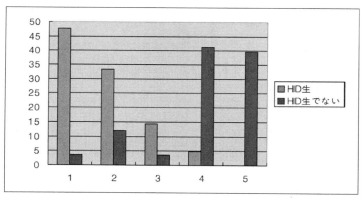

〈그림8〉 일본인 친구에게 일본어를 배운 학생(2학기)

〈표12〉 일본인 친구에게 일본어를 배웠다. (2학기)

집단	N	평균	표준편차
일본어 기숙사가 아닌 학생	58	4.02	1.116
일본어 기숙사학생	21	1.76	.889
t값 = 8.341 , df = 77 , P = .000 (p〈.001***)			

Q8.은 일본어 기숙사생 가운데 1학기에 1로 답한 학생은 37.0%, 2로 답한 학생은 59.3%로 1과 2의 합계는 96.3%이었다. 이에 비해, 2학기에 1로 답한 학생은 47.6%, 2로 답한 학생은 33.3%로, 1과 2의 합계는 80.9%이었다. 일본어 기숙사에는 「튜터 수업」이 있어서, 기본적으로는 기숙사생 전원이 일본인 친구에게 일본어를 배우게 되나, 튜터의 수업 방법이나 학생의 학습 스타일에 따라 학생의 인식이 다르다고 생각한다.

●[Q9] 다양한 나라의 유학생과 친구가 되었다.

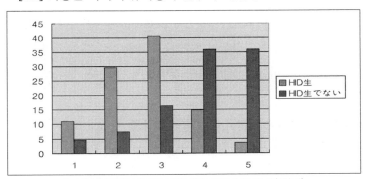

〈그림9〉 다양한 나라의 유학생과 친구가 된 학생(1학기)

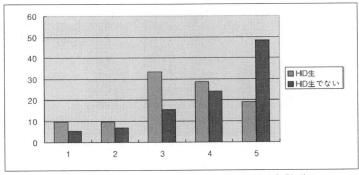

〈그림10〉 다양한 나라의 유학생과 친구가 된 학생 (2학기)

〈표13〉 다양한 나라의 유학생과 친구가 된 학생 (2학기)

집단	N	평균	표준편차
일본어 기숙사가 아닌 학생	58	4.03	1.184
일본어 기숙사학생	21	3.38	1.203
t값 = 2.158 , df = 77 , P = .034 (p<.05*)			

Q9.는 일본어 기숙사생 가운데 1학기에 1로 답한 학생이 11.1%, 2로 답한 학생이 20.6%로, 1, 2의 합계는 40.7%이다. 이에 비해, 2학기에는 1과 2로 답한 학생 모두 9.5%로, 둘의 합계는 19%이었다. 이로써, 이 항목에 관해서는 2학기보다 1학기가, 다양한 나라의 유학생과 친구가 되었다고 답한 학생이 많았음을 알 수 있다. 이것은 2학기에는 동실에 일본인학생이 있어서 다양한 나라의 유학생과 친구가 되었다고 인식하는 학생이 적은 것이 아닐까 한다.

● [Q10] 유학생에게 한국 문화를 가르쳐 줄 수 있었다.

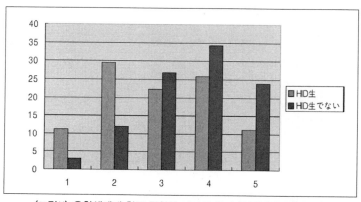

〈그림11〉 유학생에게 한국 문화를 가르쳐 줄 수 있었던 학생(1학기)

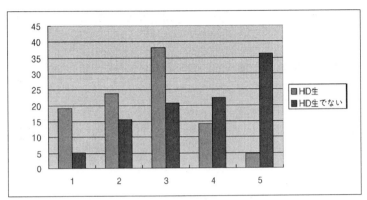

〈그림12〉 유학생에게 한국 문화를 가르쳐 줄 수 있었던 학생(2학기)

〈표14〉 유학생에게 한국 문화를 가르쳐 줄 수 있었다. (2학기)

집단	N	평균	표준편차
일본어 기숙사가 아닌 학생	58	3.69	1.259
일본어 기숙사학생	21	2.62	1.117
t값 = 3.434 , df = 77 , P = .001 (p〈.01**)			

Q10은 1학기에 1로 답한 일본어 기숙사생은 11.1%, 2로 답한 학생은 29.6%로, 1과 2의 합계는 40.7%가 된다. 2학기 결과를 보면, 1로 답한 학생이 19.1%, 2로 답한 학생이 23.8%로, 1과 2의 합계는 43.5%가 된다. 1학기에 비해 2학기가 1로 답한 학생이 증가하였고, 2로 답한 학생이 감소하였으나, 1과 2의 합계는 2학기가 다소 증가했다고 할 수 있다.

「학습노력」 카테고리에 있어서 유의차를 보인 항목

● [Q13] 일본어 단어를 많이 공부하였다.

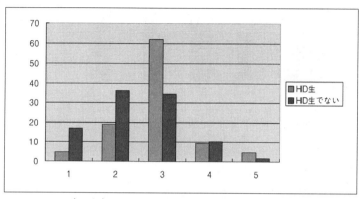

〈그림11〉 일본어 단어를 많이 공부한 학생 (2학기)

〈표15〉 일본어 단어를 많이 공부한 학생(2학기)

집단	N	평균	표준편차
일본어 기숙사가 아닌 학생	58	2.43	.957
일본어 기숙사학생	21	2.90	.831
t값 = −2.147 , df = 40.550 , P = .038 (p<.05*)			

Q13은 1학기에는 유의차가 없었으나, 2학기 조사 결과에서는 유의차를 보인 항목이다. 그림13을 보면, 1 또는 2로 답한 학생은 일본어 기숙사생보다, 일본어기숙사생이 아닌 학생 쪽이 많았다.

● [Q16] 매일 가능한 한 일본어로 이야기하도록 하였다.

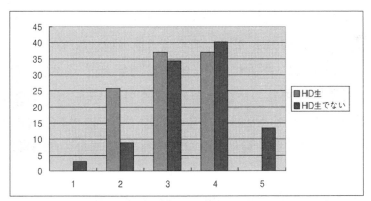

〈그림14〉 매일 가능한 한 일본어로 이야기하도록 한 학생(1학기)

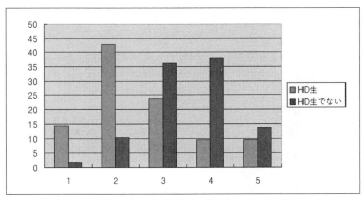

〈그림15〉 매일 가능한 한 일본어로 이야기하도록 한 학생(2학기)

〈표16〉 매일 가능한 한 일본어로 이야기하도록 한 학생 (2학기)

집단	N	평균	표준편차
일본어 기숙사가 아닌 학생	58	3.52	.922
일본어 기숙사학생	21	2.57	1.165
t값 = 3.747 , df = 77 , P = .000 (p〈.001***)			

Q16은 1학기에 1로 답한 일본어 기숙사생은 없었으나, 2로 답한 학생이 25.9% 있었다. 한편, 2학기 결과를 보면, 1로 답한 학생이 14.3%, 2로 답한 학생이 42.9% 있었다. 이를 보면, 일본인학생이 증가함에 따라 매일 가능한 한 일본어로 이야기하도록 했다고 답한 일본어 기숙사생이 상당히 증가한 것을 알 수 있다. 이것은 일본인 유학생과 생활을 함께 함으로써, 당연한 결과라고 말할 수 있겠다.

「학습흥미」 카테고리에 있어서 유의차를 보인 항목

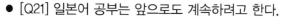

● [Q21] 일본어 공부는 앞으로도 계속하려고 한다.

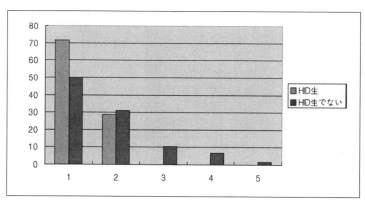

〈그림16〉 일본어 공부는 앞으로도 계속하려는 학생(2학기)

〈표17〉 일본어 공부는 앞으로도 계속하려는 학생(2학기)

집단	N	평균	표준편차
일본어 기숙사가 아닌 학생	58	1.79	1.005
일본어 기숙사학생	21	1.29	.463
t값 = 3.054 , df = 72.445 , P = .003 (p〈.01**)			

Q21은 1학기에는 유의차가 없었으나, 2학기에 유의차를 보인 항목이다. 일본어 기숙사생의 결과를 보면, 1로 답한 학생이 71.4%, 2로 답한 학생이 28.6%로, 2개를 합치면 100%가 된다. 이로써, 일본인유학생과 생활을 함께 함에 따라, 일본어 기숙사생의 일본어학습에 대한 학습의욕이 높아진다는 것이 밝혀졌다.

4.2. 일본어 기숙사생이 일본학과인지 아닌지에 따라 유의차를 보인 항목

여기에서는 일본어 기숙사생이 일본학과 학생인지 아닌지에 따라, 유의차를 보인 항목에 대해서 언급한다. 1학기 조사 결과에서는 「학습인지」(Q2.), 「학습노력」(Q13.), 「사회성」(Q26)의 카테고리 3항목에 있어서 유의차가 있었으나, 2학기의 조사 결과에서는 「학습노력」(Q11. Q12.) 「학습흥미」(Q20.), 「사회성」(Q26. Q28.)의 카테고리 5항목에서 유의차를 보였다. 이를 보면, 1학기와 2학기의 공통 항목은 「사회성」인 Q26.뿐임을 알 수 있다. 각 항목의 내용은 다음과 같다. 한편, 1학기 조사 참가자는 일본어 기숙사생 27명 가운데, 일본학과가 15명, 일본학과 이외의 학생이 12명이었다. 그리고 2학기 조사 참가자는 일본어 기숙사생 21명 가운데 일본학과 12명, 일본학과 이외의 학생은 9명이었다.

- 1학기에 일본어 기숙사생이 일본학과 학생인지 아닌지에 따라 유의차를 보인 항목.

Q2. 일본어 억양이 정확해졌다고 생각한다.

Q13. 일본어 단어를 많이 공부하였다.

Q26. 졸업 후에도 일본어를 사용하는 일을 하고 싶다.

1학기에 일본어 기숙사생이 일본학과 학생인지 아닌지에 따라 유의차를 보인 항목을 보면, 「학습인지」(Q2.), 「학습노력」(Q13.), 「사회성」(Q26.)에 있어서 유의차를 보였다.

● 2학기에 일본어 기숙사생이 일본학과인지 아닌지에 따라 유의차를 보인 항목.

Q11. 매일 일본어 공부를 하였다.

Q12. 일본어 수업의 예습·복습은 반드시 하였다.

Q20. 이후 일본어 공부를 더 열심히 하려고 생각한다.

Q26. 졸업 후에는 일본어를 사용하는 일을 하고 싶다.

Q28. 자신의 학과 이외의 친구와도 사이가 좋아졌다.

2학기에 일본어 기숙사생이 일본학과인지 아닌지에 따라 유의차를 보인 항목을 보면, 「학습인지」카테고리에 속하는 항목은 없으며, 「학습노력」(Q11.Q12.), 「학습흥미」(Q20.), 「사회성」(Q26.Q28.)에 속하는 항목에 있어서 유의차를 보이고 있었다.

1학기와 2학기의 조사 결과를 비교하면, 1학기에 유의차를 보인 항목에서는 모두 일본학과 학생이, 다른 학과 학생보다 「1」 또는 「2」를 많이 선택하였다. 그리고 2학기 조사 결과에서도 Q28이외에는 일본학과 학생이 다른 학과 학생보다 「1」또는 「2」를 많이 선택하였다. 이와 같이, 일본어 기숙사생이라도 학과에 따라 조사 결과가 차이가 있었다. 그리고 2학기 조사에서 유의차를 보인 「Q11.매일 일본어 공부를 하였다.」「Q12.일본어 수업의 예습·복습은 반드시 하였다.」「Q20.이후 일본어 공부를 더 열심히 하려고 생각한다.」는 1학기에서는 유의차가 없었던 항목이지만, 이들은 「학습노력」이나 「학습흥미」카테고리에 속하는 항목으로 일본인유학생이 늘어남에 따라 학생의 의식에 영향을 미친 결과로 생각된다.

이어, 2학기 조사 결과에서 유의차를 보인 Q11.Q12.Q20.Q26.Q28.의 조사 결과를 그래프로 나타냈다.

「학습노력」 카테고리에 있어서 유의차를 보인 항목

● [Q11] 매일 일본어 공부를 하였다.

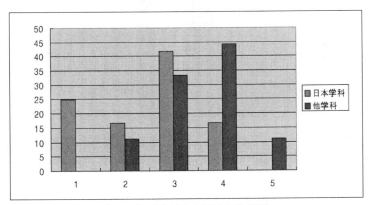

〈그림17〉 매일 일본어 공부를 한 학생

〈표18〉 매일 일본어 공부를 한 학생

집단	N	평균	표준편차
일본학과가 아닌 학생	12	2.50	1.087
일본학과 학생	9	3.56	.882
t값 = −2.380 , df = 19 , P = .028 (p〈.05*)			

Q11.에서 1을 선택한 일본학과 학생은 25.0%, 2로 답한 학생은 16.7%로, 둘의 합계는 41.7%가 된다. 이것은 3을 선택한 학생과 같은 퍼센트였다.

● [Q12] 일본어 수업의 예습·복습은 반드시 하였다.

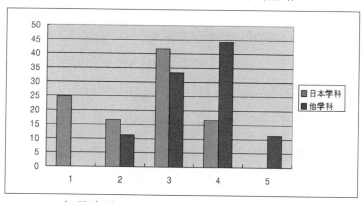

〈그림18〉 일본어 수업의 예습·복습은 반드시 한 학생

〈표19〉 일본어 수업의 예습·복습은 반드시 한 학생

집단	N	평균	표준편차
일본학과가 아닌 학생	12	2.50	1.087
일본학과 학생	9	3.56	.882
t값 = −2.380 , df = 19 , P = .028 (p〈.05*)			

Q12는 1을 택한 학생은 없었으나, 2를 택한 일본학과 학생이 33.3%이며, 3을 선택한 학생은 66.7%로, 2와 3을 합치면 100%가 된다.

「학습흥미」 카테고리에 있어서 유의차를 보인 항목

● [Q20] 이후 일본어 공부를 더 열심히 하려고 생각한다.

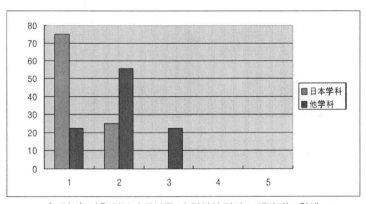

〈그림18〉 이후 일본어 공부를 더 열심히 하려고 생각하는 학생

〈표20〉 이후 일본어 공부를 더 열심히 하려고 생각하는 학생

집단	N	평균	표준편차
일본학과가 아닌 학생	12	1.25	.452
일본학과 학생	9	2.00	.707
t값 = −2.966 , df = 19 , P = .008 (p<.01**)			

Q20에서 1을 택한 일본학과 학생은 75.0%, 2를 택한 학생은 25.0%로 둘의 합계는 100%가 된다. 일본인유학생의 존재는 일본학

과 한국인학생의 학습의욕을 향상시키고 있다고 생각한다.

「사회성」 카테고리에 있어서 유의차를 보인 항목

● [Q26] 졸업 후 일본어를 사용하는 일을 하고 싶다.

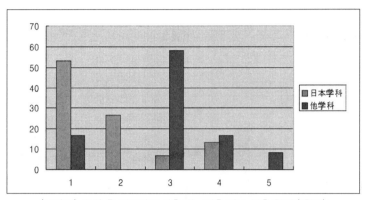

〈그림20〉 졸업 후 일본어를 사용하는 일을 하고 싶은 학생 (1학기)

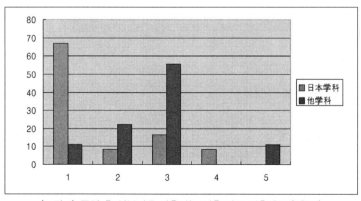

〈그림21〉 졸업 후 일본어를 사용하는 일을 하고 싶은 학생(2학기)

〈표21〉 졸업 후 일본어를 사용하는 일을 하고 싶은 학생

집단	N	평균	표준편차
일본학과가 아닌 학생	12	1.67	1.073
일본학과 학생	9	2.78	1.093
t값 = −2.380 , df = 19 , P = .028 (p<.05*)			

Q26에서 2학기에 1로 답한 일본학과 학생은 66.7%, 2로 답한 학생은 8.3%이며 1과 2의 합계는 75.0%로, 일본학과 이외의 학생에 비해, 상당히 많았다. 그리고 1학기보다 2학기에 1로 답한 학생이 늘어난 것도 알 수 있다. 이것은 일본학과 학생의 특성으로 생각할 수도 있겠으나, 2학기가 되어 졸업 후에는 일본어를 사용하는 일을 하고 싶은 학생이 증가하였음을 알 수 있다.

● [Q28] 자신의 학과 이외의 친구와도 사이가 좋아졌다.

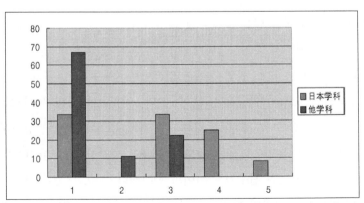

〈그림22〉 자신의 학과 이외의 친구와도 사이가 좋아진 학생

〈표22〉 자신의 학과 이외의 친구와도 사이가 좋아진 학생

집단	N	평균	표준편차
일본학과가 아닌 학생	12	2.75	1.422
일본학과 학생	9	1.56	.882
t값 = 2.213 , df = 19 , P = .039 (p〈.05*)			

Q28의 조사 결과를 보면, 일본학과 학생과 비교하여 일본학과 이외의 학생이 자신의 학과 이외의 친구와도 사이가 좋아졌다고 답한 학생이 상당히 많았다. 이것은 일본학과 학생이 같은 학과 학생과 사이가 좋기 때문에, 타 학과 학생과는 그다지 교제가 없었던 것이 아닐까 로 생각할 수 있겠으나, 이번 조사만으로는 이유를 단정하기에는 무리가 있다고 생각한다.

이상의 조사 결과를 보면, 『학습노력』(Q11.Q12.), 『학습흥미』(Q20.), 『사회성』(Q26.Q28.) 가운데, Q28.을 제외한 Q11.Q12.Q20.Q26.에 있어서 일본학과 학생의 대다수가 다른 학과 학생과 비교하여, 「Q11.매일 일본어 공부를 하였다.」「Q12.일본어 수업의 예습·복습은 반드시 하였다.」「Q20.이후 일본어 공부를 더 열심히 하려고 생각한다.」「Q26.졸업 후에는 일본어를 사용하는 일을 하고 싶다.」고 답한 학생이 많았음을 알 수 있다. 이것은 학과의 특성으로 말할 수도 있겠으나, 1학기에 비해, 2학기에 유의차를 보인 항목이 증가한 것은 일본인유학생 영향도 있었다고 생각한다. 또한 「Q28.자신의 학과 이외의 친구와도 사이가 좋아졌다.」는 일본학과 학생에 비해, 일본학과 이외의 학생이 자신의 학과 이외의 친구와도 사이가 좋아졌다고 답한 학생이 상당히 많았던 것은, 일본학과 학생이 일본학과 학생끼리 친구관계를 구축하고 있었기 때문으로 생각할 수도

있겠으나, 이번 조사 결과만으로 그 이유를 밝히는 것은 무리가 있
다고 생각한다.

5. 결론

본 장은 한국 대학의 외국어기숙사 안에 있는 일본어 기숙사에 있
어서 일본어학습에 관한 연구이다. 여기에서는 일본인유학생이 4명
이었던 2011년 1학기와, 유학생이 9명으로 늘어, 1실을 제외한 모든
기숙사실에 한국인학생과 일본인학생이 생활을 함께 하게 된 2학기
에, 한국인대학생의 일본어학습에 대한 학습인지, 학습노력, 학습흥
미, 자신감, 및 사회성에 관한 의식에 변화가 있는지 유무에 대해 언
급하였다. 먼저, 일본어 기숙사생과 그렇지 않은 학생을 대상으로
조사하여, 1학기와 2학기의 조사 결과를 비교하였다. 그 다음으로,
일본어 기숙사생이 일본학과인지 아닌지에 대해서도 동일하게 조사
하여 결과를 비교하였다.

● 일본어 기숙사생과 그렇지 않은 학생과의 사이에 유의차를 보인
   항목

조사 결과를 보면, 일본어 기숙사생과 그렇지 않은 학생과의 사이
에는 「Q3. 일본어 회화가 능숙해졌다고 생각한다. Q4. 일본어로 이야
기할 때 무섭지 않게 되었다. Q6. 일본인 학생과 자주 일본어로 이야
기하였다. Q7. 일본인 친구에게 한국어를 가르쳐 줄 수 있었다. Q10.
유학생에게 한국 문화를 가르쳐 줄 수 있었다.」(「학습인지」), 「Q16.

매일 가능한 한 일본어로 이야기하도록 하였다.」(학습노력)「Q21.
일본어 공부는 앞으로도 계속하려고 한다.」(「학습흥미」)에서 유의차
를 보여, 모두 일본어 기숙사생이, 그렇지 않은 학생과 비교하여 「1.
정말 그렇다」 또는 「2. 그렇다」고 답한 학생이 많았다. 그리고 2학기
쪽이 보다 긍정적인 회답이 증가하였다는 것을 알 수 있었다. 특히,
「Q3.일본어 회화가 능숙해졌다고 생각한다. Q4.일본어로 이야기할
때 무섭지 않게 되었다.」와 같은 항목과 「Q21.일본어 공부는 앞으로
도 계속하려고 한다.」와 같은 자신감과 학습의욕을 높이는 좋은 결
과가 나온 것은 일본인유학생이 증가한 것과 관계가 있다고 생각한
다. 그러나 「Q13.일본어 단어를 많이 공부하였다」는 일본어 기숙사
생보다 일본어 기숙사생이 아닌 학생 쪽이 긍정적이었다.

● 일본어 기숙사생이라도 일본학과인지 아닌지에 따라 유의차를
　보인 항목

　일본어 기숙사생이라도 일본학과인지 아닌지에 따라 유의차를 보
인 항목에 대해서는 2학기에 「Q11.매일 일본어 공부를 하였다. Q12.
일본어 수업에 예습·복습은 반드시 하였다.」(「학습노력」), 「Q20.이
후 일본어 공부를 더 열심히 하려고 한다.」 (「학습흥미」), 「Q26.졸업
후에는 일본어를 사용하는 일을 하고 싶다」 (「사회성」)에 있어서 일
본학과 학생이 그렇지 않은 학생보다 긍정적인 회답을 한 것이 밝혀
졌다. 특히 「Q20.이후 일본어 공부를 더 열심히 하려고 한다.」는 일
본학과 학생은 1 또는 2를 택한 학생의 합계가 100%로, 일본인학생
의 존재가 일본학과 학생의 학습의욕을 향상시켰다고 생각한다. 그
러나 「Q28.자신의 학과 이외의 친구와도 사이가 좋아졌다」는 일본학

과 학생보다 다른 학과 학생 쪽이 긍정적인 회답을 한 사람이 많은 것을 확인 할 수 있었다.

● 1학기와 2학기의 조사 결과 비교

1학기와 2학기의 조사 결과를 비교하자면, 2학기 쪽이 유의차를 보인 항목이 많으며, 긍정적인 회답이 증가했음도 밝혀졌다. 이는 2학기에 보다 많은 한국인대학생이 일본인유학생과 생활을 함께 한 것과 관련이 있다고 생각한다.

이후 과제로는 한국인학생과 함께 생활함으로써 생기는 일본인학생의 한국어학습에의 영향에 대해서도 연구 할 필요가 있을 것으로 생각한다.

홈스테이와 일본어교육

제1장
홈스테이가 일본어학습과 이문화
이해에 미치는 영향

1. 서론

한국의 A대학교 일본학과는 1996년부터 일본 돗토리(鳥取)현에 있는 난부쵸(南部町)와 교류를 하고 있다. 매년 7월 초에서 중순에 걸쳐, A대학교 학생들은 여름방학을 이용하여, 난부쵸(南部町)에서 10일간 홈스테이를 하고 있다. 그리고 난부쵸(南部町) 국제교류위원회를 중심으로 한 홈스테이 사업 관계자나 호스트 패밀리를 경험한 사람들이 2년에 한번 한국을 방문하여, A대학교 교원과 홈스테이 사업에 참가한 학생들과 교류회를 열고 있다. 본장에서는 이러한 한국의 대학과 일본의 지방도시와의 교류를 중심으로 한 홈스테이에 착안하여, 홈스테이를 한 한국의 대학생 시점에서, 2012년 (필요에 따라 2013년)에 실시한 앙케트 조사 결과를 바탕으로, 홈스테이가 학생들의 일본어학습과 이문화 이해 및 호스트 패밀리와의 심리적 교류에 미치는 영향 등에 대해 언급하고자 한다.

　A대학교 학생의 홈스테이는 올해 (2013년)로 19회째를 맞이하였다. 본장에서는 앞서 기술한 바와 같이 2012년의 앙케트 조사 분석 결과를 중심으로 하나, 필요에 따라 2013년 앙케트 결과와 1996년(제1회), 2004년(제10회) 작문과 보고서 등을 참고로 하면서, 홈스테이가 일본어학습과 이문화 이해 및 사람과 사람의 마음의 교류에 미치는 영향에 대해 언급하고자 한다. 이러한 연구를 함으로써 현재 이루지고 있는 홈스테이에 대한 재검토, 홈스테이에 대한 학생들의 인식 등을 밝힐 수 있을 것이며, 이후 더 좋은 홈스테이를 실시하기 위한 방법 등에 대한 회답 등을 얻을 수 있으리라 본다. 또한 이러한 교류가 증가하는 것은 한일 간의 우호적 관계를 구축하기 위해서도 도움이 될 것으로 생각한다.

2. 선행연구

　일본어를 학습하고 있거나, 혹은 일본에서 유학하고 있는 학생의 일본에 있어서 홈스테이에 관한 연구로는 三間(2003), 鈴木(2000), 見城(1997), 松本,宮下(2003), 鹿浦(2007), 鹿浦(2008), 齊藤(2012), 原田(2012)등이 있다.

　三間(2003)는 나가노(長野)국제친선클럽에서 실시하고 있는 한국인대학생의 홈스테이 수용 가정에 착안하여, 「수용 가정에 대한 지원 체제를 갖추면, 홈스테이의 수용 가족이 이문화학습의 원조자가 될 수 있다」고 하였다. 또, 鈴木(2000)는 아카이 가와무라(赤井

川村)에서의 유학생 홈스테이에 있어서 호스트와 유학생을 대상으로 한 의식 조사 회답을 바탕으로, 외국인유학생과 수용한 쪽인 호스트 모두 각각의 배움에 주목하여, 홈스테이에서의 문화의 학습은 「자신 혹은 상대의 문화적 실천에 대한 발견과 재검토인, 지극히 개인적인 작업이며, 더욱이 상호작용적인 작업이다」라고 하였다. 그리고 松本,宮下,(2003)는 2002년에 실시된 한국의 대학생이 일본에서의 홈스테이에 대한, 호스트 패밀리의 수용에 관한 감상문을 소개하며, 「이러한 교류가 한일 상호이해를 깊게 하기 위해서는 대단히 의미가 있을 뿐더러, 앞으로 계속해 가는 것이 중요하다」고 보고하였다. 또, 鹿浦(2007)는 홈스테이, 유학생, 일본어교원의 시점에서, 일본의 홈스테이에 있어서 일본어학습의 효용에 대해 말하며, 「홈스테이 가족의 지원과 일본어교원의 지원을 얻어, 그리고 일본어교원과 홈스테이 가족이 연계한 지원을 얻어 유학생의 자발적인 노력을 한다면, 홈스테이 가족과 유학생의 커뮤니케이션이 긴밀하게 이루어져, 한층 더 일본어학습의 효과를 얻을 수 있다」고 하였다. 또, 鹿浦(2008)는 6학기 동안의 유학생의 홈스테이에 관하여 유학생의 주거 종류와 학기 말 성적을 대조하여, 홈스테이 하는 학생은 성적이 좋았다 는 보고를 하였다. 그리고, 見城(1997)는 치바대학에 있어서 홈스테이 · 홈 방문 프로그램의 현상과 과제에 대해 언급하였다. 또, 齊藤(2012)는 한국의 대학생이 일본에서 홈스테이를 체험한 사례를 제시하며, 제1회와 제10회 학생과 호스트 패밀리의 감상문을 바탕으로, 각각의 입장에서 학생의 일본어 실력, 이문화 이해, 배움, 홈스테이의 좋았던 점, 유감스러웠던 점등에 대해서 기술하였다. 그리고 原田(2012)는 재일(在日) 유학생의 체험에 근거하여, 홈스테이에 대한 유학생의 평가를 조사, 분석하여, 「1) 86%의 유학생이 홈스테이의 서포트에 만족하며 유익하다고 평가하고 있는 점, 2)유익한 경우, 유익하지 않은 경우 모두를 포함하여, 홈스테이를 커뮤니케이션 능력, 이문화 접촉, 이문화 이해, 이문화 사회적응을 높이는 장소로서 평가하고 있는 점, 3)전기에서 후기에 걸쳐, 시간의 경과에 따라서 홈스테이가 『일본어 커뮤니케이션 능력과 문화와 생활 습관을 학습하는 서포트 장소』에서, 『따뜻한 가정과 가족제공 서포트 장소』로 평가가 변화되어, 이문화 적응이 진행되어간다.」고 기술하였다. 이상의 선행 연구 이외에도, 영어를 배우는 일본인이 캐나다, 오스트레일리아, 미국 등에서 영어연수와 홈스테이를 겸한 프로그램에 참가하여 그 결과에 초점을 맞춘 논문으로는 松田(2007, 2012), Chihiro Tajima.Simon Cookson(2011), Erina Tateyama(2003), Furmanovsky Michael(2007)등이 있으나[1], 여기에서는 일본어를 학습하고 있는 한국의 대학생이 일본에서 홈스테이를 했을 경우에 대해서 언급하므로, 영어를 배우는 일본인의 홈스테이에 대해서는 자세히 설명하지 않겠다.

---

1 松田(2007)는 나고야(名古屋) 문리대학이 실시하고 있는 오스트레일리아에서 홈스테이를 하면서 영어연수를 하는 13일간의 프로그램에 관한 연구로, 프로그램의 재검토를 하는 동시에, 사전연수의 진행 방법에 대해 언급하였다. 또,松田(20012)는 미국에서 진행된 해외연수의 성과와 의의에 대해, 학생의 보고서와 앙케트 조사를 바탕으로 기술하였다. Chihiro Tajima. Simon Cookson(2011)는 일본인 대학생이 15주에 걸친 캐나다 유학에서의 영어불안에 대해 언급하였다. Erina Tateyama(2003)는 홈스테이를 하면서 오스트레일리아에 단기유학한 일본의 대학생에 관한 연구로, 유학을 통해서 학생의 이문화 이해가 깊어지고, 영어학습의 동기 부여가 된다는 보고를 하였다. Furmanovsky Michael(2007)는 오스트레일리아에서 6주 단기 프로그램에 참가한 일본인학생 25명의 조사 결과에 대해 기술하였다.

이들 연구에 의해, 홈스테이에 의한 학습과 효용에 대해 밝혀 온 부분도 많으나, 한국의 대학과 일본의 지방도시와의 20년에 걸친 교류를 다룬 논문은 그리 많지 않다고 생각한다. 본 장에서는 2012년 일본에서 홈스테이를 체험한 한국의 대학생을 대상으로 실시한 앙케트 조사 결과를 바탕으로 하여, 홈스테이와 일본어학습과 이문화 이해, 심리적 교류 등에 관한 학생들의 인식을 밝히고자 한다.

3. 홈스테이의 개요

A대학교에서는 1996년부터 일본 돗토리(鳥取)현에 있는 난부쵸(南部町)와 교류를 시작하여, 거의 매년[2]한국의 학생이 난부쵸(南部町)에서 10일간 홈스테이를 하고 있다. 홈스테이는 올해 (2013년)로 19회 째[3]를 맞이하였으며, 지금까지 참가한 학생 수는 180명을 넘는다.[4] 그리고 호스트 패밀리는 대부분 과거 경험이 있는 사람으로, 가족구성은 가정마다에 다르며, 어린 아이가 있는 가정과 노부부만 있는 가정도 있었다. 직업도 다양하여, 농업, 임업 경영인, 회사원, 공무원 등으로, 각 가정에 한사람씩 학생을 받아들였다.

---

2 2003년에는 SARS의 영향으로 실시할 수 없었으나, 그 외에는 매년 실시하였다.
3 996년에는 2월과 7월에 실시하여 2013년에 19회째가 되었다.
4 기본적으로는 매년 10명의 학생이 참가하나, 제1회는 23명이 참가하였으며, 2011년에는 동일본 대지진의 영향으로 3명의 학생이 참가하였다. 2013년 참가자는 7명으로 참가자 수는 다소의 변화가 있다. 일정에 관해서도 다소 변경하는 경우도 있다.

334 제V부 홈스테이와 일본어교육

3.1. 2012년 홈스테이의 개요

2012년 홈스테이 기간은 7월6일~15일(10일간)로, 참가자는 10명 (1학년 2명 (남 1명, 여 1명), 2학년 5명 (남 2명, 여 3명), 3학년 1명 (여 1명), 4학년 2명 (여 2명))으로, 일본어회화가 어느 정도 가능한 학생들이었다. 주요 일정은 다음과 같다.

〈표1〉 홈스테이 일정표(2012년)

일 (요일)	연수 활동 내용
6일 (금)	호스트 패밀리와 만남
7일 (토)	호스트 패밀리의 날
8일 (일)	오야마(大山)등산
9일 (월)	돗토리 대학 방문 돗토리 사구
10일 (화)	노인과의 교류, 돗토리 化回廊견학, 환영회
11일 (수)	다도교실, 초등학교방문, 돗토리 글리코 방문
12일 (목)	삼림 공원(아웃도어 체험), 도예교실
13일 (금)	요나고(米子)시내 걷기
14일 (토)	호스트 패밀리의 날
15일 (일)	송별회

〈표1〉에서 보면 호스트 패밀리, 초등학생, 대학생, 노인과의 교류, 다도, 도예 등의 문화체험, 오야마(大山) 등산이나 돗토리 사구, 삼림 공원에서의 아웃도어 체험, 요나고 시내 걷기, 돗토리 化回廊 견학, 돗토리 글리코 방문 등, 다양한 프로그램이 준비되어 있으며, 이러한 스케줄은 시행착오 끝에, 학생의 의견 등을 고려하여 난부쵸 (南部町) 담당자가 작성하였다. 1996년 보고서(p4)를 보면, 견학이

많았고 문화체험은 도예 하나뿐이었다. 그러나 2004년 제10회 일정
표부터는 화도, 다도, 서도 연수가 첨가되었다. 그리고 2004년 학생
감상문에는 동세대 사람들과 교류하고 싶다는 의견이 있었고, 2005
년부터는 대학방문 프로그램을 준비하였다. 한편 이 연수에는 대학
등에서의 어학연수는 포함되어 있지 않은데, 그 이유는 이 연수의
목적이 어학연수가 아니기 때문이다.

3.2. 학생이 홈스테이에 참가하고자하는 이유

일본에서 홈스테이를 희망하는 학생은 홈스테이에 대한 자신의 생
각을 쓴 작문을 제출하여, 그것을 바탕으로 교수가 면접하여 홈스테
이에 참가할 학생을 선발하고 있으나, 2012년 학생이 제출한 작문[5]
을 보면, 홈스테이에 참가하고자 하는 이유로, 「교과서에서 학습한
일본 문화를 직접 체험하고 싶다.」「홈스테이를 하면 자신의 일본어
실력을 키울 수 있다.」「많은 사람과 일본어로 이야기하고 싶다.」「일
본의 일상생활을 체험하고 싶다.」「일본 사람들에게 한국 생활과 문
화를 알리고 싶다.」「일본인과 좋은 관계를 맺고 싶다.」「자신의 일
본어 실력을 시험하는 좋은 기회라고 생각한다.」「평생 잊을 수 없는
추억을 만들고 싶다.」 등이다. 그리고 2013년에 참가한 학생의 작문
에도 「홈스테이를 통해 현지에서 직접 대화하면서 일본어에 대해 자
신감을 갖고 싶다.」「일본에서 체험하는 것뿐만 아니라 한국에 대해
서도 알 수 있는 계기가 되었으면 좋겠다.」「홈스테이는 호스트 패밀

---

5 학생의 작문은 한국어이다.

리와 같이 생활하면서, 그 나라의 언어와 문화를 자연스럽게 체험하는 것이다.」「홈스테이를 하는 학생과 수용 가족이 서로 이해할 수 있는 장소가 되면 좋겠다.」등으로 쓰여 있다. 2012년, 2013년에 참가한 학생의 작문을 보면, 학생들이 홈스테이에 참가하고자 하는 이유로 ①일본어 향상(자신의 일본어가 현지에서 통하는지 시도해 보고 싶다. 자신감을 갖고 싶다), ②문화(생활)체험, ③호스트 패밀리와의 인간관계 구축(상호이해)등 임을 알 수 있다. 또, 자신의 일본어에 불안을 느끼고 있다고 쓴 학생은 1996년 (제1회), 2004년(제10회), 2012년(제18회), 2013년(제19회)에 참가한 학생에게 공통되는 것이었다.

4. 조사 개요

홈스테이에 관한 앙케트 조사는 학생이 홈스테이 체험을 하고 한국에 돌아온 2012년7월에 실시하였다. 조사 항목은 다음 25항목[6]으로,25항목 가운데, Q1, Q3, Q23, Q24, Q25는 홈스테이에 관한 전반적인 감상이며, Q2, Q4, Q5는 대인관계에 관한 항목, Q6~Q22는 일본어학습에 관한 항목이다. 조사는 연구실에서 실시하여, 그 자리에서 회수하였다. 조사 방법은 1~5 (1.정말 그렇다 2.그렇다

---

6 25개 조사 항목은 필자가 독자적으로 작성한 것으로 홈스테이에 관한 전반적인 감상, 대인관계, 일본어학습 영역으로 분류할 수 있다. 대인관계는 홈스테이에 참가한 학생끼리의 협력이 홈스테이 전체에 영향을 끼친다고 생각하여, Q2,4,5를 작성하였으며, 일본어학습에 대해서는 가능한 한 많은 항목을 마련하고자하여 Q14,19와 같은 질문도 하였다.

3.어느 쪽도 아니다. 4.별로 그렇지 않다. 5.전혀 그렇지 않다.) 중, 하나를 선택하여 체크하였다.

〈표2〉는 조사용지의 내용이며, 그 다음은 자유기술 질문이다.

〈표2〉 조사용지

다음 질문에 대한 대답을 1~5 중에서 하나 골라 주세요. 1. 정말 그렇다 2. 그렇다 3. 어느 쪽도 아니다 4. 별로 그렇지 않다 5. 전혀 그렇지 않다	
1	홈스테이는 재미있었다.	1 2 3 4 5
2	홈스테이를 통해 잘 몰랐던 친구와 친해질 수 있었다.	1 2 3 4 5
3	홈스테이는 좋은 경험이 되었다고 생각한다.	1 2 3 4 5
4	홈스테이 준비를 할 때 협력하지 않은 사람도 있었다	1 2 3 4 5
5	홈스테이를 준비하면서 친구와 싸움을 하여 사이가 나빠졌다	1 2 3 4 5
6	홈스테이를 통해 일본어 실력이 늘었다고 생각한다.	1 2 3 4 5
7	평소 교실에서는 공부할 수 없는 일본어 표현을 배울 수 있었다.	1 2 3 4 5
8	홈스테이를 통해 몰랐던 말을 배웠다.	1 2 3 4 5
9	홈스테이를 통해 일본어와 일본문화를 알 수 있었다.	1 2 3 4 5
10	홈스테이를 통해서 일본어에 익숙해졌다.	1 2 3 4 5
11	홈스테이를 통해 일본어로 이야기하는 것에 자신감을 가질 수 있게 되었다.	1 2 3 4 5
12	홈스테이를 하면서 일본어 공부를 더 열심히 해야겠다고 생각했다.	1 2 3 4 5
13	홈스테이는 일본어학습 전반에 도움이 되었다고 생각한다.	1 2 3 4 5
14	홈스테이는 일본어작문에 공부가 되었다.	1 2 3 4 5

15	홈스테이를 통해 자연스러운 상황에서 일본어 문법을 학습할 수 있었다.	1 2 3 4 5
16	홈스테이는 일본어회화 공부에 도움이 된다고 생각한다.	1 2 3 4 5
17	홈스테이를 통해 경어 공부를 할 수 있었다고 생각한다.	1 2 3 4 5
18	홈스테이와 일본어 공부는 관계없다고 생각한다.	1 2 3 4 5
19	홈스테이를 통해 한자 공부를 할 수 있었다고 생각한다.	1 2 3 4 5
20	홈스테이를 통해 일본어 청취 공부를 할 수 있었다고 생각한다.	1 2 3 4 5
21	홈스테이에서 일본어로 회화를 하는 것이 힘들었다.	1 2 3 4 5
22	홈스테이에서 일본어회화를 할 때 너무 긴장하여 잘 할 수 없었다.	1 2 3 4 5
23	또 기회가 있으면 홈스테이를 하고 싶다.	1 2 3 4 5
24	준비가 힘들어서, 이제 홈스테이는 하고 싶지 않다	1 2 3 4 5
25	홈스테이를 한 경험은 대학생활의 즐거운 추억이라고 생각한다.	1 2 3 4 5

〈자유기술 질문〉

1. 홈스테이 기간 동안, 견학과 연수중에서 가장 의미가 있었던 프로그램은 무엇이었습니까? 그리고 좋지 않았던 프로그램은 무엇이었습니까?

  ① 의미가 있었던 프로그램

  ② 좋지 않았던 프로그램

2. 일본에서의 생활에서 불편했던 점은 무엇입니까?

3. 음식에 대해 답해 주세요.

  ① 가장 맛있었던 음식물은 무엇입니까?

  ② 먹을 수 없었던 것은 무엇입니까?

4. 일본에서 배워야 할 점과 고쳐야 한다고 생각하는 것이 있으면 써 주세요.
   ① 배워야 할 점
   ② 고쳐야 하는 점
5. 홈스테이를 통해 일본어의 어떤 점이 공부가 되었습니까? (예: 회화, 청해, 악센트 등)
6. 홈스테이 기간 동안, 놀랐던 점과 의외였던 점이 있으면 써 주세요.
7. 당신이 느낀 한국과 일본 문화의 유사점이나 상이점을 써 주세요.
   ① 유사점
   ② 상이점
8. 홈스테이를 통해 본인이 얻은 것은 무엇입니까?
9. 사전준비(노래, 춤, 요리 등)에 대해, 본인의 생각을 써 주세요.
10. 이후 홈스테이의 개선 사항 등이 있으면 써 주세요.

5. 조사 결과

각 항목의 조사 결과는 다음과 같다. 홈스테이 참가자는 10명으로, 여기에서의 숫자는 학생 수이며, 0을 붙이면 %로도 나타낼 수 있다[7]. 질문 항목 번호는 「Q」이며, 앙케트 조사 결과는 일람표로, 영역별 결과는 그래프로 나타냈다.

---

7 Q20에서 무 회답이 1명 있었으므로 합계가 9가 되었다.

〈표3〉 조사 결과

Q	1 정말 그렇다	2 그렇다	3 어느 쪽도 아니다	4 별로 그렇지 않다	5 전혀 그렇지 않다	합계
1	7	2	1	0	0	10
2	6	3	1	0	0	10
3	8	2	0	0	0	10
4	1	1	3	2	3	10
5	1	0	3	0	6	10
6	4	4	1	1	0	10
7	8	0	1	1	0	10
8	6	3	1	0	0	10
9	9	0	0	0	1	10
10	6	3	1	0	0	10
11	4	1	5	0	0	10
12	8	1	0	1	0	10
13	6	3	1	0	0	10
14	1	2	3	4	0	10
15	3	4	3	0	0	10
16	8	2	0	0	0	10
17	5	1	3	0	1	10
18	1	0	0	4	5	10
19	2	3	3	2	0	10
20	6	1	1	0	1	9
21	0	4	3	2	1	10
22	0	4	3	2	1	10
23	7	1	2	0	0	10
24	0	1	2	1	6	10
25	9	0	0	1	0	10

5.1. 조사 결과

5.1.1. 홈스테이에 관한 전반적인 감상

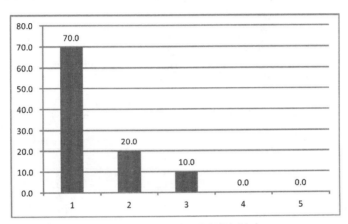

〈그림1〉 Q1.홈스테이는 재미있었다.(%)

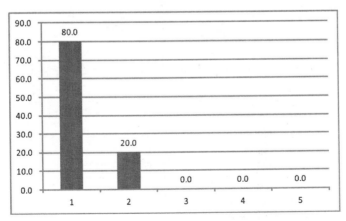

〈그림2〉 Q3.홈스테이는 좋은 경험이 되었다고 생각한다. (%)

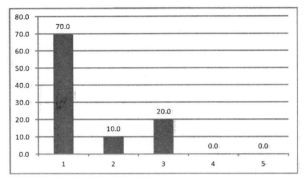

〈그림3〉 Q23.또 기회가 있으면 홈스테이를 하고 싶다. (%)

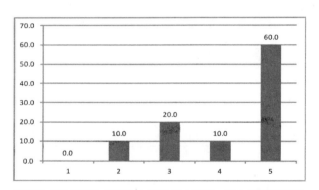

〈그림4〉 Q24.준비가 힘들어서, 이제 홈스테이는 하고 싶지 않다(%)

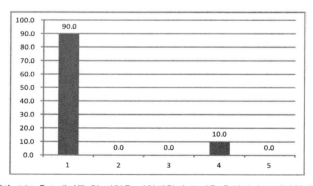

〈그림5〉 Q25.홈스테이를 한 경험은 대학생활의 즐거운 추억이라고 생각한다. (%)

〈그림1〉에서 〈그림5〉는 홈스테이에 관한 전반적인 감상으로,
「Q1.홈스테이는 재미있었다.」는 참가자의 90%가 1 또는 2로 답하였
다.「Q3.홈스테이는 좋은 경험이 되었다.」는 항목에서는 모든 학생
이 1 또는 2를 택하였음을 알 수 있다. 그리고「Q23. 또 기회가 있
으면 홈스테이를 하고 싶다.」는 80% 학생이 1 또는 2를 택하였고,
90%학생이「Q25.홈스테이를 한 경험은 대학생활의 즐거운 추억이
라고 생각한다.」임을 알 수 있다. 참고로 2013년 조사 결과를 보면,
Q1.에서 1로 답한 학생이 86%, Q3.은 2012년과 같이 100%의 학생
이 1, 또는 2로 답하였다. Q23.과 Q25.은 모든 학생이 1로 답하여,
학생들이 홈스테이는 좋은 경험이며, 대학생활의 즐거운 추억이 되
어, 또 기회가 있으면 홈스테이를 하고 싶다고 생각하고 있는 것을
알 수 있다.

5.1.2. 홈스테이가 대인관계에 미치는 영향

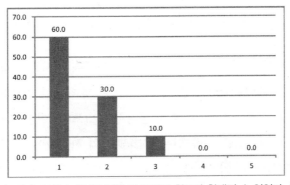

〈그림6〉 Q2홈스테이를 통해 잘 몰랐던 친구와 친해질 수 있었다. (%)

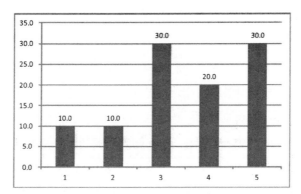

〈그림7〉 Q4.홈스테이 준비를 할 때 협력하지 않은 사람도 있었다 (%)

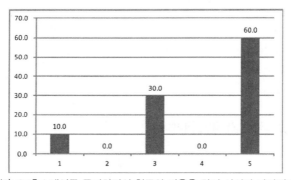

〈그림8〉 Q5홈스테이를 준비하면서 친구와 싸움을 하여 사이가 나빠졌다(%)

〈그림6〉에서〈그림8〉은 홈스테이가 대인관계에 미치는 영향에 관한 질문으로, 대인관계라 함은 같이 홈스테이에 참가한 친구와의 관계를 말한다. 홈스테이 일정 중에 환영회가 있으며, 이는 홈스테이에 참가하는 대학생을 위해 난부쵸(南部町)의 사람들이 50명 정도 참가하는 행사이다. 이 때 대학생도 한국 요리를 몇 개정도 만들고, 모두가 준비한 노래나 춤을 선보이는 것으로, 여름방학을 하고 몇 번 학교에 나와 연습 할 필요가 있다. 이러한 준비를 통해 잘 몰랐

던 친구와 인간관계를 쌓아 가는 과정으로, 조사 결과를 보면, 90%
학생은 「Q2.홈스테이를 통해 잘 몰랐던 친구와 친해질 수 있었다」
는 항목에서 1 또는 2로 답하였다. 하지만 그 중에는 준비를 할 때,
협력하지 않은 사람도 있다고 답하거나, 친구와 싸움을 하여 사이
가 나빠졌다고 답한 사람도 있었다. 참고로 2013년 조사 결과를 보
면, Q2에서 1로 답한 학생이 57%, 2로 답한 학생이 29%로, 1과 2를
합치면 86%가 된다. 또한, Q4는 1이 14%, 2가 29%, 4가 14%, 5가
43%로, Q5는 전원이 5를 선택하였다. 이는 협력하지 않은 사람도
있었지만 싸움을 하여 사이가 나빠진 사람은 없었다는 의미이다. 사
전연수는 요리나 노래, 춤 연습뿐만 아니라, 홈스테이를 경험한 선
배의 경험담을 듣거나, 교수로부터 주의사항과, 필요한 사무수속을
하거나 하여, 한국과 일본의 언어행동의 차이에 관한 학습 등 이후
개선해야 할 과제도 있다고 생각한다.

5.1.3. 홈스테이가 일본어학습에 미치는 영향

〈그림9〉에서〈그림25〉는 일본어학습에 관한 항목이다.

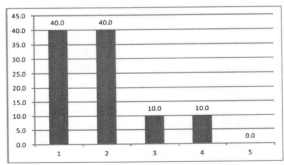

〈그림9〉 Q6. 홈스테이를 통해 일본어 실력이 늘었다고 생각한다(%)

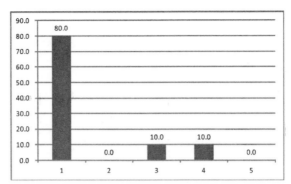

〈그림10〉 Q7.평소 교실에서는 공부할 수 없는 일본어 표현을 배울 수 있었다(%)

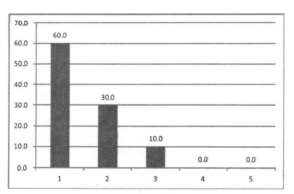

〈그림11〉 Q8.홈스테이를 통해 몰랐던 말을 배웠다.(%)

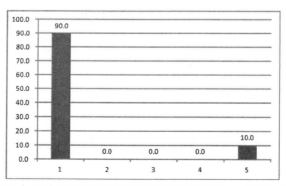

〈그림12〉 Q9.홈스테이를 통해 일본어와 일본문화를 알 수 있었다. (%)

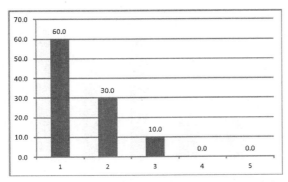

〈그림13〉 Q10.홈스테이를 통해서 일본어에 익숙해졌다. (%)

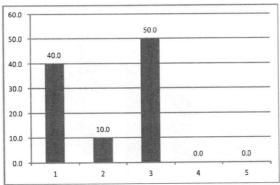

〈그림14〉 Q11홈스테이를 통해 일본어로 이야기하는 것에 자신감을 가질 수 있게 되었다..(%)

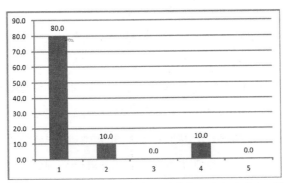

〈그림15〉 Q12. 홈스테이를 하면서 일본어 공부를 더 열심히 해야겠다고 생각했다.(%)

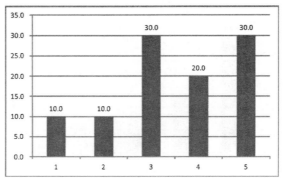

〈그림16〉 Q13. 홈스테이는 일본어학습 전반에 도움이 되었다고 생각한다.(%)

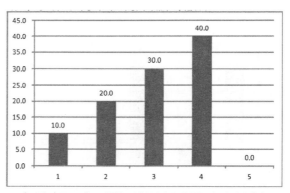

〈그림17〉 Q14. 홈스테이는 일본어작문에 공부가 되었다. (%)

〈그림9〉의 「Q6. 홈스테이를 통해 일본어 실력이 늘었다고 생각한다.」는 1로 답한 학생이 40%, 2로 답한 학생이 40%로, 1과 2의 합계는 80%가 된다. 이는 많은 학생이 홈스테이경험으로 일본어 실력이 늘었다고 생각하고 있다. 〈그림12〉의 「Q9. 홈스테이를 통해 일본어와 일본문화를 알 수 있었다」는 90% 학생이 1을 선택하였다. 이는 학생들이 홈스테이를 통해 일본어와 일본문화를 이해할 수 있었다고 답했다. 그리고 〈그림15〉의 「Q12. 홈스테이를 하면서 일본어 공부를

더 열심히 해야겠다고 생각했다」에서 1과 2를 선택한 학생의 합계는 90%로, 학생들은 홈스테이가 일본어학습의 동기가 된다고 느끼고 있음을 알 수 있다. 그러나 홈스테이를 통해 일본어에 자신감을 가지게 되었다고 생각한 학생은 50%이었던 점은 주목할 만하다. 이상의 항목 이외에도 많은 학생들이 「평소 교실에서는 공부할 수 없는 일본어 표현을 배울 수 있었다」「홈스테이를 통해 몰랐던 말을 배웠다」「홈스테이를 통해 일본어에 익숙해졌다」「홈스테이는 일본어학습 전반에 도움이 되었다」고 생각하고 있었다. 그러나 일본어작문에 공부가 되었다고 생각한 학생은 30%에 지나지 않았다.

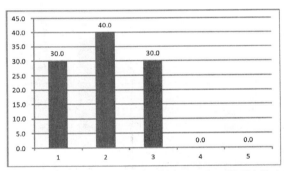

〈그림18〉 Q15. 홈스테이를 통해 자연스러운 상황에서 일본어 문법을 학습할 수 있었다.(%)

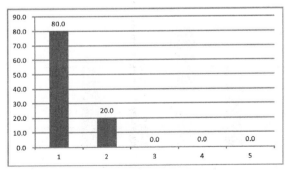

〈그림19〉 Q16.홈스테이는 일본어회화 공부에 도움이 된다고 생각한다.(%)

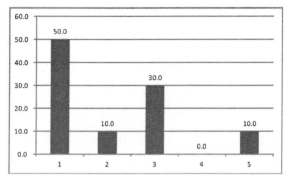

〈그림20〉 Q17.홈스테이를 통해 경어 공부를 할 수 있었다고 생각한다. (%)

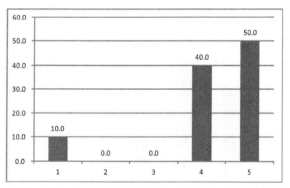

〈그림21〉 Q18.홈스테이와 일본어 공부는 관계없다고 생각한다. (%)

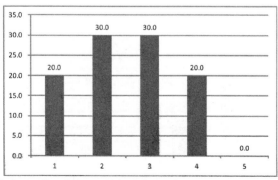

〈그림22〉 Q19.홈스테이를 통해 한자 공부를 할 수 있었다고 생각한다. (%)

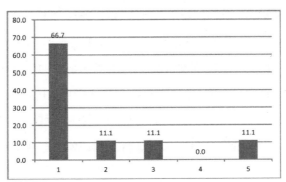

〈그림23〉 Q20.홈스테이를 통해 일본어 청취 공부를 할 수 있었다고 생각한다.(%)

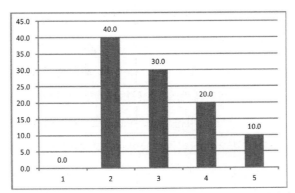

〈그림24〉 Q21.홈스테이에서 일본어로 회화를 하는 것이 힘들었다. (%)

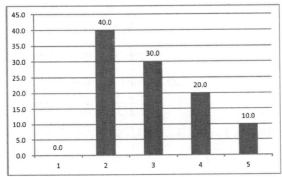

〈그림25〉 Q22.홈스테이에서 일본어회화를 할 때 너무 긴장하여 잘 할 수 없었다. (%)

〈그림18〉에서〈그림25〉는 일본어학습에 관한 항목이다. 조사 결과를 보면, 많은 학생이 홈스테이와 일본어 공부는 관계가 있다고 생각하고 있으며, 모든 학생이 「Q16.홈스테이는 일본어회화에 공부에 도움이 된다.」고 생각하고 있었다. 한 사람 미 기입 학생이 있었으나, 많은 학생이 「Q20.홈스테이를 통해 일본어 청취 공부를 할 수 있었다.」고 생각하고 있다는 결론을 얻었다. 호스트 패밀리를 중심으로 일본인과 직접 일본어로 회화를 하는 기회를 많이 얻을 수 있는 홈스테이는 문법이나 한자보다는 회화나 청해 학습에 도움이 될 것이다. 그러나 경어 공부가 되었다고 답한 학생은 60%로, 다른 항목의 조사 결과와 비교하여, 그리 많지 않음을 알 수 있다.

마지막으로 「Q21.홈스테이에서 일본어로 회화를 하는 것이 힘들었다.」와 「Q22.홈스테이에서 일본어회화를 할 때 너무 긴장하여 잘 할 수 없었다.」의 조사 결과는 어느 쪽도 1로 답한 학생은 없었음을 알 수 있다. 그리고 2로 답한 학생은 40%로 전체적으로 그리 긴장하지 않고 편안하게 이야기할 수 있었다고 생각하는 학생이 비교적 많았다고 할 수 있겠다. 이 결과를 2013년의 조사 결과와 비교하자면, 수치는 다르지만 비슷한 경향을 보였다. Q8.Q9.Q10.Q12.Q13.Q16.Q20에서는 1 또는 2로 답한 학생의 합계가 100%이었다. 항목별 내용을 구체적으로 살펴보면, 「Q8.홈스테이를 통해 몰랐던 말을 배웠다(1.71%, 2.29%)」「Q9.홈스테이를 통해 일본어와 일본문화를 알 수 있었다. (1.71%, 2.29%)」「Q10.홈스테이를 통해서 일본어에 익숙해졌다.(1.71%, 2.29%)」「Q12.홈스테이를 하면서 일본어 공부를 더 열심히 해야겠다고 생각했다(1.86%, 2.14%)」「Q13.홈스테이는 일본어학습 전반에 도움이 되었다고 생각한다.(1.57%,

2,43%)」「Q16.홈스테이는 일본어회화 공부에 도움이 된다고 생각한다.(1,71%, 2,29%)」「Q20.홈스테이를 통해 일본어 청취 공부를할 수 있었다고 생각한다.(1,86%, 2,14%)」이다. 이상의 결과로 홈스테이를 한 학생들은 홈스테이를 통해 일본어와 일본문화를 알 수 있었으며, 홈스테이는 일본어학습 동기가 된다고 생각하고 있다고 보여진다. 그리고 일본어학습을 분야별로 보면, 특히 청해와 회화 학습이 된다고 생각하고 있는 것을 알 수 있다.

5.2. 자유기술에 대한 분석

2012년 조사에서 자유기술에 관한 내용으로 학생이 복수회답을 한 경우는 모든 회답을 하나로 하여 %로 산출하였다.

1) 홈스테이의 기간 동안, 견학과 연수중에서 가장 유의미한 프로그램은 무엇이었습니까? 또, 좋지 않았던 프로그램은 무엇이었습니까?

〈표4〉 유의미한 프로그램

항 목(%)	
호스트패밀리의 날	14.3
오야마(大山)등산	28.6
돗토리(鳥取)대학견학	21.4
초등학생과의 교류	14.3
차도	14.3
도예	7.1
합 계	100.0

〈표5〉 좋지 않았던 프로그램

항 목(%)	
오야마(大山)등산	27.3
돗토리(鳥取)버섯 연구소	45.5
도예	9.1
피자 만들기	9.1
없음	9.1
합 계	100.0

프로그램에 관하여서는 참가한 학생에 따라 느낌도 다르겠으나, 등산이나 돗토리 대학 견학이 의미가 있었다고 답한 학생이 비교적 많았다. 2013년부터 돗토리 대학에서 수업에 참가하였기 때문인지, 2013년 조사 결과에서는 돗토리 대학이라고 쓴 학생이 기타와 비교하여 많았다. 한편, 버섯 연구소방문은 2013년 프로그램에는 없었다.

2) 일본 생활에서 불편했던 점은 무엇입니까?

〈표6〉 일본 생활에서 불편했던 점

항 목 (%)	
쓰레기를 집에 가지고 돌아와서 버려야 했던 점	10.0
홈스테이의 환경(바퀴벌레, 더러운 집, 가족의 반대 등)	30.0
전화, 인터넷 등의 통신이 불편	20.0
언어장벽으로 인한 의사소통이 불편	10.0
없음	30.0
합 계	100.0

불편했던 점으로 인터넷이라고 답한 점은 현대 젊은이의 특징일

것이다. 1996년 보고서에서는 「일본어로 의사소통」이라는 기술이 전체의 56%를 차지하였다. 그리고 2013년 조사 결과에서는 휴대전화나 인터넷 등의 통신을 할 수 없는 점, 교통이 불편, 모기나 벌레가 많다는 등의 기술이 있었다. 언어로 인한 의사소통에 대해 쓴 학생은 한사람이었다.

3) 음식에 대해 답해 주세요.

① 가장 맛있었던 음식은 무엇이었습니까?

〈표7〉 가장 맛있었던 음식

항 목 (%)	
전부 맛있었다.	16.7
면류(나가시소면, 라면 등)	25.0
불고기(야키니쿠)	16.7
매실 장아찌(우메보시)	8.3
기타의 일본의 음식(스키야키, 오코노미야키, 스시 등)	33.3
합 계	**100.0**

② 먹을 수 없었던 것은 무엇이었습니까?

〈표8〉 먹을 수 없었던 것

항 목(%)	
생선회(사시미)	25.0
피자 (타버렸기 때문)	16.7
기타 일본 음식(소바, 낫또 등)	25.0
없음	33.3
합 계	100.0

음식에 관한 기호는 사람마다 다르겠으나, 1996년 조사 결과를 보면, 맛있었던 음식으로서 스시를 든 학생이 많았었다. 1996년에 먹을 수 없었던 것으로, 생선회, 낫또, 우메보시 등이 있었으며, 2013년 조사에서도 우매보시와 낫또를 먹을 수 없었다고 쓴 학생이 있었다.

4) 일본에서 배워야 할 점과 고치야 한다고 생각하는 것이 있으면 써 주세요.

〈표9〉 배워야 할 점

항 목 (%)	
쓰레기를 버리지 않는 점	21.4
아무도 보지 않을 때도 교통 등의 질서를 지키는 점	50.0
다른 사람에 대한 매너 및 배려(시간엄수 등)	21.4
철저한 위생관리 시스템	7.1
합 계	100.0

〈표10〉 고쳐야 할 점

항 목 (%)	
한국을 아래로 보는듯 한 점(한국에도 00가 있나? 와 같은 질문)	33.3
기타 대답(식사 중에 질문하는 것, 모든 가게의 특산물이 동일한 점 등)	16.7
무응답	16.7
없음	33.3
합 계	100.0

배워야 할 점으로 다른 사람에 대한 배려나 질서라고 쓴 학생이 있었으며, 1996년 보고서에도 「친절함」이라는 기술이 가장 많았다. 그리고 2013년 조사 결과에서도 「사람에 대한 다정함」「가게 점원의 서비스」등이 있었다. 고쳐야 할 점으로는 「한국을 아래로 보는 듯 한 점」이라는 기술이 있었으며, 호스트 패밀리가 몇 번이나 「이것, 한국에도 있어?」라고 물은 것이 마음에 걸렸다고 한다. 1996년 조사 결과를 보면, 「역사 인식의 부족」「외교 정책에 있어서 일본의 주장」「윗사람에 대한 무례」등의 기술이 있었다.(p71). 2013년 조사에서는 「거절하여도 받아들이지 않는 점」이외에는 없었다.

5) 홈스테이를 통해 일본어의 어떤 점에서 공부가 되었습니까?(예. 회화, 청해, 악센트 등)

〈표11〉 공부가 된 분야

항 목 (%)	
청해	13.3
회화	33.3
방언	13.3
일상생활에서 사용하는 보통체	13.3
그 외(문법, 경어, 발음, 억양 등)	26.7
합 계	100.0

일본어의 어떤 분야에 공부가 되었는지에 대해서는 앞서 기술 한 바와 같이, 회화라고 쓴 학생이 많았다. 2013년 조사에서도 대부분의 학생이 회화라고 답하였다.

6) 홈스테이 기간 중, 놀란 점과 의외였던 점이 있으면 써 주세요.

〈표12〉 홈스테이 기간 중 놀란 점과 의외였던 점

항　목 (%)	
한국과 다른 생활 문화 (전통가옥, 개인용 젓가락, 수돗물/ 목욕물 사용법, 화장실 등)	35.7
한국인과 같은 일본인의 언어행동	7.1
일본인의 친절	14.3
교통 및 통신 수단 등의 불편	21.4
신호를 잘 지키는 것	14.3
없음	7.1
합　계	100.0

　이 결과를 보면 일본에 가서 일본인과 같이 생활하면서 놀라거나, 의외였던 점을 기술하고 있다. 1996년 보고서에서 있었던 많은 기술 중에, 「어린이의 부모에 대한 예의」「여성이 윗사람 앞에서 자유롭게 흡연한다.」「일본 학생들이 역사에 대해 정말 모른다.」 등의 기술은 2012년에는 보이지 않았다. 2013년 조사 결과를 보면, 「한국어로 인사를 하는 사람이 많다」「한국과 문화 차이가 별로 없다」「알고는 있었으나 차가 왼쪽으로 달리는 것」「초등학교 2학년이 우메보시를 먹는 것」「길이 깨끗하다」 등의 기술이 있었다.

7) 당신이 느낀 한국과 일본의 문화의 유사점과 상이점을 써 주세요.

〈표13〉 유사점

항 목(%)	
전반적으로 거의 유사하다	50.0
식문화	20.0
기타 (20대 젊은이 문제, 대형 마트)	20.0
무응답	10.0
합 계	100.0

〈표14〉 상이점

항 목 (%)	
교통에 관한 사항(수단, 비용, 차선 등)	27.3
일본은 한국보다 밤에 활동 시간이 짧다	18.2
일본은 한국보다 다른 사람의 눈치를 살핀다.	18.2
한국과는 다른 생활 문화(개인용 젓가락, 젓가락만을 사용, 불단, 자동판매기가 많다)	27.3
무응답	9.1
합 계	100.0

유사점과 상이점에 대해서는 다양한 기술이 있었다. 1996년에도 많은 기술이 있었으나, 「거의 유사하다」는 것은 없었던 것 같다. 2013년 조사에서는 식문화와 목욕 등의 일상생활의 차이를 든 학생이 많았다.

8) 홈스테이를 통해 당신이 얻은 것은 무엇입니까?

〈표15〉 홈스테이를 통해 얻은 점

항 목 (%)	
일본어 공부와 일본문화 이해에 도움이 된다.	46.2
다양한 경험	15.4
잊을 수 없는 추억	15.4
새로운 가족과 친구	23.1
합 계	100.0

〈표15〉을 보면 「일본어학습과 일본문화의 이해에 도움이 된다.」고 쓴 학생이 가장 많고, 이어서 「새로운 가족과 친구」로 쓴 학생이 많았다. 이외에 「잊을 수 없는 추억」과 「다양한 경험」도 있었다. 이점들은 학생들이 홈스테이에 대해 기대한 것으로, 기대하고 있었던 대로 결과를 얻을 수 있었다는 것을 나타내고 있다. 1996년 보고서에는 일본어에 관한 기술이 많아 「회화 기회를 얻은 점」 「일본어로 자신감을 갖게 된 점」 「자신의 일본어능력을 확인할 수 있었다」 「일본어가 조금 능숙해졌다」 등이었다. 그리고 2013년 조사 결과를 보면, 「일본에 또 하나의 가족」 「난부쵸(南部町)사람 들과 이야기하고, 여러 사람과 교류한 점」 「일본에 가족과 친구, 아는 사람이 많이 생겼다.」 등과 「일본어회화가 조금 자연스러워졌다」 「회화를 할 때, 틀릴지 몰라 주의하거나 망설이거나 하는 것이 늘어났다」 등과 같은 일본어회화에 관한 기술이 있었다. 호스트 패밀리와의 마음의 교류에 대해서 학생들의 감상문을 보면 「어머니, 아버지와 보낸 10일간은 나에게 있어서 생애 잊을 수 없는 10일간이 되었습니다.」 「일본에도 가족이

생겨 정말로 기쁘다.」「송별식 때는 슬펐다.」「공항에 도착하여 헤어
지는 시간이 다가올수록, 눈물을 참는 것이 힘들었다. (중략)결국 마
지막에 눈물 가득한 눈으로 어머니, 아버지에게 홈스테이의 마지막
인사를 하고, 보이지 않는 곳에 들어가서 조금 울었다.」고 하여, 마
음이 통한 교류이었음을 알 수 있다. 그리고 2013년 감상문에도 「웃
는 얼굴로 헤어지고 싶었지만, 나도 모르게 눈물이 주르륵 흘렀다.」
「사랑하는 가족, 난부쵸(南部町)의 모든 분들 …. 헤어지는 것이 슬
펐다.」 등으로 되어있다.

9) 사전준비(노래, 춤, 요리 등)에 대해, 당신의 생각을 써 주세요.

〈표16〉 사전준비(노래, 춤, 요리 등)에 관한 생각

항 목 (%)	
협동심과 대인관계 형성에 도움이 된다.	25.0
시간과 장소가 부족하여 힘들었다.	50.0
참가하지 않는 학생이 있어서 기분이 좋지 않았다.	16.7
한국 노래나 춤을 준비하여 보여줄 기회가 없어서 유감스러웠다.	8.3
합 계	100.0

〈표16〉을 보면, 「시간과 장소가 부족하여 힘들었다.」등, 사전준비
가 별로 잘 되어 있지 않았다는 것을 알 수 있다. 2013년 조사 결과
에서도 「시간이 좀 더 있으면 좋았다」「좀 더 제대로 준비했으면 좋
았다」「더 시간을 들여 준비했으면 좋았다」「노래 연습이 모자랐다」
등이 있어, 이것은 앞으로 과제로 생각한다. 학생들은 기말 시험이

끝나면 여름방학에 들어가므로, 모두 모이는 것이 힘들어진다. 그러나 준비 부족으로 모처럼의 환영회를 즐겁게 보낼 수 없는 것은 유감스럽다. 학생만으로 힘들 경우에는, 교수의 지도도 필요하다고 생각한다.

10) 앞으로 홈스테이의 개선 사항 등이 있으면 써 주세요.

〈표17〉 개선사항

항 목 (%)	
호스트 패밀리의 날 및 일정을 여유가 있도록 조정 할 필요가 있다.	20.0
홈스테이를 하는 가정을 사전에 조사 할 필요가 있다.	30.0
더 계획적인 준비가 필요	20.0
학생들끼리만 지내는 날이 있으면 좋겠다고 생각한다.	10.0
없음	20.0
합 계	100.0

앞으로 개선 점으로는 위와 같은 기술이 있었다. 1996년 보고서에는 「우리들의 준비 부족」「자유시간이 더 있었으면 좋겠다.」「사전에 호스트 패밀리에 대한 정보가 있었으면 좋겠다.」등이 있었으며, 2013년 조사 결과에서는 최초 예정보다 홈스테이 기간이 짧아져 유감스러웠다는 기술뿐 이었다. 1996년의 「호스트 패밀리의 정보」에 관해서는 현재는 개선되어 있다. 앞으로도 보다 좋은 홈스테이를 실시하기 위해 개선해야 할 점은 개선해야 한다고 생각한다.

6. 결론

본장은 일본에서 10일간의 홈스테이를 체험한 한국의 대학생을 대상으로 한 앙케트 조사 결과, 작문, 보고서 등을 바탕으로 하여 홈스테이에 대한 대학생의 인식을 밝히고자 한 것이다.

2012년 조사 결과를 보면, 학생들의 대다수가 홈스테이는 재미있었다고 느끼고 있으며, 대학생활의 즐거운 추억이 되며, 기회가 있으면, 다시 홈스테이를 하고 싶다는 것을 알 수 있었다. 그리고 홈스테이와 일본어학습은 관련이 있다고 생각하는 학생이 많았으며, 특히 회화, 청취 등의 공부가 되며, 평소 교실에서는 학습할 수 없는 일본어 표현을 배울 수 있었다고 답하였다. 또, 많은 학생이 일본어와 일본문화를 알 수 있었다고 느끼고 있으며, 학생의 80%가 일본어 공부를 더 열심히 해야겠다고 생각하고 있었다. 이상과 같이, 학생들은 홈스테이의 체험이 일본어학습, 일본문화의 이해에 도움이 되며, 일본어학습의 동기로도 이어질 수 있다고 생각하고 있는 것으로 밝혀졌다. 그리고 무엇보다도 귀중한 체험이 된 것은 호스트 패밀리와의 마음의 교류이다. 대부분의 학생이 새로운 만남을 기뻐하며, 일본에 생긴 가족과 따뜻한 마음의 교류를 경험할 수 있었던 것을 보고하였다. 그러나 사전학습에는 문제점이 있어서 앞으로의 과제로 남아 있다. 또한 환영회 준비 등, 이후 개선해야 할 점도 있다. 여기에서 다룬 2012년 조사 결과를 1996년과 2013년 결과와 비교해 보면, 「호스트 패밀리와의 마음의 교류」 「일본에서 배워야 할 점」등과 같이 비슷한 경향을 보인 것도 있으며, 「불편했던 점」 「고쳐야 할 점」등과 같이 다른 경향을 보인 항목도 있었다. 이 결과는 시대의 변

화에 의한 것으로 판단된다. 앞으로도 「사전학습의 충실」과 같은 남
겨진 과제를 해결하면서 보다 좋은 홈스테이의 실현을 목표로 하여
노력해 나갈 필요가 있다. 그리고 분석에 관해서도 조사 결과의 숫
자만으로는 알 수없는, 커뮤니케이션의 갭과 이 문화 이해에 관한
문제에 대해서도 이후 연구해 나갈 필요가 있다. 이러한 대중적인
교류가 많아진다면 한국과 일본의 우호적인 관계 구축에도 도움이
될 것으로 생각한다.

참 / 고 / 문 / 헌

Ⅰ-1

- 西原鈴子(1993)「日本語教授法はいかにあるべきか」月刊『言語』vol.22 no.1, 大修館.
- 川口義一(1993)「日本語教育と教科書」『日本語学』2月号 vol.12.
- 日本語教育学会編(1995)『タスク日本語教授法』凡人社.
- 鎌田修 川口義一 鈴木睦編著(1996)『日本語教授法ワークショップ』凡人社.
- 齊藤明美.金仁珠(1999)『Talk Talk Talk 일본어 중급』多楽園.
- スリーエーネットワーク(2001)『NEW VERSION 민나노日本語1』.
- 川口義一(2003)「表現類型論から見た機能の概念-働きかける表現」の提唱-『講座日本語教育』第39分冊, 早稲田大学日本語研究教育センター.
- 川口義一(2003)「「文脈化」による応用日本語研究-文法項目の提出順再考-『早稲田日本語研究』第11号, 早稲田大学日本語学会.
- 齊藤明美(2004)「韓国における日本語教育の概観と問題点」『日本語教育研究』6, 韓国日語教育学会.
- 高見沢孟(2004)『新.はじめての日本語教育2』アスク.
- 川口義一(2005)「文法はいかにして会話に近づくか-「働きかける表現」と「語る表現」のための指導-『フランス日本語教育』第2号, フランス日本語教師会.
- スリーエーネットワーク(2005)『NEW VERSION 민나노日本語2』.
- 川口義一(2007)「「わかりやすさ」の実態-初級クラスの授業実践における

技術的側面-」『日本語センター紀要』20号, 早稲田大学日本語教育セ
ンター.
- 川口義一(2008)「TJJ(日本語で日本語を教える)の実践方法」江原道高
校日本語教師研修会講義用資料.

I－2

- 広瀬修子(2007)「朗読・日本語を声に出して読むこと」『コミュニケーショ
ン文化』創刊号跡見学園女子大学
- 薮本容子(2005)「定住型児童の『読み能力』育成をめざして」『日本語教
育実践研究』第2号 早稲田大学
- 左尾ちとせ(2005)「上級学習者のための『読解』のあり方とは」『同志社
大学留学生別科紀要』第5号 同志社大学
- 内堀明(2003)「初級日本語学習者の文章音読におけるピッチに関する
研究-韓国慶尚南道方言話者の場合-」『日本語教育』23 韓国日本語教
育学会
- 池田庸子(2003)「学習者」から「読み手」へ-日本語教育における
Extensive Readingの試み-」『茨城大学留学生センター紀要』1

〈한국의 교과서 〉
- 이덕봉 김태호 모리야마 신(2010.3)『중학교 생활 일본어こんにちは』교
육 과학 기술부
- 전형식 박 준효 차승연 구보타 요시미(2010.3)『중학교 생활 일본어』대
교
- 윤강구 박차환 문정선 스즈기 무쓰미(2010.3)『중학교 생활 일본어』다

라원

- 이경수 여선구 한승희 오사와 리에 우타가와 노리코(2010.3)『중학교 생활 일본어』시사일본어사
- 한미경 츠자기 고이치 김민자 윤나리(2010.3)『중학교 생활 일본어』교학사
- 박민영 사이토 아사코 죠유진(2010.3)『중학교 생활 일본어』천재교육
- 겐코 히로아키 정영인 정용기(2010.3)『중학교 생활 일본어』지학사
- 김숙자 김태호 아이자와 유카 박혜연(2010.3)『중학교 생활 일본어』미래엔 컬처그룹
- 이덕봉 조성범 강홍권 사이토 아케미(2010.3)『중학교 生活日本語』두산동아

〈오스트레일리아의 교과서 〉
- Burnham, Sue(2006/1998). 今 IMA! 1 CIS Heinemann
- EVANS, Meg, YOKO, MASANO,SETSUKO,TANIGUCHI(2006/1999). mirai 1. PEARSON, Longman
- Williams, Peter,Sue,Xouris,Kyoko,Kusumoto(2005/1997). おべんとう Obentoo 1. Nelson ITP
- Lee, Margaret(1992). いっしょに ISSHONI 1. MORETON BAY PUBLISHING

I -3

- 権海珠・松本秀輔(1997)「韓国の初級日本語教材における文化語の選定に関する研究」『일본어교육』Vol.14 한국일본어교육학회

- 장용걸(2003)「일본어 교사에 있어서 일본문화교육의 인식에 관한 고찰」『일본어교육』Vol.26 한국일본어교육학회
- 윤강구(2004)「초보 학습자에게 있어서 문화교육의 필요성」『일본어교육』Vol.27 한국일본어교육학회
- 難波愛・山根智恵・奥山洋子・井村多恵子(2005)「高校生における日本および日本文化に対する意識-日本・オーストラリア・韓国での予備調査の結果から-」『山陽論輯』12 山陽学園大学
- 三代純平(2006)「外国語高校『日本文化』の授業理念と方法に関する一考察-文化の「多様性」「動態性」「主観性」-」『일본어교육연구』11 한국일어교육학회
- 朱敏子訳(2002)「中学校裁量活動の選択科目教育課程-生活外国語-」教育部
- 교육인적자원부(2007)「초중등학교 교육과정」
- 교육인적자원부(2007)「외국어과 교육과정Ⅱ」
- 李庸伯(2008)「日本語教育通信」61海外日本語レポート第18回「韓国の2007年改訂教育課程について-外国語教育における文化を重視した改訂-」
- 『中学校生活日本語 こんにちは』
- 이덕봉 모리야마 신 김태호(2001)『중학교 생활 일본어 こんにちは』교육 과학 기술부

『中學校生活日本語』
① 전형식 박준효 차승연 구보타 요시미 (2010).『중학교 생활 일본어(中學校生活日本語)』대교
② 한미경 츠자기 고이치 김민자 윤나리(2010).『중학교 생활 일본어』교학사

③ 박민영 사이토 아사코 조유진 (2010). 『중학교 생활 일본어 (中學校生活日本語)』 천재교육

④ 이덕봉 조성범 강흥권 사이토 아케미(2010). 『중학교 (中學校)生活日本語』 두산동아

⑤ 이경수 여선구 한승희 오사와 리에 우타가와 노리코(2010). 『중학교 생활일본 어(中學校生活日本語)』 시사일본어사

⑥ 겐코 히로아키 정영인 정용기 (2010). 『중학교 생활 일본어(中學校生活日本語)』 지학사

⑦ 김숙자 김태호 아이자와 유카 박혜연(2010). 『중학교 생활 일본어 (中學校生活日本 語)』 미래엔 컬처그룹

⑧ 윤강구 박차환 문정선 스즈기 무쓰미(2010). 『중학교 생활 일본어 (中學校生活日本 語)』 다락원

Ⅰ-4

• 金鐘学(1976)「韓国の高校における日本語教育」『日本学報』4 韓国日本学会

• 加納陸人(2002)「日本語教科書と教授法への影響-中国高校日本語教科書作成を通して-」『文学部紀要』15文教大学文学部紀要委員会

• 伊月知子(2005)「中国における日本語教育-『全日制義務教育日語課程標準(実験稿)』の特徴と教科書にみられる新しい試み-」『今治明徳短期大学研究紀要』29 今治明徳短期大学

• 巴璽維(2007)「講演-中国における日本語教育-」『貿易風』2 中部大学国際関係学部

• 崔世廣(2008)「異文化コミュニケーションと中国の日本語教育」『国府台

経済研究』19 千葉商科大学経済研究所
- 酒井真弓(2010)「韓国における高等学校日本語教育の実態」『日本語教育研究』18 韓国日語教育学会
- 趙大夏(2010)「韓国における中学校日本語教育の実態」『日本語教育研究』18 韓国日語教育学会
- 姜珍珠・李徳培(2010)「中学校における特技・適性授業の日本語教育」『일본어교육』54 한국일본어교육학회

<教科書>
- 이덕봉 모리야마 신 김태호(2010)『중학교 생활 일본어 こんにちは』교육 과학 기술부
- 전형식 박준효 차승연 구보타 요시미 (2010).『중학교 생활 일본어』대교
- 한미경 츠자기 고이치 김민자 윤나리 (2010).『중학교 생활 일본어』교학사
- 박민영 사이토 아사코 조유진 (2010).『중학교 생활 일본어 』천재교육
- 이덕봉 조성범 강흥권 사이토 아케미(2010).『중학교 生活日本語』두산동아
- 이경수 여선구 한승희 오사와 리에 우타가와 노리코(2010).『중학교 생활일본 어』시사일본어사
- 겐코 히로아키 정영인 정용기 (2010).『중학교 생활 일본어』지학사
- 김숙자 김태호 아이자와 유카 박혜연(2010).『중학교 생활 일본어』미래엔 컬처그룹
- 윤강구 박차환 문정선 스즈기 무쓰미(2010).『중학교 생활 일본어 』다락원
- 『好朋友 ともだち1』(2007)外語教学與研究出版社

・『好朋友 ともだち2』(2008)外語教学與研究出版社
・『好朋友 ともだち3』(2008)外語教学與研究出版社
・『好朋友 ともだち4』(2009)外語教学與研究出版社
・『好朋友 ともだち5』(2009)外語教学與研究出版社

＜その他の資料＞
・「国際文化フォーラム」87(2010)財団法人国際文化フォーラム
・『초 중등학교 교육과정 2007』교육인적자원부 p.486
・中学校裁量活動の選択科目教育課程-生活外国語-」教育部　日本語
　版発行:国際交流基金日本語国際センター (翻訳:朱敏子)
・「2007년 개정 교육과정(교육인적자원부 고시 제2007-79호)에 따른 중학
　교 검정도서 검정기준」(2007) 교육인적자원부 p.82
・2009年海外日本語教育機関調査」(国際交流基金)
・http://www.jpf.go.jp/j/japanese/survey/country/2009/korea.html
　:国際交流基金ホームページ、日本語教育国別情報

Ⅱ-1

・川武時(1978)「誤用例による研究の意義と方法」『日本語教育』34号日
　本語教育学会
・宮崎茂子(1978)「誤用例をヒントに教授法を考える」『日本語教育』34号
　日本語教育学会
・鈴木忍(1978)「文法上の誤用例から何を学ぶか-格助詞を中心にして
　-」『日本語教育』34号日本語教育学会
・佐冶圭三(1978)「誤用例の検討-その一例-」『日本語教育』34号日本語

教育学会

- 遠藤織枝(1978)「作文における誤用例−モスクワ大学生の場合−」『日本語教育』34号日本語教育学会
- 茅野直子、仁科喜久子(1978)「学生の誤用例分析と教授法への応用」『日本語教育』34号日本語教育学会
- 姫野昌子(1981)「文章表現の指導」『日本語教育』43号日本語教育学会
- 森田芳夫(1981)「韓国人学生の日本語学習における誤用例」『日本語教育』43号日本語教育学会
- 森田富美子(1981)「作文の評価」『日本語教育』43号日本語教育学会
- 小矢野哲夫(1981)「作文指導の実情と問題点−中.上級の場合」『日本語教育』43号日本語教育学会
- 能登博義(1981)「中.上での作文指導−日本研究センターの場合−」『日本語教育』43号日本語教育学会
- 金永権、齊藤明美(1994)「韓国語話者의日本語学習에서의誤用例」『論文集』24 翰林専門大学
- 金永権、齊藤明美(1996)「韓国語話者が間違えやすい日本語−名詞、形容詞、動詞の誤用例−」『論文集』26 翰林専門大学
- 齊藤明美(2002)「韓国語話者が誤り易い日本語の表現について」『日本語教育研究』3 韓国日本語教育学会
- 篠原信行(2004)「台湾の日本語学習者は日本語学習をどのように捉えているか」台湾日本語言文芸研究学会
- 国際交流基金(2006)『海外の日本語教育の現状−日本語教育機関調査、2006年−概要』国際交流基金
- 齊藤明美(2006)「韓国と台湾における日本語学習の現状と日本に対するイメージについて」『日本語教育研究』11 韓国日語教育学会
- 齊藤明美(2007)「韓国における大学生の日本語作文の誤用例につい

て-大学2年生の作文を中心にして-」『韓日軍事文化研究』5　韓日軍事
文化学
- 精選版日本国語大辞典

Ⅲ-1

- 김민정(2007)「대학생의 셀프리더십 개발에 영향을 미치는 학습자 변인
  연구」이화여자대학교 대학원 박사학위 논문
- 조윤정(2011)「고등교육기관 성인학습자의 자기주도학습능력 관련 변
  인들 간의 관계구조 분석」숭실대학교 대학원 박사학위 논문
- 阿部和厚、寺沢浩一(1997)「大学教育における知識伝達中心授業から
  学習中心授業への転換：多人数クラスにおける学生中心小グループ学
  習モデル」『高等教育ジャーナル』特別、北海道大学 pp.128-137
- 池田玲子(2004)「日本語学習における学習者同士の相互助言(ピア.レ
  スポンス)」『日本語学』23 pp.36-50
- 市嶋典子(2005)「日本語教室活動における『協働』とは何か「接点」「固有
  性」をてがかりに」『言語文化教育研究』早稲田大学大学院日本語教育
  研究科言語文化教育研究室 pp.41-59
- 齊藤明美(2012a)「日本語教育としての演劇導入について-大学生の
  意識調査を中心に-」『日本語教育研究』第22輯　韓国日語教育学会
  pp.103-119

  _____(2012b)「ビジネス日本語の授業における演劇活動」『日本語
  文学』第55輯 韓国日本語文学会 pp.71-91

  _____(2012c)「日本語会話の授業における演劇活動-演劇がどのよ
  うな領域に効果があると思われるかに関する学習者の意識調査-」『日本

語学研究』第35輯 韓国日本語学会 pp.189-208

- 関田一彦(2004)「創価大学における協同学習法の意味づけ」『創大教育研究』第13号 pp.53-57

- 舘岡洋子(2005)『ひとりで読むことからピアリーディングへ』東海大学出版会

- 寺川佳代子、喜多一(2008)「小規模私立大学でのグループ学習による情報教育の実践」『京都大学高等教育研究』第14号 京都大学 pp.13-24

- 原田信之(2009)「学びの共同体づくりの授業技法としての協同学習」『岐阜大学教育学部研究報告教育実践研究』第11巻 岐阜大学 pp.217-224

　　　　　　　(2011)「協同学習のための授業観察評価の視点」『岐阜大学教育学部研究報告 教育実践研究』第13巻 岐阜大学 pp.155-162

- 鷲尾敦(2012)「グループ学習の効果をあげるためのグループ作り」『高田短期大学紀要』30 pp.55-6

〈事典〉

- 『교육심리학용어사전』(2000) 학지사

Ⅲ-2

- 縫部義憲(1991)「演劇手法を用いた日本語教育−学際的アプローチ」『広島大学日本語教育学科紀要』no.1 広島大学日本語教育学科 pp.12-23

- 橋本慎吾(2002)「演劇指導論に基づく日本語感情表現指導試論−『感情そのものは思い出せない』について−』『岐阜大学留学生センター紀要』2002岐阜大学留学生センター pp.45-57

- 川口義一(2005)「日本語教科書における『会話』とは何か ある『本文会話』批判」『早稲田大学日本語教育研究』第6号早稲田大学日本語教育研究科 pp.1-13
- 橋本慎吾(2006)「ロールプレイにおける会話の自然さ-誘いにおける会話の始め方について-」『岐阜 大学留学センター紀要』2006岐阜大学留学センター pp.37-44
- 野呂博子(2009)「演劇・ドラマ的要素を日本語教育に導入する意義-日本語コミュニケーション教育への-提言-」『CAJLE-Canadian Association for Japanese Language Education』Vol.10,pp.25-42
- 川口義一(2009)「日本語教育における「演じること」の意味-「文脈化」で学ぶ文法-」『The 16th Princeton Japanese pedagogy forum pyoceedings』Prineton,NJ:Princeton University pp.1-12
- 齊藤明美(2011)「日本語教育としての演劇導入について-大学生の意識調査を中心に-」『日本語教育研究』22 韓国日本語教育学会 pp.103-119
- 中山由佳(2012)「ひととものをつくる-演劇作品作りの現場としての日本語の教室から-」『早稲田日本語教育実践研究』1早稲田大学日本語教育研究センター pp.107-118
- 野呂博子他(2012)『ドラマチック日本語コミュニケーション「演劇で学ぶ日本語」リソースブック』ココ出版

Ⅲ-3

- 川口義一(2009)「日本語教育における「演じること」の意味-「文脈化」で学ぶ文法-」『The 16th Princeton Japanese pedagogy forum pyoceedings』

Prineton,NJ:Princeton University pp.1-12

- 齊藤明美(2012a)「日本語教育としての演劇導入について-大学生の意識調査を中心に-」『日本語教育研究』22 韓国日本語教育学会 pp.103-119

　　　　　(2012b)「日本語会話の授業における演劇活動-演劇は日本語学習のどんな領域に効果があるのか-」『韓国日本語学会第26回学術発表会論文集』韓国日本語学会pp.226-234

- 中山由佳(2012)「ひととものをつくる-演劇作品作りの現場としての日本語の教室から-」『早稲田日本語教育実践研究』1早稲田大学日本語教育研究センター pp.107-118

- 縫部義憲(1991)「演劇手法を用いた日本語教育-学際的アプローチ」『広島大学日本語教育学科紀要』no.1 広島大学日本語教育学科 pp.12-23

- 野呂博子(2009)「演劇・ドラマ的要素を日本語教育に導入する意義-日本語コミュニケーション教育への-提言-」『CAJLE-Canadian Association for Japanese Language Education』Vol.10,pp.25-42

- 野呂博子・平田オリザ・川口義一・橋本慎吾(2012)『ドラマチック日本語コミュニケーション「演劇で学ぶ日本語」リソースブック』ココ出版

- 橋本慎吾(2002)「演劇指導論に基づく日本語感情表現指導試論-『感情そのものは思い出せない』について-」『岐阜大学留学生センター紀要』2002岐阜大学留学生センター pp.45-57

- 堀内みね子・足立智恵子(2005)『日本語表現とビジネスマナー　日本でビジネス』専門教育出版

Ⅲ-4

- 정유진(2009)「그림책을 활용한 연극놀이가 유아의 언어표현력에 미치

는 영향」『교육이론과 실천』19, 경남대학교 교육문제연구소, pp.191-
215

· 한규용(2010)「다문화시대 이중언어교육을 위한 교육연극」『한국연극
학』40, 한국연극학회 pp.451-502

· 川口義一(2009)「日本語教育における「演じること」の意味-「文脈化」で
学ぶ文法-」『The 16th Princeton Japanese pedagogy forum pyoceedings』
Prineton,NJ:Princeton University, pp.1-12

· 齊藤明美(2012a)「日本語教育としての演劇導入について-大学生の
意識調査を中心に-」『日本語教育研究』22輯 韓国日語教育学会,
pp.103-119

　　　　　　(2012b)「日本語会話の授業における演劇活動-演劇がどのよ
うな領域に効果があると思われるかに関する学習者の意識調査-」『日本
語学研究』第35輯韓国日本語学会, pp.189-208

　　　　　　(2012c)「ビジネス日本語の授業における演劇活動」『日本語文
学』第55輯,韓国日本語文学会, pp.71-91

· 中山由佳(2012)「ひととものをつくる-演劇作品作りの現場としての日本
語の教室から-」『早稲田日本語教育実践研究』1早稲田大学日本語教
育研究センター, pp.107-118

· 縫部義憲(1991)「演劇手法を用いた日本語教育-学際的アプローチ」
『広島大学日本語教育学科紀要』no.1 広島大学日本語教育学科,
pp.12-23

· 野呂博子(2009)「演劇・ドラマ的要素を日本語教育に導入する意義-日
本語コミュニケーション教育への-提言-」『CAJLE-Canadian Association
for Japanese Language Education』Vol.10, pp.25-42

· 橋本慎吾(2002)「演劇指導論に基づく日本語感情表現指導試論-『感情
そのものは思い出せない』について-」『岐阜大学留学生センター紀要』

2002岐阜大学留学生センター, pp.45-57

Ⅳ-1

- 佐々木倫子(1999)NAFL Institute日本語教師養成通信講座『10 話し方の教育』アルク
- 古賀千世子・藤島殉子・水野マリ子(2002)『神戸大学留学生センター紀要』8 pp.71-81
- 佐藤揚子(2003)「日本語会話授業の実践例-コミュニケーション能力習得を中心に-」『비교문화연구』6 경희대학교 비교문화연구소 pp.297-306
- 関恒雄(2003)「韓国の高校日本語教科書における問題点(不自然な会話文)の分析-談話分析の観点による-」『日本言語文化』3 韓国日本言語文化学会 pp.151-171
- 川口義一(2004)「学習者のための表現文法-『文脈化』による『働きかける表現』と『語る表現』の教育-」『AJALT』第27号 pp.29-33 (財)国際日本語普及協会
- 齊藤明美(2004)「韓国の大学生における日本語学習の現状について-アンケート調査の結果から-」『인문학연구』11翰林大学校人文学研究所 pp.155-180
- 川口義一(2005a)「文法はいかにして会話に近づくか-『働きかける表現』と『語る表現』のための指導-」『フランス日本語教育』第2号、フランス日本語教師会 pp.110-121
- 川口義一(2005b)「日本語教科書における会話とは何か-ある本文会話批判-」『早稲田大学大学院日本語教育研究科紀要』6号 早稲田大学大学院日本語教育研究科 pp.1-13

・檢校裕朗・奥山洋子・安容柱(2005)「会話教育と教材研究」『日本語教育研究』第9輯韓国日語教育学会 pp.19-30

・齊藤明美(2008)「日本語会話の指導法について-韓国で使用している教科書の分析を中心に-」『日本語文学』第39輯 韓国日本語文学会 pp.30-47

・国際交流基金(2009)「海外の日本語教育の現状日本語教育機関調査・2009年　概要」Webサイト

・国際交流基金(2010)「日本語教育国別情報 2010年度 韓国」Webサイト

・한편, 본고를 작성을 위해, 외국어 기숙사 사감이었던 장윤희 선생님의 도움으로 참고자료를 볼 수 있었습니다. 본장을 마무리하며 감사의 뜻을 표합니다.

Ⅳ-2

・大野愛子(2002)「シオン寮在寮生の寮生活に関する意識」『青山学院女子短期大学総合文化研究所年報』10 pp.103-124

・加納孝代(2002)「思い出の中のシオン寮 -女子大学の教育寮での二年間-」『青山学院女子短期大学総合文化研究所年報』10 pp.125-138

・齊藤明美(2011)「HIDにおける日本語教育支援への取り組み-2007年度の取り組みと学生へのインタビューを中心に-」『日本語学研究』第32輯 韓国日本語学会 pp.105-119

・齊藤明美・黄慶子・小城彰子(2011)「HIDにおける日本語会話指導について-2011年6月のアンケート調査結果を中心に-」『日本語文学』第51輯 韓国日本語文学会 pp.117-141

・鈴木在乃(2010)「日本の大学における留学生宿舎提供の現状と課題」

『日本建築学会大会学術講演幾梗概集』pp.1521-1522

· 鈴木杏理·元岡展久·桂瑠以(2012)「女子大学学生寮における寮室と共用空間の構成」『お茶の水女子大学教育機構紀要』2 pp.14-21

· 瀧口三千弘·前田弘隆·吉広晃·梶原和範·池田晶·徳田太郎(2012)「学寮運営の現状と課題」『広島商船高等専門学校紀要』34 pp.7-37

· 中田知生(2012)「ティーンエイジャーにとって『友達』とは −ドイツの寮付き学校の調査から−」『北星学園大学社会福祉学部北星論集』第49号 pp.55-68

V−1

· 見城悌治(1997)「千葉大学におけるホームステイ·ホームビジットプログラムの現状と課題」『千葉大学留学生センター紀要』Vol.3, 千葉大学留学生センター, pp.71〜79

· 齊藤明美(2012)「日本語教育としてのホームステイについて」『동아시아일본학회(東アジア日本学会) 2012年度春季国際学術 大会』동아시아일본학회(東アジア日本学会), pp.193〜199

· 鹿浦佳子(2007)「ホームステイにおける日本語学習の効用−ホームステイ、留学生、日本語教育の視点から−」『関西外国語大学留学生別科日本語教育論集』17号, 関西外国語大学留学生別科,pp.61〜112

_____(2008)「ホームステイをする学生は成績がいい！ホームステイをすると成績が上がる？」『関西外国語大学留学生別科日本語教育論集』18, 関西外国語大学留学生別科, pp.99〜134

· 鈴木潤吉(2000)「地域の国際交流での学びとは？−赤井川村での留学生ホームステイにおけるホストと留学生の 反応から−」『僻地教育研究』

55, 北海道教育大学僻地教育研究施設, pp.115〜124

• 原田登美(2012)「ソーシャル.サポートにおけるホームステイの有益なサポートと有益でないサポート−留学生から見たホームステイ評価−」『言語と文化』16, 甲南大学国際言語文化センター, pp.155〜188

• 松田康子(2007)「短期海外研修の意義とその事前研修について−学生の報告書とアンケート調査の結果から−」『名古屋文理大学紀要』第7号, 名古屋文理大学, pp.45〜50

　　　　　(2012)「短期海外研修の成果と意義−学生の報告書とアンケート調査の結果から−」『名古屋文理大学紀要』第12号, 名古屋文理大学, pp.11〜16

• 松本正.宮下弘子(2003)「韓国晋州保健大学との学術交流報告：韓国学生のホームステイ」『長崎大学医 学部保健学科紀要』16(2), 長崎大学医学部保健学科, pp.127〜139

• 三間美奈子(2003)「日本語教育におけるホームステイの有効性：長野市の事例をからめて」『信大日本語教育 研究』3, 信州大学人文学部日本語教育学研究室, pp.33〜45

• Chihiro Tajima·Simon Cookson(2011)"English Language Anxiety In Learners During Study Abroad−Language Use In Homestay Context−", J. F. Oberlin University, Vol.7, Oberlin University, pp.79~97

• Erina Tateyama(2003)"The Response of Japanese Nursing Students to a Vacation English in Australia", Bulletin of the Japanese Red Cross Junior College of Akita, Vol.7, pp.89~97

• Furmanovsky Michael(2007)"Making Sense of the Ryugakusei Experience: Japanese Students' Reflections of Classroom and Homestay−based Intercultual Experiences in a Short Term Australian University Language Center Program." Ryukoku University International Center Research

Bulletin, Vol.16, ryukoku University, pp.109~120

<資料>
- 『韓国　翰林大学ホームステイ報告書』(1996)西伯町・西伯町国際交流協会
- 『2002～2004　報告書』(2004)西伯町・西伯町国際交流協会

찾 / 아 / 보 / 기

저자 | 齊藤明美(사이토 아케미)

일본－駒沢大学大学院人文科学研究科博士課程修了(日本語学)
　　　東京大学大学院総合文化研究科客員研究員
한국－한양대학교대학원 일어일문학과 박사과정졸업(한일대조언어학)
　　　고려대학교대학원 국어국문학과 박사과정졸업(한국어학)
　　　서울대학교 언어학과 객원연구교수 / 고려대학교 일본학연구센터 객원연구원
　　　문학박사(고려대학교 · 한양대학교)
현. 한림대학교 일본학과교수

저서 및 교과서
『国語学概説』(1988) 双文社出版 (共著)
『日本語教師として韓国へ』(1995) 乃木坂出版
『交隣須知の日本語』(2002)至文堂
『ことばと文化の日韓比較』(2005) 世界思想社
『対人行動の日韓対照研究－言語行動の基底にあるもの』(2008)ひつじ書房(共著)
『交隣須知의 系譜와 言語』(2001)제이엔씨
『아케미교수의 한국견문록』(2003)지식여행
『改訂版 交隣須知의 系譜와 言語』(2004)제이엔씨
『다른 듯 같은 듯』(2006)도서출반 소화 (2006년도 문화관광부 교양도서)
『일본 옛날 이야기』(2007)다락원
『明治時期 日本의 韓語 学習書 研究』(2009)제이엔씨
『언어표현을 통해서 본 한일문화』(2009)제이엔씨(공저)
『Plurality in Classifier Languages』(2011) HANKOOKMUNHWASA(공저)
『일본어권 의료관광 문화의 이해』(2012)小花 (공저)
『言語学習と国、国民、言語に対するイメージ形成の研究』(2012)제이엔씨 (공저)
『한국, 일본, 대만의 언어 학습과 이미지 형성 연구』(2014) 제이엔씨(공저)
『한일관계 과거와 현재』(2014)景仁文化社(공저)
『明治期の日本における韓語学習書研究-『交隣須知』との関係を中心に-』(2014) 인문사

『고등학교 일본어 회화 2』(1997)교육부 (공저)
『Talk Talk Talk 일본어 중급』(1999) 다락원(공저)
『고등학교 일본어 회화 1』(2002)교육인적자원부(공저)
『고등학교 일본어 회화 Ⅱ』(2003)교육인적자원부(공저)
『타스크로 배우는 일본사정 タスクで学ぶ日本事情』(2008)사림in(공저)
『중학교 生活日本語』(2010)교육과학기술부(공저)
『와타시노 일본어 초급』(2014)다락원

그 외, 저서, 논문, 일본어교과서 등 다수.

한국의 일본어교육 실천연구

초판 인쇄 ǀ 2022년 5월 12일
초판 발행 ǀ 2022년 5월 12일

지 은 이 斎藤明美(사이토 아케미)

책임편집 윤수경

발 행 처 도서출판 지식과교양
등록번호 제2010-19호
주　　소 서울시 강북구 우이동108-13 힐파크103호
전　　화 (02) 900-4520 (대표) / 편집부 (02) 996-0041
팩　　스 (02) 996-0043
전자우편 kncbook@hanmail.net

© 斎藤明美(사이토 아케미) 2022 All rights reserved. Printed in KOREA

ISBN 978-89-6764-186-3　93730　　　　　　**정가** 32,000원

저자와 협의하여 인지는 생략합니다. 잘못된 책은 바꾸어 드립니다.
이 책의 무단 전재나 복제 행위는 저작권법 제98조에 **따라** 처벌받게 됩니다.